Shrimps, Hummer & Langusten

VERMENTINO

Shrimps
Hummer & Langusten

Christian Teubner
Dr. Michael Türkay

Mit einer Küchenpraxis von
Eckart Witzigmann

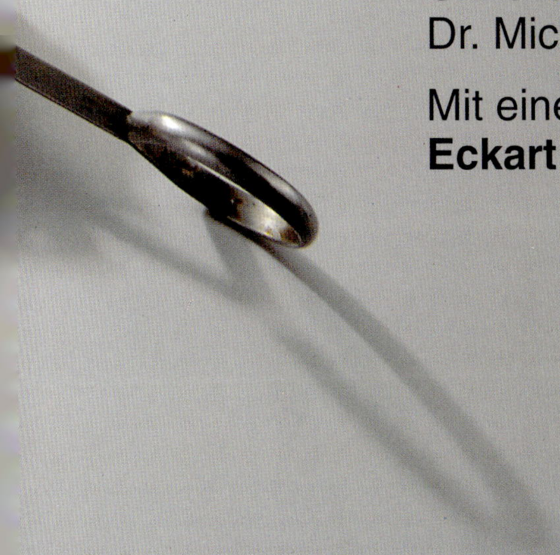

Teubner
KÜCHENLEXIKON

INHALT

DELIKATESSE SEIT JAHRTAUSENDEN

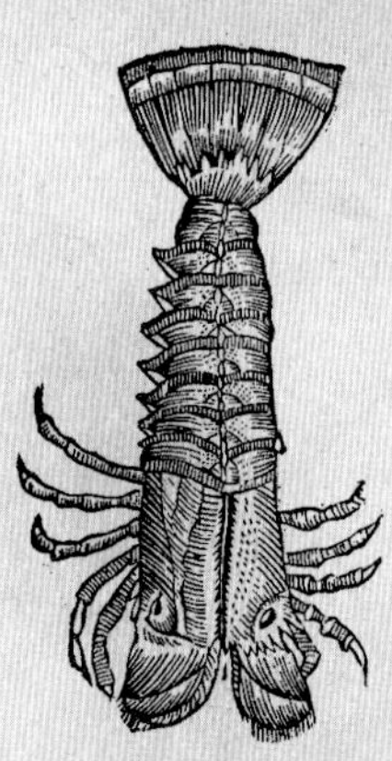

Von dem kleinen Meerbären, also dem kleinen Bärenkrebs, schreibt Conrad Gesner in seinem »Fisch-Buch«: »Dieses Fleisch ist gleich andern Schalfischen/ nemlich harter Dawung/ und so es von einem starken Magen verdawet wird/ so speiset es sehr wohl« (Franckfurt am Mayn 1670).

Küstennah lebende Urmenschen waren wohl die ersten, die mit der kulinarischen Entdeckung aufwarten konnten, Krustentiere zu genießen. Darüber kann jedoch nur gemutmaßt werden, da uns aus dieser Zeit entsprechendes Quellenmaterial fehlt. Aber schon bei den frühen Kulturen des Zweistromlandes Mesopotamien waren Krustentiere nachweislich ein Thema. In sumerischen Keilschriftbibliotheken aus dem 3. und 4. Jahrtausend vor unserer Zeitrechnung gibt es Hinweise auf Krabben und Garnelen sowohl des Süßwassers als auch des Meeres. Im alten Ägypten gibt es aus der Zeit von 1552 bis 1306 vor Christus in den Tempeln von Theben bildliche Darstellungen von Langusten. In den Hieroglyphen-Lexika kommen thematische Zeichen für Krustentiere nicht vor, doch sie müssen als Meeresprodukte gehandelt worden sein. Denn eine Inschrift aus Assyrien belegt, daß Tiglatpileser I. (um 1050 vor Christus) eine Sendung mit Mittelmeertieren aus Ägypten erhielt: »Einen großen Affen, ein Krokodil, einen Flußmann [= ? Rhinozeros], Getier des großen Meeres hatte der König von Ägypten gesandt, und er [Tiglatpileser] zeigte sie den Leuten seines Landes.« Auf assyrischen Reliefs

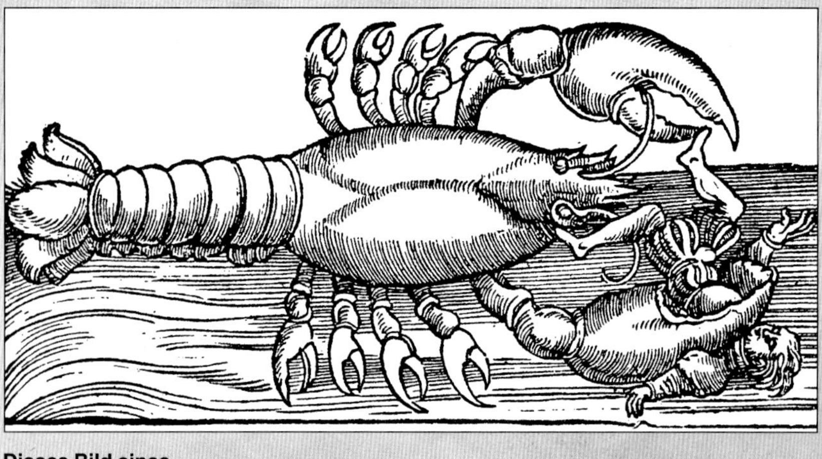

Dieses Bild eines Hummers trifft den Habitus gut (aus: Ryff, deutsche Übersetzung zu Albertus Magnus »Thierkunde«, 1545).

aus der Zeit des Herrschers Sanherib (704 bis 681 vor Christus) werden ebenfalls Krustentiere dargestellt. Dabei handelt es sich um Süßwasserkrabben des Euphrat. Die Babylonier widmeten in ihrer beschreibenden Astronomie (um 500 vor Christus) dem Krebs ein Sternbild. Aus der altkretischen Stadt Phaistos sind Münzen mit Krabbendarstellungen bekannt.

Im klassischen Griechenland waren Krustentiere bekannt und geschätzt. Aristoteles (384 bis 322 vor Christus) berichtete in seiner » Ιστοριαι Περι Ζοον« [= Tierkunde] über verschiedene Arten von Krustentieren, die er unter dem Begriff »μαλακοστσακα« [= Weichschalige] zusammenfaßte: Flußkrebse, Hummer und Langusten, Garnelen, Krabben (Süßwasserkrabben, Seespinnen, Muschelwächter), Einsiedlerkrebse. Zur Zeit Alexander des Grossen lebte ein Rhetor namens Kallimedon, der wegen seiner Langustenleidenschaft »Καραβοσ« [= Languste] genannt wurde. Seit dem 5. Jahrhundert vor Christus entwickelte sich in Sizilien eine hohe Kochkunst, die schließlich auch Griechenland erreichte. An der Wende zum 4. Jahrhundert publizierte Archestratos von Gela aus Syrakus auf Sizilien ein Kochbuch in Hexametern, in dem auch Krustentiere erwähnt werden, wie aus folgendem frei übersetzten Text hervorgeht:

Aber lasse den Schund beiseite,
kaufe selbst einen Hummer,
die Art mit kräftigen Scheren,
und obendrein schwerem Gewicht,
mit kleinen Füßen,
und nur langsam kriecht er über das Land.

Trotzdem waren die Meinungen über den Wert solcher Genüsse sehr geteilt. Die Homerischen Helden verachteten Fischkost und Meeresfrüchte, die nur für arme Küstenbewohner taugten, nicht aber für kampferprobte Helden. Dagegen werden Fische und Meeresfrüchte in einer Vielzahl von klassischen Komödien gepriesen. Der griechische Autor Athenaios aus Naukratis in Ägypten, der am Ende des 2. bis zum Beginn des 3. Jahrhunderts nach Christus in Rom lebte, hat in einem 15-bändigen Werk mit dem Titel »Δειπνοσοφιστον«

[= Die Sophisten bei Tisch] die Tischsitten und kulinarischen Gewohnheiten der alten Griechen zusammengestellt. Dieses Werk bildet die wichtigste Quelle zur kulinarischen Verwendung von Krustentieren im klassischen Altertum. Aus ihm geht hervor, daß alle Arten von Krustentieren sehr populär waren. Garnelen wurden zum Beispiel auf glühenden Kohlen geröstet und gegessen, während Langusten den reichen Bürgern vorbehalten waren.
Bei den Römern wurde diese Tradition fortgesetzt. Wie in den »Moralia« von PLUTARCH (etwa 45 bis 119 nach Christus) zu lesen ist, war es »nobler, die Languste zu schmausen als sie zu fangen«. Von diesem Dichter ist auch zu erfahren, daß zu seiner Zeit sehr hohe Preise für die edlen Krustentiere gezahlt wurden, im Vergleich zu heute sogar mehr. Den ärmeren Bevölkerungsschichten blieben die kleineren Garnelen oder Krabben.
Auch die römische Kochkunst wurde niedergeschrieben, deren bekanntestes Werk »De re coquinaria« in 10 Bänden von zwei Experten mit dem gleichen Namen APICIUS stammt, von denen einer zur Zeit des TIBERIUS, der andere zur Zeit des TRAJAN wirkte. Aus diesen Quellen geht hervor, auf welch verschiedene Weise die Römer Krustentiere zubereiteten und verspeisten. Darüber hinaus gibt es unzählige Hinweise in Literatur, Mosaiken und Fresken, etwa in Aquilea und Pompeji. In dieser lateinischen Anthologie wird deutlich, daß die Fischer Hummer und Langusten anlandeten:

Et cancer mordax,
tergo et russante locusta
[= der bissige Krebs,
und die Languste mit ihrem roten Rücken]

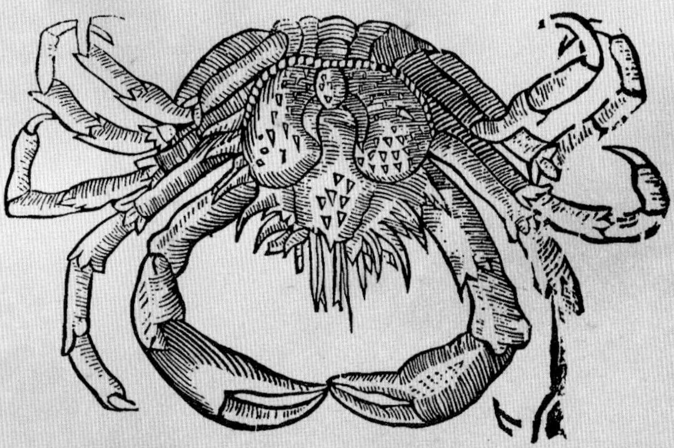

Unter der Überschrift »Von allerley Krebsen« beschreibt Conrad Gesner die Große Meerspinne folgendermaßen: »ungefehr einer Spannen breit/sonst gar nahe rund/gänzlich in solcher Gestalt/als hie gesehen wird.« (Fisch-Buch, Franckfurt am Mayn 1670).

Der Krebsfang, hier in der Drau (Abbildung aus dem Fischereibuch Kaiser Maximilians I., 1499), erfolgte häufig bei Nacht. Von Fackeln geblendet, ließen sich Krebse leichter fangen als am Tage (aus: Dr. Horst Müller, Die Flußkrebse, Die Neue Brehm Bücherei 121, Wittenberg 1973).

Im christlichen Mittelalter waren der Verzehr und der Genuß von Krustentieren auf die Küstenregionen beschränkt. Ein wichtiges Werk aus dieser Zeit ist »De Animalibus« des Dominikanerprovinzials und Regensburger Bischofs ALBERTUS MAGNUS, das im Laufe der Jahre 1250 bis 1270 entstand. Darin werden Hummer, Flußkrebse und Krabben exakt beschrieben, denn ALBERTUS kannte sie aus eigener Anschauung. Im Binnenland wurden ursprünglich keine Flußkrebse gegessen. Erst als die Klosterköche nach einer wohlschmeckenden Fastenspeise suchten, wurden sie bei den Flußkrebsen fündig. Nach und nach entwickelten sich diese köstlichen Tiere von einer Volksspeise zur Delikatesse, für die immer neue Rezepte erfunden wurden. Noch im letzten Jahrhundert waren sie weit verbreitet und haben auch Eingang in die Literatur gefunden. So rühmt zum Beispiel THEODOR FONTANE in seinen »Wanderungen durch die Mark Brandenburg« den außerordentlichen Krebsreichtum im Oderbruch. Der Genuß von Meereskrebsen bis weit in das Binnenland hinein ist dagegen eine neue Entwicklung. Erst die modernen Kühltechniken machten es möglich, daß sich die Grenze zwischen Küste und Binnenland verwischte und der gesamte Reichtum mariner Krustentiere überall zugänglich wurde. Dies hat seinen Preis. Waren die Krustentiere zu Beginn ihrer »kulinarischen Karriere« billig zu beschaffende Beikost, wurden sie zunehmend zu gesuchten und hochbezahlten Delikatessen. Heute kann man auch außerhalb der Fanggebiete eine so große Vielfalt von tiefgefrorenen Krebstieren zu akzeptablen Preisen bekommen wie nie zuvor in der Menschheitsgeschichte.

LEXIKON DER KRUSTENTIERE

Crustacea

Die kulinarische Bezeichnung der Krustentiere fällt mit dem zoologischen Begriff der Krebstiere oder »Crustacea« zusammen. Die Krebstiere sind die einzigen Gliederfüßler, die in den Lebenräumen der Meere und Süßgewässer eine große Rolle spielen. Ihre Vettern, die Insekten und Spinnentiere, haben an Land die absolute Herrschaft übernommen, stellen doch die Insekten mit 800 000 Arten drei Viertel aller auf der Erde bekannten Tierarten. Die etwa 50 000 Arten der Krustentiere, die dem Meer als Lebensraum treu geblieben sind, nehmen sich dagegen sehr bescheiden aus.
Von den kulinarisch wichtigsten Krustentieren handelt dieses Buch. Es soll unter anderem darüber Klarheit schaffen, wie die einzelnen Arten in verschiedenen Ländern genannt werden, denn der internationale Begriffswirrwarr ist groß. Allein die für Garnelen und ihre unterschiedlichen Arten benutzten Bezeichnungen sind völlig chaotisch, sogar schon innerhalb einer Landessprache. So geht es bereits im deutschen Sprachgebrauch munter durcheinander: Eine Krabbe ist in Nordwestdeutschland (Weser-Ems-Gebiet) und auch im wissenschaftlichen Sinne ein Kurzschwanzkrebs. Die Garnelen der Wissenschaftssprache werden in diesem Gebiet als Granat bezeichnet. In Schleswig-Holstein und auch im Binnenland sind Krabben (»Nordseekrabben«) aber Garnelen. An der Küste heißen die im wissenschaftlichen Sinne Krabben (Kurzschwanzkrebse) genannten Tiere Dwarslöper (= Querläufer in hochdeutscher Übersetzung) – ein sehr klarer und beschreibender Name. Daraus ergab sich, daß an der Küste der Name »Krabbe« als Bezeichnung für eine andere Art frei war. Im Binnenland kennt man natürlich weder Dwarslöper noch Granat, Krabbe ist Krabbe und doch die Bezeichnung für völlig Unterschiedliches. Die einzige Lösung besteht darin, den unklaren Gebrauch des Wortes Krabbe aufzugeben und die hier vorgestellten Bezeichnungen im zoologisch korrekten Sinne zu verwenden. Nun darf man aber nicht annehmen, daß die Situation international besser wäre. Hinter spanischen Langostinos verbergen sich Geißelgarnelen, französische Langoustines sind Kaisergranate, die auf Spanisch Cigala und auf Italienisch Scampi heißen. Cigales ist wiederum der französische Name für die Bärenkrebse, der zudem in Nordafrika für Heuschreckenkrebse verwendet wird. Diese Liste ließe sich beliebig verlängern und soll zeigen, daß auch hier nur fundierte Kenntnisse helfen, um letztlich an das Gewünschte zu kommen.

Die einfachste Fangmethode, das Aussetzen von beköderten Reusen, wird beim Hummerfang praktiziert. Die Reusen werden in Küstengewässern versenkt und regelmäßig kontrolliert. Doch nicht jeder Hummer geht in den Handel, da Schutzvorschriften zum Beispiel die Mindestgröße der Tiere vorschreiben.

In den Gewässern der nördlichen Halbkugel werden die geschmacklich hochwertigen Kaltwasser-Garnelen entlang den Küsten und auf offener See gefangen. Größere Trawler verfügen über Sortier- und Weiterverarbeitungsanlagen, in denen die Garnelen unmittelbar nach dem Fang im rohen Zustand sortiert, eingefroren und teilweise gleich abgepackt werden. Die »kleinen« Krabbenkutter an der norddeutschen Küste sehen dagegen fast zierlich aus.

FISCHEREI VON KRUSTENTIEREN

Vom einfachen Fang bis zum Einsatz großer, spezialisierter Schiffe der Hochseefischerei

Die eingesetzten Geräte sind vielgestaltig und dem Fangobjekt angepaßt. Schleppnetze können über Grund gezogen oder im Freiwasser eingesetzt werden. Man unterscheidet als wichtigste das Scherbrettnetz von der Baumkurre. Bei ersterem wird der Netzbeutel von meist bis zu 20 m Breite durch zwei auseinanderscherende, vor dem Netz angebrachte Bretter offen gehalten. Das Grundtau ist beschwert, das Obertau mit Schwimmern versehen. Dieses Netz wird häufig zum Fang von Garnelen und Kaisergranat genutzt, dagegen nur untergeordnet für Langusten und Krabben. Bei der Baumkurre hält der »Baum«, heute meist ein Metallrohr, das mit zwei seitlichen Schlittenkufen verbunden ist, das Netz offen. Der Rahmen ist somit an drei Seiten, oben und an den Seiten, festgelegt. Das Grundtau liegt frei. Bei diesem Netz ist die Breite durch die Baumbreite vorgegeben und damit begrenzt. Kommerzielle Netze können über 10 m breite Bäume haben. Diese werden aber kaum für den Krebstierfang genutzt. Kleinere Geräte von 7 bis 8 m Baumbreite finden in der Küstenfischerei Anwendung und dienen bei uns dem Fang des Granats in der Nordsee. Ein Nachteil der Baumkurre ist die große Menge an Beifang, dem man durch das Anbringen von Rollen am Grundtau zu begegnen versucht; es dringt dann nicht so tief in den Boden ein. Pelagische (Freiwasser) Schleppnetze dienen dem Fang von Planktonkrebsen, in der Antarktis zum Beispiel Krill. Beköderte Reusen werden für den Fang von Hummern, Langusten und Krabben eingesetzt, bei Garnelen nur in felsigen Regionen, die mit Schleppnetzen nicht zu befischen sind, sowie im Süßwasser. Die Form dieser Reusen kann kastenartig oder konisch sein.

Aquakultur

Seit etwa 25 Jahren werden marine Krustentiere unter wirtschaftlichen Gesichtspunkten gezüchtet. Japanische Wissenschaftler und Teichwirte haben hierbei eine Vorreiterrolle übernommen. Viel älter ist die Zucht von Flußkrebsen in Europa, die im letzten Jahrhundert begann, doch durch die Krebspest sehr zurückgeworfen wurde, dadurch hat sie leider nur eine geringe Bedeutung als Teichwirtschaft. In den USA und Australien erzielt die Aquakultur von Flußkrebsen jedoch große Erträge. Hauptobjekte der Aquakultur von Meereskrebsen sind die Garnelen. Bisher sind es nur wenige Arten, die wirtschaftlich gezüchtet werden können. Für die Aquakulturproduktion sind vor allem die Schiffskielgarnele (*Penaeus monodon*), die Hauptmannsgarnele (*Penaeus chinensis*) und die Weißbein-Garnele Südamerikas (*Penaeus vannamei*) wichtig, in untergeordneter Rolle auch die Radgarnele. Diese ist am längsten kommerziell gezüchtet worden und wird daher derzeit auch in Europa und seiner Umgebung in der Teichwirtschaft genutzt. Produktionsgebiete in kleinem Maßstab sind: die Atlantikküste Frankreichs, Portugal, Spanien, Marokko, Italien, Griechenland, Zypern und Israel. Großes Potential zur Ausweitung in Kulturbetrieben hat die Hauptmannsgarnele, da sie kältetolerant ist. Von den Süßwassergarnelen wird mit wirtschaftlichem Erfolg nur die Rosenberggarnele gezüchtet.

Mit Schleppnetzen, deren Maschengröße noch nicht ausgewachsene Garnelen im Meer zurück läßt, werden die Tiere aus dem Wasser gezogen. Innerhalb der Netze befindet sich ein zusätzliches Netz, das die Aufnahme von kleinen Fischen und Fischbrut verhindert.

Die einzeln gefrorenen Garnelen werden maschinell in Verkaufseinheiten zusammengefaßt und anschließend abgepackt.

Unmittelbar nach dem Kochen und Schälen laufen die Garnelen auf Förderbändern zum Tiefgefrieren. Auf dem Weg dahin werden sie mit ganz feinem Wasserregen besprüht, damit sich um jedes Tier eine dünne Eisschicht, die Glasur bilden kann.

In speziellen Schälmaschinen an Land erfolgt gleichzeitig das Kochen und maschinelle Schälen der zuvor wieder aufgetauten Garnelen. Ständige Überwachung gewährleistet, daß auch das letzte Stück Schale entfernt wird.

ANATOMIE

Die kulinarisch genutzten Krustentiere gehören mit wenigen Ausnahmen der zoologischen Gruppe der Zehnfüßler (Decapoda) an, die meist so aussehen, wie man sich auch landläufig einen Krebs vorstellt: 2 große Scheren und dahinter jederseits 4 Beinpaare.

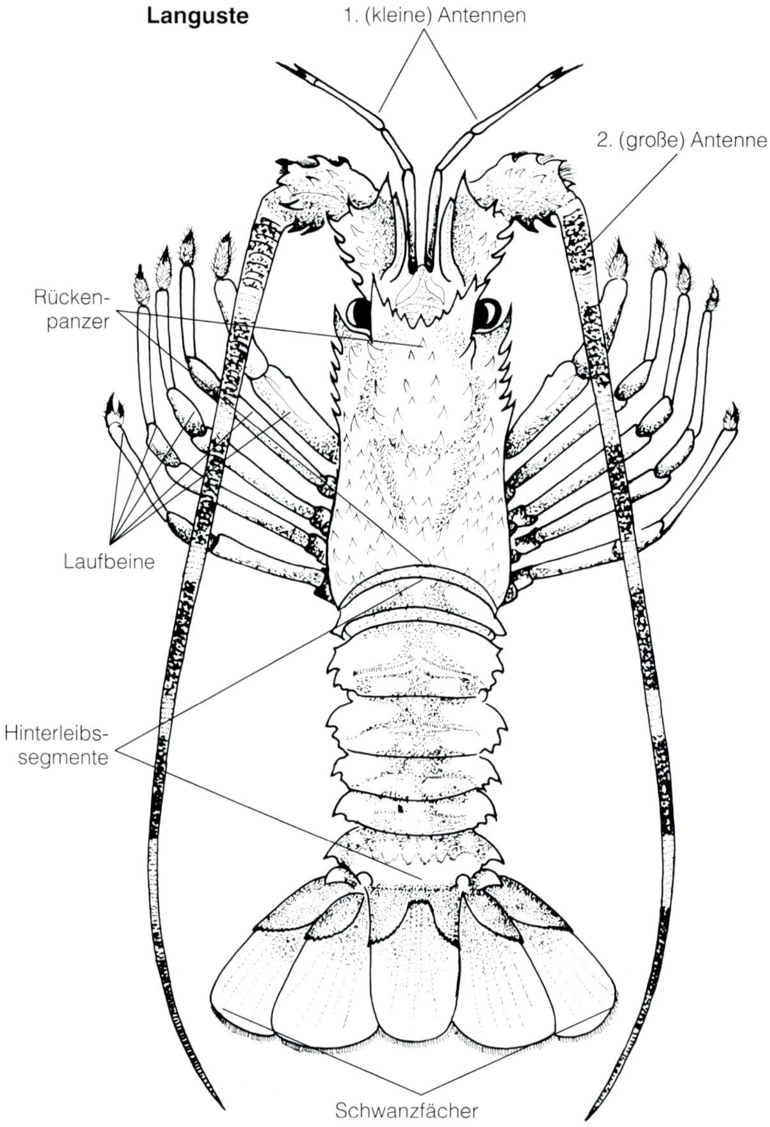

2 Scheren und 8 Beine ergeben 10 Gliedmaßen, und von daher kommt der Name Zehnfüßler. Auch wenn einmal die Scherenfüße klein oder nicht als Scheren ausgebildet sind, bleibt es immer bei 10 Beinen. Der Körper besteht aus 2 Abschnitten, dem Vorderkörper, der zoologisch das Kopfbruststück darstellt, und dem Hinterleib, dem Schwanz, der in 7 Segmente gegliedert ist. Das letzte Segment bildet zusammen mit den großen, paddelartigen Anhängen des vorletzten einen Schwanzfächer. Die Zehnfußkrebse haben im Laufe der Zeit unterschiedliche Formen entwickelt. Bei ihnen können entweder die beiden Körperabschnitte so vollständig ausgebildet sein, wie es bei Garnelen, Langusten und Hummern der Fall ist, oder der Hinterleib ist stark zurückgebildet und unter den Vorderkörper geklappt wie im Extremfall bei den Krabben. Hier ist der Hinterleib von oben nicht mehr zu sehen, denn er ist als kleine Schwanzklappe unter den Vorderkörper geklappt und bedeckt die Geschlechtsorgane. Kulinarisch geht den Krabben damit der große, muskelgefüllte »Schwanz« verloren, und man muß mit der Scheren-, Bein- und Brustmuskulatur vorliebnehmen. Völlig anders gebaut sind die Heuschreckenkrebse, bei denen sich an 1 großes Fangbeinpaar 3 Laufbeinpaare anschließen. Der Vorderkörper ist bei ihnen viel kürzer, und auf ihn folgt ein Hinterkörper mit 10 Segmenten. Ebenfalls

Hummer

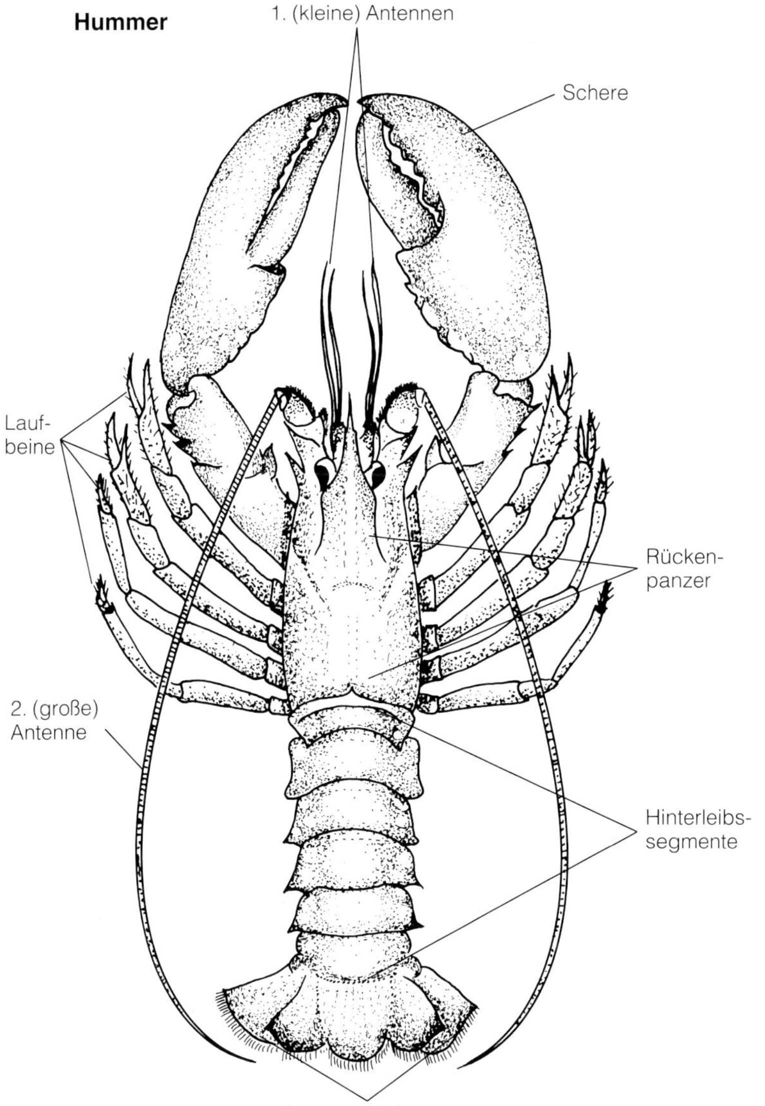

Krabbe

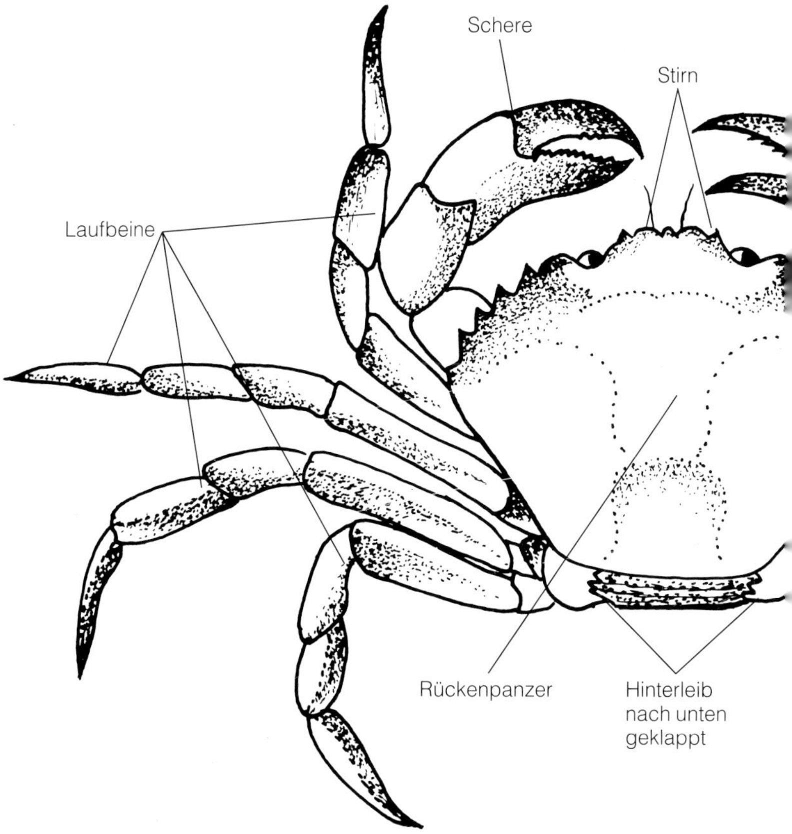

abweichend sind die Entenmuscheln. Diese an Felsen festgewachsenen Krebstiere haben ihren Körper völlig umgebaut. Die Beine sind in eine muschelähnliche Schale hineinverlegt und werden zum Planktonfang rhythmisch herausgestreckt.

Garnele	Zoologisch wird dieser Begriff für alle Zehnfußkrebse mit langem Hinterleib verwendet, die keine Hummer, Langusten oder Bärenkrebse sind. Engl.: shrimp, prawn; franz.: crevette; span.: gamba, camarón.
Krebs	Ein Oberbegriff, der in Zusammensetzungen verwendet wird: Zehnfußkrebs, Heuschreckenkrebs oder Flohkrebs. Allen gemeinsam ist die langgestreckte Körperform. Oft wird Krebs im Sinne von Flußkrebs verwendet, zuweilen unter Einschluß der Hummer und Langusten, etwa bei »Krabben und Krebse«. Der Gebrauch ist uneinheitlich, daher sollte das Wort nur im Sinne eines allgemeinen Oberbegriffs verwendet werden.
Krabbe	Der Begriff wird im Sinne von Garnele (Schleswig-Holstein und Binnenland) oder Kurzschwanzkrebs (Nordwestdeutschland) verwendet. Letzteres ist zoologisch korrekt und sollte auch in die Umgangssprache eingehen.

ERNÄHRUNG

Das Fleisch von Krustentieren ist bei relativ hohem Eiweißgehalt, der durchaus dem von Fleisch und Fisch entspricht, sehr fettarm. Darin gleicht es sehr magerem Fisch, wie beispielsweise Kabeljau, Schellfisch, Hecht und allen Plattfischen. Der Brennwert ist mit 70 bis 95 kcal (294 bis 399 kJ) je 100 g verzehrbarer Anteil gering und liegt deutlich unter dem der meisten Fleisch- und vieler Fischarten. Der Cholesteringehalt ist relativ hoch (um 140 mg/100 g bei Garnelen, Hummer und Langusten, um 160 mg/100 g bei Flußkrebsen). Das Thema Cholesterin bei Krustentieren erfährt zur Zeit eine Änderung aufgrund verfeinerter Analysemethoden. Bis zur endgültigen wissenschaftlichen Klärung ist es deshalb empfehlenswert, für den Verzehr von Krustentieren zum einen die Werte selbst und zum anderen die verzehrten Mengen im Vergleich zu anderen eiweißreichen Nahrungsmitteln zu sehen: 100 g Hühnerei (Vollei) enthalten dreimal so viel Cholesterin, reines Muskelfleisch von Kalb, Rind und Schwein etwa die Hälfte. Im Vergleich zu den meisten Fischen ist der Cholesteringehalt dagegen deutlich höher. Das Eiweiß des Muskelfleisches enthält bei Krustentieren verhältnismäßig viele freie Aminosäuren, daher kommt der unverwechselbare Geschmack, der ihnen eigen ist.

Garnelen sind die wirtschaftlich wichtigsten Krustentiere, die weltweit in großen Mengen gefischt werden. Am besten sind sie natürlich, wenn sie taufrisch, vielleicht sogar noch lebend, auf dem Fischmarkt eingekauft werden. Fernab von den Fischereigebieten muß man auf Tiefgefrierware zurückgreifen.

GARNELEN

Natantia

Garnelen sind an ihrem langen Hinterleib leicht zu erkennen, der ausgestreckt oder eingekrümmt getragen wird und im Verhältnis zum Vorderkörper stark entwickelt ist. Der Hinterleib ist seitlich mehr oder weniger stark zusammengedrückt und bei den kommerziell wichtigen Arten niemals waagerecht abgeplattet. Charakteristisch ist auch das nicht immer vorhandene seitlich abgeplattete und sägeartig bezahnte Stirnhorn, das bei keiner Krebsgruppe sonst in derselben Ausprägung auftritt. Ist es vorhanden, ist die Zugehörigkeit des Krebses zu den Garnelen gesichert. Umgekehrt gilt dieser Schluß nicht, weil es auch Garnelen mit nur kurzen Stirnhörnern gibt.

Garnelen sind weltweit in den Meeren zu finden. Süßwassergarnelen dagegen kommen ganz überwiegend in den Tropen und Subtropen vor, nur wenige kommerziell nicht wichtige Arten dringen in Regionen mit kaltgemäßigtem Klima vor. Zur Zeit gelten etwa 350 Arten – das sind mehr als 10 Prozent der bekannten Arten – als kommerziell nutzbar. Eine Übersicht über ihre tatsächliche Nutzung ist allerdings schwierig, weil alle größeren oder massenhaft auftretenden Arten potentiell nutzbar sind. In vielen Ländern werden sie ohnehin nicht nach Arten, sondern nach Größen getrennt gehandelt, so daß kaum bemerkt wird, wenn eine Art wegen Überfischung verschwindet und durch eine andere, gleich große ersetzt wird. Auch bei uns wird die Tiefgefrierware nach Größenklassen eingeteilt und mit jeweils unterschiedlichen Preisen belegt. Dabei kann es passieren, daß die großen und daher teureren Tiere geschmacklich nicht so hochwertig sind wie die kleineren. Voraussagen sind in dieser Hinsicht kaum möglich. Will man sichergehen, hilft nur das Vorkosten einiger Stücke der verschiedenen Größenklassen.

Unterschiede

Geißelgarnelen und Eigentliche Garnelen lassen sich, auch wenn nur Schwänze vorliegen, leicht voneinander unterscheiden. Natürlich muß dazu noch die Schale am Tier sein (Schwanzfleisch kann nur der Fachmann sicher zuordnen). Darauf muß man achten:

Bei Geißelgarnelen überlappen sich die Seitenplatten der Segmente 1 bis 3 jeweils etwas am Hinterrand.

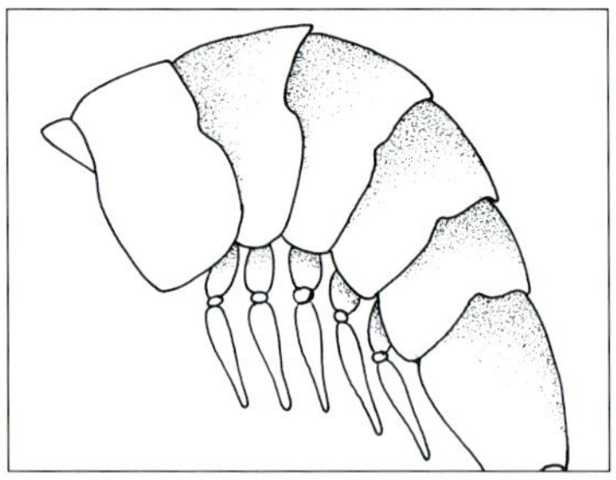

Bei Eigentlichen Garnelen überlappen die Seitenplatten des 2. Segments sowohl die des 1. als auch die des 3.

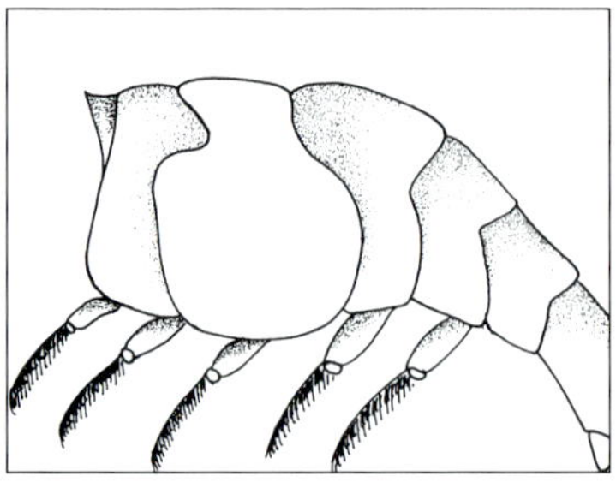

Anatomie Garnele
am Beispiel einer Radgarnele
(*Penaeus japonicus*)

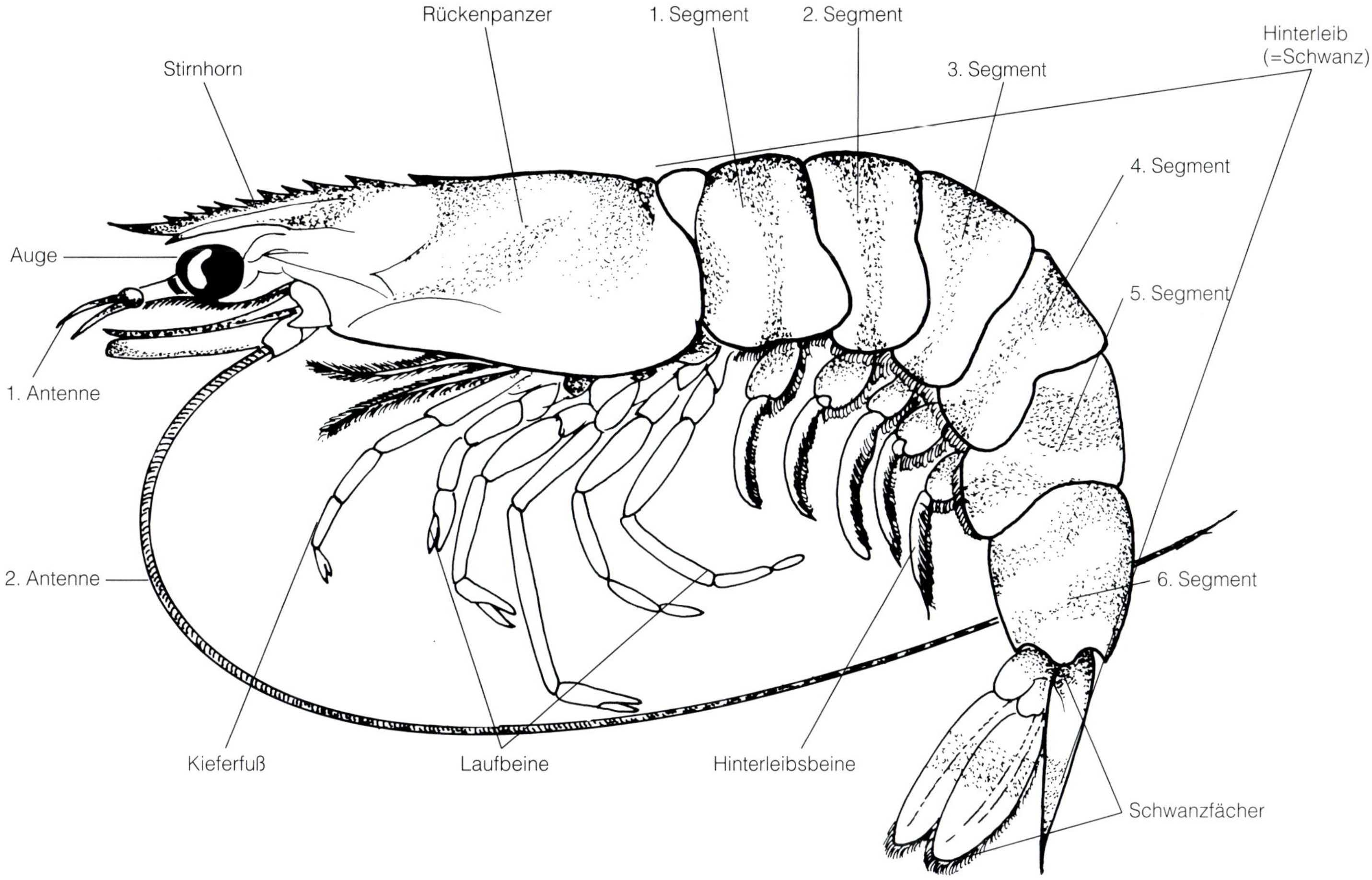

GEISSELGARNELEN

Penaeoidea

Geißelgarnelen sind zum Teil recht großwüchsige Krebstiere, die kommerziell von Bedeutung sind. Bei uns sind sie eher unter dem Namen Gambas bekannt als unter ihrem deutschen Namen. Es handelt sich hierbei um Arten wärmerer Meere, die in Europa nur im Mittelmeer gefischt werden. In tropischen und subtropischen Meeren aller Kontinente stellen sie eine wichtige Fischereiressource dar. Als tiefgefrorene Garnelen spielen sie im internationalen Handel eine ganz wesentliche Rolle. Geißelgarnelen sind an einem Detailmerkmal zu erkennen, das auch bei tiefgefrorenen Schwänzen sichtbar bleibt: Die Seitenplatten des zweiten Hinterleibssegments überlappen niemals das erste Segment, sondern nur etwas das folgende.

Blaßrote Tiefseegarnele (*Aristeus antennatus*), franz. crevette rouge; ital. gambero rosso chiaro; span. gamba rosada. Sie ist von der Roten Tiefseegarnele, der sie oberflächlich ähnelt, durch die blassere Rotfärbung zu unterscheiden. Das Stirnhorn der Weibchen ist viel länger als das der Männchen und nur an der Basis bedornt, zur Spitze hin glatt. Das Verbreitungsgebiet reicht von Portugal bis Nordwestafrika, doch auch im gesamten Mittelmeer – vornehmlich im Westen – kommt die Art vor. Bedeutende Fischerei gibt es im Atlantik vor Marokko und im Mittelmeer ab einer Tiefe von etwa 200 m. Die Art gelangt regelmäßig, aber nur in geringen

Die Blaßrote Tiefseegarnele (*Aristeus antennatus*) wird besonders häufig auf spanischen Märkten angeboten. Die rote Farbe und die langen Hinterleibsbeine sind sehr charakteristisch. Kulinarisch ist sie in die Spitzenklasse einzuordnen und schmeckt genausogut gekocht wie in der Schale gebraten.

Die Rote Riesengarnele (*Plesiopenaeus edwardsianus*) ist von den anderen roten Tiefseegarnelen leicht auf Grund der scharfen Kanten auf den Rückenpanzerflanken zu unterscheiden. Sie kommt zwar seltener auf den Markt, dann aber in besonders großen Exemplaren zu einem hohen Preis.

Die Furchengarnele (*Penaeus kerathurus*) wurde früher auf dem europäischen Markt am häufigsten angeboten. Durch Import von Tiefgefrierware veränderte sich dies. Diese hochwertige Art ist zweifelsfrei an den unterbrochenen dunklen Querbändern des Kopfes und Schwanzteils zu erkennen.

Die Grüne Tigergarnele (*Penaeus semisulcatus*) ist nicht immer grünlich gefärbt, zuweilen auch eher braun. Sie gelangt seltener als andere Geißelgarnelen auf den europäischen Markt. Meist handelt es sich um Tiefgefrierware mittlerer Größe, die sich für alle klassischen Garnelenrezepte eignet.

Mengen auch nach Mitteleuropa. **Rote Tiefseegarnele** – ohne Abbildung – (*Aristaeomorpha foliacea*), franz. gambon rouge; ital. gambero rosso; span. langostino moruño. Eine große, auch im ungekochten Zustand rote Garnelenart mit gut ausgebildetem Stirnhorn. Ein deutlicher Geschlechtsunterschied ist die Länge des Stirnhorns, welches beim Männchen sehr viel kürzer ist als beim Weibchen. Die Körpergröße beträgt beim Männchen bis zu 17 cm, beim Weibchen bis zu 22,5 cm. Die Art ist weit verbreitet und kommt in den meisten Ozeanen vor. Bedeutende Fischerei gibt es im Mittelmeer, wo sie in Tiefen von 250 bis 700 m hauptsächlich vor den Küsten Frankreichs, Spaniens, Italiens, Algeriens und Israels von Trawlern gefangen wird. Die Art wird vor allem auf den Fischmärkten des westlichen Mittelmeergebiets regelmäßig angeboten, kommt aber selten nach Mitteleuropa. **Rote Riesengarnele** (*Plesiopenaeus edwardsianus*), franz. gambon écarlat, crevette royale (Marokko); span. gamba carabinero. Sie wird oft mit den beiden Roten Großgarnelen verwechselt, ist aber leicht an den langen, scharfen Kanten auf den Seiten des Rückenpanzers zu erkennen. Sehr große Tiere werden bis zu 33,5 cm (Weibchen) lang, diese Größe wird von den anderen Arten bei weitem nicht erreicht. Sie ist auf beiden Seiten des Atlantiks weit verbreitet, kommt aber nicht im Mittelmeer vor. Bedeutende spanische Fischerei findet vor den Küsten Westafrikas (vor Senegal, Guinea, Kongo und Angola) in etwa 500 bis 700 m Tiefe statt. Daher ist sie auch regelmäßig auf spanischen Fischmärkten anzutreffen. Meist handelt es sich um aufgetaute Tiefgefrierware. Zu uns gelangt sie kaum. **Furchengarnele** (*Penaeus kerathurus*), franz. caramote; ital. spannocchio, mazzancolla; span. langostino; griech. garida; kroat. mekušica; türk. karides. Frische Exemplare sind quergebändert, bei den Weibchen sind es grünliche Querbänder auf gelblichem Grund, die Männchen haben rosa Querbänder auf hellem Grund. Die Ware auf dem Markt hat sehr selten diese auffällige Färbung, da nach dem Tod die Bänder schnell ausbleichen; dasselbe gilt für Tiefgefrierware. Sehr charakteristisch für diese Art ist das Furchenpaar, das vom Hinterrand des Stirnhorns ausgeht und sich bis zum Ende des Rückenpanzers zieht. Die Maximalgröße beträgt 22,5 cm (Weibchen), die mittlere Größe liegt zwischen 12 und 17 cm. Die Art ist im Ostatlantik weit verbreitet, von Südengland (dort allerdings selten) bis Angola einschließlich des gesamten Mittelmeeres. Bedeutend ist die Fischerei im gesamten Mittelmeergebiet bis zu etwa 40 m Wassertiefe. Die Bestände haben an vielen Stellen abgenommen, der Markt wird daher durch Importware ergänzt. Bei uns wird die Art häufig als Tiefgefrierware mit hoher Qualität und von bestem Geschmack angeboten. **Radgarnele** – ohne Abbildung – (*Penaeus japonicus*), engl. kuruma shrimp, ginger prawn (Südafrika); franz. crevette kuruma; span. camarón kuruma; japan. kuruma-ebi. Sie ist der Furchengarnele sehr ähnlich, da sie ebenfalls lange, den Hinterrand des Rückenpanzers erreichende Rückenpanzerfurchen hat. Auch die Querbänderung frischer Exemplare macht die Unterscheidung schwierig. Diese Querbänder sind bei der Radgarnele allerdings durchgehend und nicht unterbrochen wie bei der Furchengarnele. Bei Tiefgefrierware hilft dieses Merkmal aber nicht weiter, da die Tiere nach dem Tod schnell ausbleichen. Die maximale Körperlänge beträgt 22,5 cm (Weibchen), sie ist somit genauso groß wie die Furchengarnele. Die Art ist weit verbreitet und kommt im Indischen und Pazifischen Ozean vom Roten Meer bis zur Südsee vor. Durch den Suezkanal ins östliche Mittelmeer eingewandert, ist sie dort mittlerweile häufiger als die bodenständige Furchengarnele. In Japan und Ostasien hat sie allerhöchste fischereiliche Bedeutung erlangt. Dort wird auch eine sehr erfolgreiche Aquakultur betrieben, die bereits marktfähige Produkte liefert. In Europa wird die Art regelmäßig auf türkischen Fischmärkten angeboten. Tiefgefrierware aus der Fischerei im östlichen Mittelmeer und aus Aquakulturanlagen in Frankreich und Italien kommen regelmäßig auf unseren Markt. Dabei werden Rad- und Furchengarnele nicht unterschieden, was wegen der hervorragenden geschmacklichen Qualität für den Verbraucher auch nicht nötig ist. **Grüne Tigergarnele** (*Penaeus semisulcatus*), engl. green tiger prawn; franz. crevette tigrée verte; span. camarón tigre verde; japan. kuma-ebi. Die Rückenpanzerfurchen sind kurz und erreichen nur die Mitte des Rückenpanzers, überragen aber dabei den ersten Zahn der zum Stirnhorn führenden Reihe nach hinten. Ihr Körper ist blaßbraun, manchmal grünlich mit dunklerer Querbänderung. Die Beine zeigen eine gelbrote Ringelung. Die maximale Körperlänge beträgt etwa 23 cm (Weibchen). Die Art ist im Indischen und Pazifischen Ozean, vom Roten Meer bis Australien, weit verbreitet. Durch den Suezkanal ins Rote Meer eingedrungen, ist sie jetzt auch häufig bis zur südtürkischen Küste zu finden. Vom östlichen Mittelmeer gelangt sie als Tiefgefrierware bisweilen auch zu uns. **Schiffskielgarnele** (*Penaeus monodon*), engl. giant tiger prawn; franz. crevette géante tigrée; japan. ushi-ebi. Sie hat sehr kurze Rückenpanzerfurchen, die den ersten Zahn der zum Stirnhorn führenden Reihe gerade nicht erreichen. Sie ist leicht an der dunklen Färbung mit gelben Querstreifen zu erkennen. Sie ist eine der größten Geißelgarnelen mit einer Maximallänge von bis zu 34 cm. Bedeutende Fischerei findet in Indien, Indo-Malaya und Fernost statt. Mit etwa 60000 Tonnen Jahresertrag gehört sie zu den wirtschaftlich wichtigsten Garnelen Asiens. In verschiedenen Ländern, vor allem in Indonesien und China, wird sie erfolgreich gezüchtet. Im internationalen Handel mit Tiefgefrierware spielt sie eine große Rolle. So gelangt sie auch zu uns, wird meist als »Jumbo« in der Größenkategorie 0 oder 1 eingestuft und erzielt die höchsten Preise. Ihr Geschmack ist aber nicht so fein wie der der Furchen- oder Radgarnele. **Hauptmannsgarnele** (*Penaeus chinensis*), engl. fleshy prawn; franz. crevette charnue; japan. korai-ebi. Sie hat kurze Rückenpanzerfurchen, die nur etwa die Mitte des Rückenpanzers erreichen. Die Beine sind relativ kurz.

Die Hauptmannsgarnele (*Penaeus chinensis*) ist eine der wirtschaftlich wichtigsten Garnelen Asiens. Sie wird fast nur aus China als Tiefgefrierware importiert und unterschiedlichen Größenklassen zugeordnet. Geschmacklich zählt sie zu den besten größeren Geißelgarnelen des europäischen Marktes.

Die Schiffskielgarnele (*Penaeus monodon*) gehört zu den größten auf dem Markt angebotenen Geißelgarnelen. An ihrer dunklen Farbe mit hellen Querbinden ist sie leicht zu erkennen. Wegen ihrer Größe erzielt sie hohe Preise. Geschmacklich ist sie aber den anderen großen Garnelen unterlegen.

Als Tiger Prawns kommen die Schiffskielgarnelen auf den internationalen Markt. Meist werden sie ohne Kopf, mit Schale angeboten.

Fischmarkt Tokio – in der japanischen Küche haben Garnelen einen besonders hohen Stellenwert. Teilweise werden sie auch roh gegessen. Deshalb ist der Anteil frischer Garnelen am Japanischen Markt extrem hoch – entsprechend auch die Preise.

Die Grundfarbe des Körpers ist hell, etwas durchscheinend, weshalb sie der Handel zu den Weißen Garnelen zählt, der Schwanzfächer ist in unterschiedlichem Umfang dunkel. Die Weibchen können etwa 18 cm Körperlänge erreichen. Das Verbreitungsgebiet umfaßt die Gewässer von Korea und China. Die Art wird in der Koreanischen Bucht, dem Gelben Meer und dem Ostchinesischen Meer gefischt. In China und Südkorea wird sie auch gezüchtet. Mit etwa 260 000 Tonnen Jahresertrag, die fast ausschließlich von chinesischen Fischern eingebracht werden, gehört sie auch weltweit zu den bedeutendsten Geißelgarnelen. Sie wird frisch vermarktet, aber in noch viel größerem Umfang tiefgefroren und nach Westeuropa exportiert. Besonders große Stücke werden unter dem Handelsnamen »sea swallow«, etwas kleinere als »billow« in den Verkehr gebracht. Es handelt sich um eine äußerst schmackhafte Garnele. **Bananen-Garnele** – ohne Abbildung – (*Penaeus merguiensis*), engl. banana prawn; franz. crevette banane; japan. tenjiku-ebi. Sie hat besonders kurze Rückenpanzerfurchen, die noch vor dem ersten Zahn der Stirnhornreihe enden. Das Stirnhorn ist besonders hoch und dreieckig. Die Beine sind relativ lang. Die meist bananengelbe Färbung mit kleinen rötlichen Punkten hat der Art ihren Namen eingebracht. Sie erreicht 24 cm Körperlänge. Das Verbreitungsgebiet erstreckt sich vom Persischen Golf bis nach Ostaustralien und Südchina. Mit einem Jahresertrag von über 80 000 Tonnen gehört diese Art zu den weltweit wirtschaftlich wichtigsten Garnelen. Ein hoher Prozentsatz dieser Menge wird von indonesischen und thailändischen Fischern eingebracht. An der ostaustralischen Küste von Queensland ist diese Art die wirtschaftlich wichtigste, die Fänge an anderen Küsten Australiens nehmen jedoch deutlich zu. Der Fang wird frisch vermarktet oder tiefgefroren exportiert. **Braune Garnele** – ohne Abbildung – (*Penaeus aztecus*), engl. Northern brown shrimp; franz. crevette royale grise; span. camarón café norteño. Sie hat ein relativ kurzes Stirnhorn, das das Antennengrundglied nicht überragt. Die Rückenpanzerfurchen sind lang und erreichen fast das Hinterende des Panzers, sie sind etwa genauso breit wie die Mittelfurche. Die letzten zwei Hinterleibssegmente sind oben gekielt, das vorhergehende nur zur Hälfte. Jederseits der Kiele des letzten Segments lassen sich tiefe und weit geöffnete Furchen ertasten. Die Färbung ist variabel, meist bräunlich. Große Exemplare können orange bis zitronengelb gefärbt sein. Es handelt sich um eine große Garnele, deren Weibchen etwas über 23 cm Körperlänge erreichen können. Das Verbreitungsgebiet erstreckt sich über die Atlantikküsten der USA und Mexikos. In den USA wird diese Art besonders vor der texanischen Küste intensiv befischt und bildet mit einem Jahresertrag von etwa 65 000 Tonnen eine der auch weltweit bedeutendsten Geißelgarnelen-Ressourcen. Sie wird frisch vermarktet oder tiefgefroren. Ihr ausgeprägter Geschmack eignet sich gut zur Kombination mit kräftigeren Saucen und Gewürzen. **Senegal-Garnele** (*Penaeus notialis*), engl. Southern pink shrimp; franz. crevette rodché du sud, crevette blanche (Senegal); span. camarón rosado sureño. Sie hat lange Rückenpanzerfurchen, die fast das Hinterende des Rückenpanzers erreichen und deutlich breiter sind als die Mittelfurche. Die letzten beiden Hinterleibssegmente sind oben gekielt, das vorhergehende nur bis zur Hälfte. Der Kiel des letzten Segments endet

Die Senegal-Garnele (*Penaeus notialis*) gehört zu den kleineren, tiefgefroren angebotenen Garnelen. Sie ist sehr empfindlich gegenüber Temperaturschwankungen, so daß ihre Qualität sehr von der Behandlung vor dem Tiefgefrieren abhängt. Es ist also wichtig, auf die Seriosität der Lieferfirma zu achten.

Die Rosa Golfgarnele (*Penaeus duorarum*) ist meist rosa, aber auch blassere oder bräunliche Exemplare kommen vor. Sie wird überwiegend in den südlichen Staaten der USA gefischt und dort meist frisch vermarktet. Sie ist sehr schmackhaft, gelangt aber bisher nicht auf den europäischen Markt.

Die Atlantische Weiße Garnele (*Penaeus setiferus*) gehört zu den wichtigeren Garnelen des nordamerikanischen Marktes. Sie wird vor allem an der Golfküste der USA gefischt und entweder zu Konserven verarbeitet (kleine Exemplare) oder frisch vermarktet. Tiefgefroren gelangt sie in alle Regionen der USA.

▶ **In Belize** werden hauptsächlich Rosa Golfgarnelen gefangen. Die Fänge der spezialisierten Fangflotte werden entweder lokal frisch vermarktet oder tiefgefroren exportiert.

▲ **Die Schwänze der Rosa Golfgarnele** zählen zu den wichtigsten Exportprodukten. Sie werden von Hand vom Kopfteil abgedreht, gefrostet und nach Nordamerika oder Europa exportiert.

in einem Dorn und hat auf beiden Seiten eine relativ breite Längsfurche. Die Färbung ist sehr variabel und reicht von fast weiß bis braun und rosa. Die Maximallänge beträgt knapp 20 cm, meist werden aber Exemplare von etwa 14 cm gehandelt. Sie ist auf beiden Seiten des Atlantischen Ozeans verbreitet, im Westen von den Großen Antillen bis nach Südbrasilien, im Osten von Mauretanien bis Angola. In beiden Gebieten wird sie intensiv befischt. Wichtig für unser Gebiet ist die bedeutende Fischerei in Westafrika. Diese Art wird tiefgefroren aus dem Senegal importiert und als relativ kleinwüchsige Garnele verkauft. Sie ist besonders empfindlich gegenüber Hitze, das Fleisch wird schnell weich, wenn die Garnele zu lange in der Sonne liegt. Dementsprechend ist die Qualität der Tiefgefrierware sehr unterschiedlich, je nachdem wie die Garnelen vor dem Einfrieren behandelt wurden. Auch bei einwandfreier Behandlung ist sie geschmacklich der Furchen- und Radgarnele nicht ebenbürtig. **Rosa Golfgarnele** (*Penaeus duorarum*), engl. Northern pink shrimp; franz. crevette rose du nord; span. camarón rosado norteño. Sie sieht der Braunen Garnele ähnlich, unterscheidet sich aber durch eine viel engere Mittelfurche des Rückenpanzers. Die Längsfurchen des letzten Hinterleibssegments sind viel enger, manchmal völlig geschlossen. Die Grundfarbe ist meist rosa, obwohl auch blasse und bräunliche Exemplare vorkommen. Die Körperlänge kann beim Weibchen bis zu 28 cm betragen. Das Verbreitungsgebiet deckt sich in etwa mit dem der Braunen Garnele und erstreckt sich entlang den Atlantikküsten der USA und Mexikos. Hauptfischereigebiet ist das südwestliche Florida, aber auch die westtexanische Küste, wo jährlich insgesamt etwa 10 000 Tonnen gefischt werden. **Atlantische Weiße Garnele** (*Penaeus setiferus*), engl. Northern white shrimp; franz. crevette ligubam du nord; span. camarón blanco norteño. Sie ist die einzige atlantisch-nordamerikanische Art der Gattung *Penaeus*, deren Rückenpanzerfurchen nur bis etwa zur Mitte des Rückenpanzers reichen. Der Hinterleib ist ab dem vierten bis zum sechsten Segment oben gekielt, das sechste weist enge Furchen seitlich des Kiels auf. Diese Art ist durchscheinend mit vorwiegend weißer Oberfläche. Der Hinterrand des Rückenpanzers und der Hinterleibssegmente ist dunkel gesäumt, die Hinterränder der Schwanzfächerflossen sind gelblich gebändert. Die Körperlänge erreicht beim Weibchen 20 cm. Die Verbreitung auch dieser Art umfaßt die atlantischen Küsten der USA und Mexikos. Sie ist eine der wirtschaftlich wichtigsten Garnelen der Atlantikküste der USA und wird sowohl vor der Ost- als auch der Golfküste gefischt. Insgesamt beträgt die jährliche Anlandung etwa 36 000 Tonnen. Die wichtigsten Fischereigebiete liegen vor den Küsten von Louisiana und Texas. Kleine, im Winter und zeitigen Frühjahr gefangene Exemplare werden zu Konserven verarbeitet, während große Exemplare aus Sommerfängen frisch, häufiger aber als Tiefgefrierware auf den Markt kommen. Dabei werden nur die Schwanzteile eingefroren. **Pazifische Weiße Garnele** – ohne Abbildung – (*Penaeus occidentalis*), engl. Western white shrimp, Central American white shrimp; franz. crevette royale blanche du pacifique; span. camarón blanco del pacífico. Sie hat kurze Rückenfurchen, die bis etwa zur Mitte des Rückenpanzers gehen, aber immer hinter dem ersten Zahn der zum Stirnhorn führenden Reihe beginnen. Das Stirnhorn ist relativ kurz und überragt knapp den Stiel der ersten Antennen. Die Geißeln der ersten Antennen sind kürzer als der Stiel. Die Färbung ist weißlich durchscheinend mit leicht grauen oder gelbrosa Schimmer. Die Körperlänge erreicht 22 cm. Das Verbreitungsgebiet erstreckt sich von der Pazifikküste Südmexikos bis nach Mittelperu. Der jährliche Gesamtfang beträgt etwa 82 000 Tonnen, von denen allein Ecuador etwa 80 000 Tonnen einbringt. Sie ist somit die wirtschaftlich wichtigste der Weißen Garnelen der amerikanischen Pazifikküste und eine der im Weltmaßstab meistgefischten Garnelen. Die Schwänze kommen tiefgefroren auf den Markt und lassen sich von den beiden anderen kommerziell wichtigen Weißen Garnelenarten desselben Gebietes (*Penaeus stylirostris* und *Penaeus*

Die Glattrücken-Garnele (*Metapenaeus ensis*) wird besonders in Südostasien gefischt und vermarktet. Auch den europäischen Markt erreicht sie als tiefgefrorene Ware hochwertiger Qualität.

vannamei) nicht unterscheiden. Allenfalls die Herkunftsbezeichnung gibt Hinweise, da *Penaeus occidentalis* hauptsächlich im südlichen Mittelamerika und in Südamerika gefischt wird (Panama, Kolumbien, Ecuador), während die anderen überwiegend mittelamerikanische Fischereiprodukte sind (Mexiko, Costa Rica, El Salvador). Allerdings gilt dies nur für gefischte Garnelen. Die beiden anderen Arten werden in Südamerika (zum Beispiel Ecuador) in der Teichwirtschaft gezüchtet. Kulinarisch ist die Unterscheidung der drei Arten nicht von Bedeutung, da alle von hervorragender Qualität und hochgeschätzt sind. In den USA erzielen Weiße Garnelen (gleichgültig ob aus dem Atlantik oder Pazifik) deutlich höhere Preise als zum Beispiel Braune Garnelen. **Weißbein-Garnele** – ohne Abbildung – (*Penaeus vannamei*), engl. whiteleg shrimp; franz. crevette patte blanche; span. camarón patiblanco, camarón blanco. Sie hat sehr kurze Rückenpanzerfurchen, die den ersten Zahn der zum Stirnhorn führenden Reihe nicht nach hinten überragen. Die Grundfärbung ist grauweiß. Die Körperlänge erreicht 23 cm. Das Verbreitungsgebiet ist der mittel- bis südamerikanische Pazifik von Nordmexiko (Baja California) bis Mittelperu. Die Art wird besonders vor der mexikanischen Küste gefischt, ebenso vor Guatemala und El Salvador. Sie wird auch in einer Reihe von mittel- und südamerikanischen Ländern in Teichen sehr erfolgreich gezüchtet und spielt zur Zeit im internationalen Handel mit Garnelenschwänzen eine große Rolle. Der Handelsname ist in den meisten Fällen »white shrimp« unter Angabe des Ursprungslandes. **Glatthorn-Garnele** – ohne Abbildung – (*Xiphopenaeus kroyeri*), engl. seabob; portug. camarão chifrudo, camarão siete barbas; span. camarón siete barbas. Sie ist unter den Geißelgarnelen an ihrem besonders langen Stirnhorn zu erkennen, das vor den Augen völlig zahnlos und glatt ist. Nur auf einer Kante oberhalb der Augen und etwas dahinter trägt es sägeartige Zähne. Die hinteren Beinpaare sind besonders lang, vor allem das letzte. Die Grundfärbung ist weiß, die Bauchseite gelblich, die Spitzen der Antennen, des Stirnhorns, der Hinterleibsbeine und der Schwanzfächerflossen sind rosarot, die Beine orangefarben. Mit einer Maximallänge von 14 cm, die Masse der Tiere erreicht um 10 cm, handelt es sich um eine kleine Garnelenart. Das Verbreitungsgebiet umfaßt die atlantischen Küsten der USA und reicht über den Golf von Mexiko und die Karibik bis zur Küste des südbrasilianischen Staates Santa Catarina. In den USA ist dies die wichtigste Garnelenart für die Konservenindustrie. In Mittel- und Südamerika werden die geschälten Schwänze eingefroren und als Garnelenfleisch verkauft. **Einhorn-Garnele** – ohne Abbildung – (*Metapenaeus monoceros*), engl. speckled shrimp; franz. crevette mouchetée. Sie ist leicht durch das auf der Unterseite unbezahnte Stirnhorn zu erkennen und dadurch, daß die Seiten des Rückenschildes keine Längskanten aufweisen. Es ist eine kleine Garnele mit maximal 15 cm Länge. Ihr Verbreitungsgebiet reicht vom Roten Meer bis nach Indien, durch den Suezkanal ist sie in das östliche Mittelmeer eingewandert. Die Einhorn-Garnele wird auf türkischen Fischmärkten besonders häufig angeboten, da im östlichen Mittelmeer eine bedeutende Fischerei stattfindet. Die Einhorn-Garnele kommt zu uns hauptsächlich aus Pakistan als Dosenware oder als tiefgefrorenes Garnelenfleisch. Sie gilt geschmacklich als nicht besonders hochwertig. Eine nahe verwandte Art, die Glattrücken-Garnele, *Metapenaeus ensis*, die unter dem englischen Namen »greasyback shrimp« gehandelt wird und nur vom Fachmann von der Einhorn-Garnele unterschieden werden kann, kommt in einem Verbreitungsgebiet von Indien bis Südjapan und Australien vor und ist von großer wirtschaftlicher Bedeutung. Sie wird sowohl von Trawlern aus gefischt als auch in Teichen gezüchtet (besonders in Malaysia, Thailand, den Philippinen und Taiwan). Sie gilt als hochwertige Garnele und erzielt sehr gute Preise. **Rosa Garnele** – ohne Abbildung – (*Parapenaeus longirostris*), engl. deep water rose shrimp; franz. crevette rose du large; ital. gambero bianco; port. camarão da costa; span. camarón de altura. Die Rosa Garnele ist eine Tiefwassergarnele von blaßrosa Farbe mit einem roten Stirnhorn. Die Farben sind bei nicht lebendfrischen oder tiefgefrorenen Exemplaren ausgebleicht, wobei dann die Art leicht an dem auf der Unterseite unbezahnten Stirnhorn und den deutlichen Längskanten an den Seiten des Rückenschildes zu erkennen ist. Die gesamte Körperlänge beträgt maximal 16 cm (Weibchen). Die Art ist auf beiden Seiten des Atlantischen Ozeans verbreitet. Bedeutende Fischerei findet im gesamten Mittelmeerraum, vor allem in Spanien, Frankreich und Italien, in 150 bis 300 m Tiefe statt. Die Rosa Garnele wird meist frisch vermarktet und gelangt bisweilen auch zu uns.

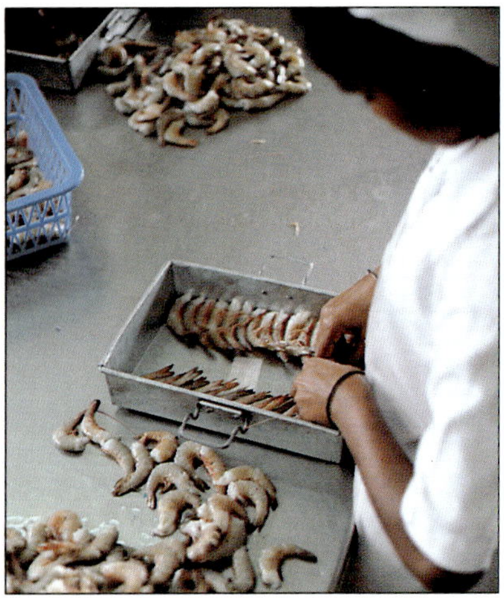

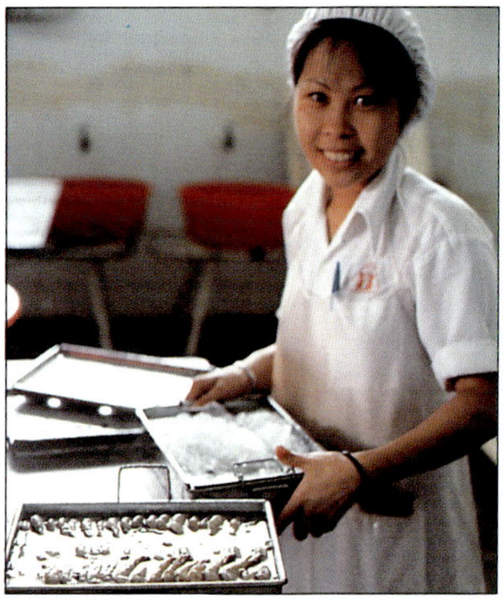

Garnelen aus Malaysia und Indonesien, vor allem der Art *Metapenaeus ensis*, werden nicht nur in gewohnter Form konfektioniert, also einzeln (IQF) oder in Blöcken eingefroren. Für eine Art »gehobene« Blockware werden die Schwänze eingeschichtet, mit Wasser aufgefüllt und dann eingefroren.

EIGENTLICHE GARNELEN

Caridea

Obwohl sie etwa fünfmal so viele Arten umfassen wie die Geißelgarnelen, spielen die Eigentlichen oder Echten Garnelen kommerziell eine eher untergeordnete Rolle. Die fischereilich mehr oder weniger bedeutenden Eigentlichen Garnelen umfassen nur knapp 20 Prozent mehr Arten als die entsprechenden Geißelgarnelen. Nach Abzug der Süßwasserbewohner unter den Eigentlichen Garnelen gibt es sogar mehr wirtschaftlich genutzte Geißelgarnelen-Arten als Eigentliche-Garnelen-Arten. Der Grund hierfür ist die durchweg geringere Körpergröße, wobei die großen Süßwassergarnelen-Arten der Tropen eine Ausnahme darstellen. Eigentliche Garnelen sind daran zu erkennen, daß die großen Seitenplatten des zweiten Hinterleibssegments die des ersten und dritten breit überlappen.

Chilenische Kantengarnele (*Heterocarpus reedei*), engl. Chilean nylon shrimp; span. camarón nailon (Chile). Sie hat ein langes und auf der ganzen Länge oben und unten gesägtes Stirnhorn. Die Seiten des Rückenpanzers weisen zwei kräftige Längskanten auf, deren Vorderenden in spitze Zähne auslaufen. Die Hinterenden der mittleren Hinterleibssegmente tragen kräftige Dornen. Die Färbung ist auch im ungekochten Zustand tiefrot. Die Gesamtlänge der Weibchen kann etwa 16 cm betragen, wovon aber etwa 4 cm auf das Stirnhorn entfallen. Das Verbreitungsgebiet ist sehr eng und umfaßt nur eine Region vor der mittelchilenischen Küste, wo die Art in mittleren Wassertiefen von etwa 150 bis 450 m lebt. Sie wird von chilenischen Trawlern gefischt. In den sechziger und siebziger Jahren machten die Anlandungen etwa 95 Prozent des gesamten chilenischen Garnelenfangs aus, bis Fangbeschränkungen erlassen wurden, um die Bestände zu schonen. Zur Zeit wird ein Jahresertrag von etwa 5 000 Tonnen eingebracht. Neben dem lokalen Verbrauch wird Schwanzfleisch von gekochten Garnelen tiefgefroren und exportiert. Dieses geschmacklich sehr hochwertige Produkt gelangt auch nach Europa. **Tiefseegarnele, Grönland-Shrimp** (*Pandalus borealis*), engl. pink shrimp; dän. dybhavsreje; norw. dybvannsreke; schwed. nordhavsräka. Im Leben ist sie rot gefärbt mit langem, aufgebogenem und gleichmäßig bezahntem Stirnhorn. Die Weibchen werden bis 16,5 cm lang, meist sind sie jedoch um 12 cm groß. Sie ist eine im Nordatlantik und Nordpazifik verbreitete Kaltwasserart mittlerer Tiefen; sie lebt meist in 100 m Tiefe, wurde aber bis etwa 1400 m nachgewiesen. Die Tiefseegarnele wird in großen Mengen um Grönland gefangen, ebenso um Island, vor Norwegen und in der nördlichen Nordsee. Die Fänge werden sofort in Seewasser gegart (nur wenige Minuten, um den Geschmack zu erhalten) und tiefgefroren. So erreichen sie unseren Markt. Ein Teil wird geschält und als Nordmeer-Garnelenfleisch tiefgefroren. Beide Produkte sind von hoher Qualität und von sehr gutem Geschmack. Vor dem Gebrauch muß die Ware langsam auftauen. Sie werden wie das frische

Gekochte und tiefgefrorene Grönland-Shrimps sollten ausgebreitet und langsam aufgetaut werden. Nur so bleiben ihr Aroma und ihre Geschmacksqualität erhalten.

Die Chilenische Kantengarnele (*Heterocarpus reedei*) ist eine geschmacklich besonders hochwertige Garnele. Sie wird nur von chilenischen Fischern gefangen und angeboten. Auf den europäischen Markt gelangt sie leider nicht als ganzes Tier, sondern nur in Form tiefgefrorenen Garnelenfleisches.

Die Gefleckte Tiefwassergarnele (*Pandalus platyceros*) wird an der nordamerikanischen Pazifikküste besonders geschätzt. Wegen der relativ geringen Fangmengen wird diese Garnele überwiegend lokal gehandelt und verbraucht. Nur aus dem kanadischen Fanggebiet wird auch Tiefgefrierware exportiert.

Die Ostseegarnele (*Palaemon adspersus*) wird heute nur noch wenig gefischt. Dabei gehört sie zu den schmackhaftesten Meeresfrüchten der Ostseeküste. Wenn die zunächst im kochenden Salzwasser aufsteigenden Garnelen absinken, sind sie gar. Mit kaltem Wasser abschrecken und servieren.

Produkt verwendet. **Gefleckte Tiefwassergarnele** (*Pandalus platyceros*), engl. spot shrimp; japan. hokkaiebi. Sie sieht dem Grönland-Shrimp recht ähnlich, das Stirnhorn ist etwas kräftiger und länger. Die Färbung ist ebenfalls rot, charakteristisch sind aber die weißen Längsstreifen auf den Rückenpanzerseiten und weiße Flecken auf den Seiten der Hinterleibssegmente. Die Körperlänge kann 25 cm erreichen, womit diese Art im Durchschnitt deutlich größer ist als der Grönland-Shrimp. Das Verbreitungsgebiet umfaßt den Nordpazifik von der Beringstraße an südwärts bis Südkalifornien auf der Ostseite und Japan und Korea auf der Westseite. Die Anlandungen sind relativ gering, nur im kanadischen Bundesstaat British Columbia gibt es eine etwas größere Fischerei. In den USA wird der Fang vorwiegend frisch vermarktet und direkt an Restaurants verkauft. Aus Kanada wird auch Tiefgefrierware exportiert. Da der europäische Markt mit relativ preisgünstigen Grönland-Shrimps gesättigt ist, lohnt sich der Transport von Fleckengarnelen zunächst noch nicht. Sie sind daher nur in Kanada, Amerika, Japan und China zu haben. Das Fleisch ist ebenso wohlschmeckend wie das der europäischen Art. **Sägegarnele** (*Palaemon serratus*), franz. bouquet; ital. gambero sega; span. camarón común, quisquilla; kroat. kozica obična; türk. kanal karidesi, teke. Sie ist eine kleine Garnele von maximal 11 cm Länge mit auf beiden Seiten gesägtem, aufgebogenem Stirnhorn. Im Leben ist sie durchscheinend und mit braunen Querstreifen versehen. Die Sägegarnele ist im östlichen Nordatlantik weit verbreitet, von Dänemark bis Nordwestafrika einschließlich des gesamten Mittelmeers, und im Schwarzen Meer. Besonders intensiv befischt wird sie an der französischen Küste, aber auch im gesamten Mittelmeer. Es kommt nie zu einem Massenfang, da sie felsige Biotope bevorzugt und daher mit Trawlern nicht zu erreichen ist. Der Fang muß entweder mit Handnetzen oder mit Hilfe beköderter Körbe erfolgen. Entsprechend teuer werden die Fänge gehandelt. Bei uns ist die Art kaum zu bekommen, und man sollte unbedingt zugreifen, wenn sich die Gelegenheit bietet. **Ostseegarnele** (*Palaemon adspersus*), dän. roskildereje; norw. strandreke; schwed. allmänräka. Im Leben ist sie durchsichtig mit bräunlichen Punkten. Ihr Stirnhorn ist auf beiden Seiten gesägt und in der unteren Hälfte dunkel gefärbt. Die maximale Länge beträgt 7 bis 8 cm. Sie ist von der Ostsee bis zum Mittelmeer und Schwarzen Meer verbreitet. Die Art ist so schmackhaft wie die Sägegarnele, bei uns aber nur selten erhältlich, da die deutsche Ostseefischerei auf sie stark zurückgegangen ist. Lokal wird sie aber auch noch heute in Deutschland und Dänemark gefangen und verzehrt. Im Schwarzen Meer gilt dies besonders für Rumänien und Bulgarien. **Rosenberggarnele** (*Macrobrachium rosenbergii*), engl. giant river prawn; franz. bouquet géant; span. camarón gigante. Diese große Süßwassergarnele hat eine Maximallänge von 32 cm. Der Körper ist blau gefärbt und besitzt lange und dünne, pinzettenförmige Scheren mit pelzig behaarten Scherenfingern. Das Stirnhorn ist auf beiden Seiten gesägt und aufgebogen. Die Rosenberggarnele ist im asiatischen Raum, von Indien bis Australien, wo sie in Binnengewässern lebt, verbreitet. Die bei uns erhältlichen Tiere stammen ausnahmslos aus Aquakulturen, oft aus Israel, wo die Art gezüchtet wird. Meist handelt es sich um Tiefgefrierware. Die Hinterleiber

Die Sägegarnele (*Palaemon serratus*) gehört zu den besonderen Delikatessen der Mittelmeer- und südlichen Atlantikküsten Europas. Die beste Zubereitungsart ist das kurze (etwa 5 Minuten) Garen in Salzwasser.

Der Granat (*Crangon crangon*) gehört zum Besten, was die Nordsee zu bieten hat. Er wird in den Häfen gekocht angelandet. Am besten schmeckt er frisch, selbst aus der Schale gepult und unmittelbar verzehrt.

werden als »Hummerkrabben-Schwänze« gehandelt und müssen vor dem Verzehr noch gegart werden. Bei ungeklärter Herkunft und Unsicherheit, ob die Ware bei entsprechend niedrigen Temperaturen gelagert wurde, sollte man auf gutes Durchgaren Wert legen; rohe und ungenügend gegarte Süßwasserkrebse aus tropischen Breiten können nämlich Lungenwürmer übertragen. Die Wurmlarven werden durch zehnminütiges Kochen oder Braten bei hoher Temperatur mit Sicherheit abgetötet.

Sandgarnele, Granat (*Crangon crangon*), engl. brown shrimp; franz. crevette grise; ital. gamberetto grigio; span. quisquilla; dän. sandhest; niederl. nordzeegarnaal, garnaat; kroat. pieskorovna kozica, račič obićni; türk. çalı karidesi. Sie ist eine kleine, im Leben grau gefärbte Garnele. Das Stirnhorn ist sehr kurz, kaum wahrnehmbar. Die maximale Körperlänge beträgt knapp 9 cm. Die Art ist entlang den Küsten Europas vom Weißen Meer bis Portugal einschließlich der Nord- und Ostsee, des Mittelmeers und Schwarzen Meers verbreitet. Eine besonders bedeutende Fischerei findet an der deutschen Nordseeküste statt. Die Garnelen (im Binnenland, aber auch in Schleswig-Holstein »Krabben« genannt) werden gleich an Bord der Kutter gekocht. An Land werden sie entweder frisch verkauft oder in besonderen Betrieben geschält (gepult) und zum Teil zu Dosenware verarbeitet (Handelsbezeichnung: Nordseekrabben). Die Ware ist leicht verderblich, das sollte beim Transport auch frischester Garnelen von der Nordseeküste nach Hause beachtet werden. Am besten ist es, die Garnelen portioniert einzufrieren und in einer Kühltasche zu transportieren. Der Verzehr soll nach langsamem Auftauen erfolgen, dadurch wird die Qualität praktisch nicht gemindert. Der Granat gehört zu den schmackhaftesten Garnelen, so daß sich die kleine Mühe des Pulens allemal lohnt.

Pazifik-Sandgarnele – ohne Abbildung – (*Crangon franciscorum*), engl. California shrimp, gray shrimp. Sie ist vom Nichtfachmann nicht von der europäischen Art zu unterscheiden. Sie ist auch ähnlich gefärbt, bleibt aber mit 8 cm Maximallänge kleiner. Ihr Verbreitungsgebiet erstreckt sich von der Nordwestküste Alaskas bis nach Südkalifornien und nimmt somit die gesamte Pazifikküste der USA und Kanadas ein. Hauptfischereigebiet ist die Küste zwischen San Francisco und Vancouver. Bis Mitte der fünfziger Jahre machten Sandgarnelen etwa 75 Prozent des gesamten kalifornischen Garnelenfangs aus, seither sind ihre Bestände zurückgegangen, sie werden aber immer noch angeboten. Kulinarisch gehören sie wie der Granat zu den besten Garnelen.

Die Rosenberggarnele (*Macrobrachium rosenbergii*) wird selten ganz angeboten. Meist kommt sie als tiefgefrorener »Hummerkrabben-Schwanz« zum Verkauf. Längs gespalten und in Knoblauchbutter langsam durchgebraten, ist er am köstlichsten. Dazu paßt ein trockener Rosé.

◀ **Garnelen / Shrimps** (Natantia), engl.: shrimp, prawn; franz.: crevette; span.: gamba, camarón. Garnelen gehören zoologisch gesehen in eine ganz andere Ecke als die Scampi. Sie haben einen stark entwickelten, langen Hinterleib.

GARNELEN ODER SCAMPI?

Sie werden oft verwechselt, sehr zum Schaden der Verbraucher

Schuld daran, daß Garnelen und Scampi trotz viel Aufklärungsarbeit zu diesem Thema immer noch häufig verwechselt werden, hat zum einen der allgemeine Begriffswirrwarr im Bereich Krustentiere und zum anderen der deutliche Preisunterschied dieser beiden Krustentierarten. So gibt es immer wieder unseriöse Händler, die die Unkenntnis der Verbraucher ausnutzen, indem sie mit der »wertvolleren« Bezeichnung Scampi recht großzügig umgehen und die billigeren Garnelenschwänze als Scampi anbieten, – natürlich zu einem entsprechend hohen Preis. Das Durcheinander der Garnelenbezeichnungen im deutschsprachigen Raum ist damit zu erklären, daß sie in der deutschen Küche – die Küstenregionen ausgenommen – nie eine wichtige Rolle gespielt haben. Erst die Tiefkühltechnik machte es möglich, daß Garnelen in ständig steigenden Mengen auf den Markt kamen. Gehandelt wurden die Tiere aber nicht unter dem Namen Garnelen, sondern als Shrimps und Prawns (engl.), Crevettes (franz.) oder als Gambas (span.). So kommt es, daß sich neben den fremdsprachigen Namen auch falsche beziehungsweise irreführende Namen einschlichen wie Scampi oder Langoustine . Dazu gesellten sich noch Phantasienamen, wie etwa »Hummerkrabben« für besonders große Garnelen, und machten das Durcheinander komplett.

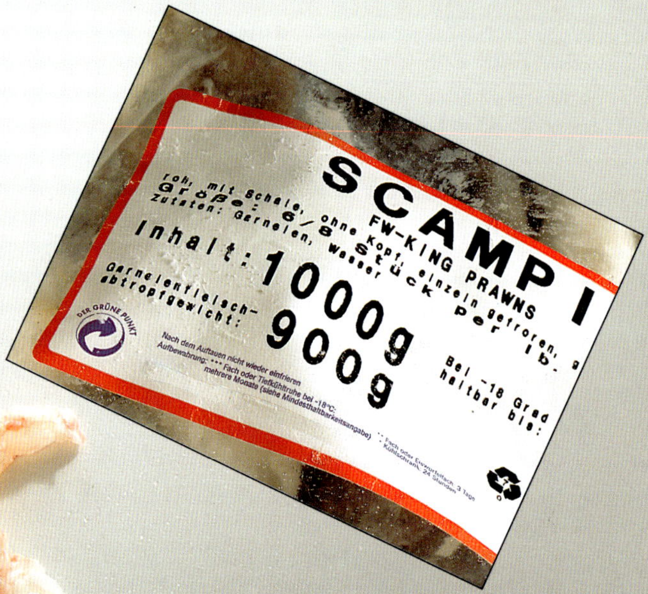

▲ **Die Verwirrung ist natürlich komplett,** wenn auf einer Handelspackung gleich zwei Begriffe auftauchen. Erstens die für Garnelen definitiv falsche Bezeichnung »Scampi« und zweitens der korrekte Name für Riesengarnelen »King Prawns«, der auch dem Inhalt entspricht.

◀ **Scampi / Kaisergranat** (*Nephrops norvegicus*), engl.: Norway lobster; franz.: langoustine; ital.: scampo (Singular), scampi (Plural); port.: lagostim; span.: cigala. Die Kaisergranate gehören zur Familie der Hummerartigen, was deutlich an den ausgeprägten Scheren zu erkennen ist. Ihr Vorderkörper ist im Vergleich zu den Garnelen viel stärker entwickelt.

Eine Lösung des Problems ist schwer zu finden, da der Handel, der den Verbraucher aufklären könnte, dies nicht tut, er fürchtet um seinen Gewinn. Wirkliche Abhilfe kann also nur die Aufklärung des Endverbrauchers schaffen, und das ist gar nicht so schwer: Garnelen und Scampi gehören zoologisch verschiedenen Familien an. Vergleicht man sie im frischen Zustand, sehen sie einander gar nicht ähnlich: Von oben betrachtet, haben Garnelen einen sehr schmalen Schwanz, der – von der Seite gesehen – breit ist und nach hinten spitz zuläuft. Das Panzerkleid der Schwänze, die Schale, ist bei den Garnelenschwänzen recht dünn. Der Kaisergranat oder Scampo dagegen hat sehr stabile Panzerglieder, die an den Seiten nach unten spitz auslaufen, wie es sich für ein Mitglied der Hummerfamilie gehört, und kräftige, nicht zu übersehende Scheren. Sobald die Schwänze beider Tierarten geschält und ohne Endstücke küchenfertig vorliegen, sehen sie sich zwar ähnlich, doch zu einer Verwechslung kann es auch hier nicht kommen: Scampischwänze werden nämlich nicht geschält gehandelt. Scampi kommen nur als ganze Tiere frisch, seltener auch gefroren auf den Markt, ungeschälte Scampischwänze sind tiefgekühlt nur selten zu finden.

▲ **Fangfrische Langoustines/Scampi,** wie hier in der Bretagne, sind natürlich der Idealfall für den Gourmet, da gibt es keine Probleme in Sachen Frische oder gar Verwechslungen, wenn man sachkundig einkauft. Denn Tatsache ist, daß man auch auf den Fischmärkten von Küstenstädten wie Marseille, Barcelona oder Palermo aufgetaute Tiefkühlware aus Asien als »topfrisch« angeboten bekommt.

FRISCH TIEFGEFROREN

Wenn es um Qualität bei Krustentieren geht, dann machen selbst »Frische-Fanatiker« Zugeständnisse. George W. Kastner und Eckart Witzigmann stehen sicherlich nicht im Verdacht, Tiefkühlware zu propagieren. Bei Garnelen und dergleichen machen sie eine Ausnahme.

Frisch aus dem Meer – besser können die Früchte des Meeres wirklich nicht schmecken, aber in diesen Genuß kommen nur die unmittelbaren Küstenbewohner. Alles andere ist ein Kompromiß. Je nachdem, wie lange ein Krustentier außerhalb seines Elements am Leben bleibt oder wie schnell der Transport funktioniert, können auch die Gourmets im Binnenland am Genuß teilhaben. Die beliebtesten Krustentiere aber, die Garnelen, wären nur mit unglaublichen Kosten lebend zu vermarkten und würden dann zu einem Superluxusartikel. Dank moderner Tiefgefriertechnik ist man heute aber in der Lage, Garnelen bereits an Bord der Fangschiffe in den Kälteschlaf zu versetzen. So bekommt man zu moderaten Preisen eine Garnelen-Qualität, die dem Frischprodukt kaum nachsteht, vorausgesetzt, sie wird beim Auftauen korrekt behandelt. So verhält es sich mit den King-crabs aus Alaska oder den Centollas aus Chile, mit den Scheren der Eismeerkrabben ebenso wie mit denen der Stonecrabs aus Florida. Die Gefrierware ist zwar keine Alternative zu den frischen Produkten – doch sie bringt uns Krustentiere auf den Tisch, an die man, zumindest die Mehrzahl der Verbraucher, ansonsten nicht herankäme. Aber auch da, wo sie sich als Alternative anbietet, ist sie nicht zu verachten, man denke nur an den gekochten Hummer, tiefgefroren in Salzwasser oder glasiert. Für viele Gerichte, zum Beispiel einen Hummercocktail, erspart diese Methode eine Menge Arbeit und steht geschmacklich dem »frischen« Produkt nicht allzuviel nach. Daß auch beim Kauf von Tiefkühlware ein Restrisiko bleibt, ist nur logisch, denn in den meisten Produktionsländern wird Hygiene bei der Verarbeitung nur von den international renommierten Firmen wirklich ernst genommen. Das betrifft besonders die Garnelenproduktion in den tropischen Ländern, die auch mit entsprechenden Dumpingpreisen auf dem Weltmarkt in Erscheinung treten.

Eckart Witzigmann und George W. Kastner – sie kennen sich aus auf dem Markt für Krustentiere, und beide sind Qualitäts-Fanatiker. Ihre Erfahrung wird dem Benutzer dieses Buches sicher hilfreich sein.

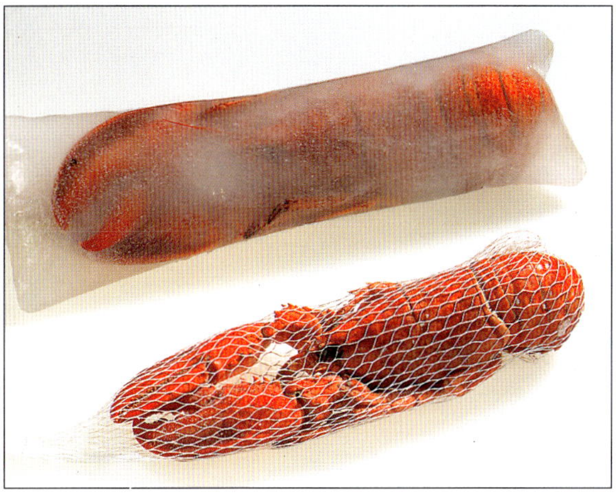

▶ **Gekocht und tiefgefroren,** so wird der Hummer angeboten. Der in Meerwasser gekochte und im Plastikschlauch eingefrorene Hummer ist dem glasierten und im Netz verpackten Hummer vorzuziehen, weil er gut schmeckt und unverletzt aus der Hülle kommt. Der glasierte fällt meist nur in Stücken aus dem Netz.

Getrocknete Garnelen sind vor allem in Asien ein wichtiges Produkt, nicht nur als Zutat, sondern viel mehr als Gewürz. Auf die regionalen Märkte kommen sie als lose Ware.

GARNELEN IM HANDEL

Bei Garnelen beschränkt sich das frische Angebot auf die Küstenregionen. Tiefkühlware beherrscht den Weltmarkt, und dort ist die Handelssprache Englisch.

Garnelen werden nach Anzahl pro Gewichtseinheit gehandelt, das heißt, die Garnelengröße wird durch die Stückzahl pro Gewichtseinheit definiert. Da die Angebotsformen sehr unterschiedlich sind, muß für den Umgang mit den Handelsbezeichnungen die Nomenklatur der »Garnelensprache« verstanden werden. Der internationale Großhandel bedient sich der englischen Sprache und arbeitet der Einfachkeit halber mit Abkürzungen. Je nachdem, ob die Garnelen als ganzes, mit oder ohne Kopf, mit oder ohne Darm, roh oder gekocht, ungeschält oder geschält in den Handel kommen, beschreiben die Begriffe das Produkt bis ins Detail.

Tiefgefrieren

Tiefgefrorene Garnelen werden in verschiedenen Formen angeboten: einzeln (IQF), geordnet gelegt (semi-IQF) und als Blockware gefroren. IQF-Garnelen werden mit Wasser besprüht, welches sie beim Gefrieren wie eine »Glasur« umhüllt und vor Frostbrand schützt. Semi-IQF-Garnelen werden, in Formen geordnet, ohne Glasur gefrostet, sie lassen sich bei der Verwendung leicht auseinandernehmen. Bei Blockware werden die Garnelen nach dem Einschichten in mit Folie ausgelegte Formen mit Wasser übergossen, mit Deckeln verschlossen, gefrostet und mit der Folie in Kartons verpackt. Bei IQF-Ware berechnen seriöse Anbieter das Gewicht der Produkte nach dem Nettogewicht der Garnelen. Doch es gibt auch unseriöse Anbieter, die mit der Glasur Geld verdienen, indem sie das gesamte Produktgewicht als Gewicht der Garnelen angeben. In

HANDELSBEGRIFFE FÜR GARNELEN	
live	lebend
fresh	frisch, nicht lebend
canned	konserviert
dried	getrocknet
frozen	tiefgekühlt
B/F – blockfrozen	als Blockware gefrostet
IQF – individually quick frozen	einzeln schockgefrostet; Einzelware
semi-IQF	in geordneter Form gefroren, ohne Glasur
frozen raw	roh, ungekocht eingefroren
frozen cooked	gekocht eingefroren
frozen breaded	paniert eingefroren
raw	roh, ungekocht
cooked	gekocht
glaze, glazed	Glasur, glasiert
whole	ganz, mit Kopf und Schale
H/O – head on	mit Kopf
tails – headless	Schwänze ohne Kopf
H/L – headless, shell on	ohne Kopf, mit Schale
T/O – tail on	geschält mit Schwanzflosse
B/K – broken	Stücke, gebrochen
peeled	geschält
PUD – peeled, undeveined	geschält, mit Darm
PD – peeled, deveined	geschält, ohne Darm
grade	Sortierung, Größe
lb – pound	englisches Pfund (454 g)
IWP – individually poly wrapped	einzeln in Folie verpackt

IQF-Garnelen:

Frozen cooked. Geschält, gekocht, glasiert am Beispiel der kleinen, zierlichen Chile-Camarones.

Peeled, deveined, frozen raw. Geschält, ohne Darm und roh gefroren. Schiffskielgarnelen – Tiger Prawns.

PD – Peeled, deveined. Geschält, ohne Darm, glasiert am Beispiel von Schiffskielgarnelen – Tiger Prawns.

»Easy peel«. Ohne Kopf und Darm. Zum leichteren Schälen bereits am Rücken aufgeschnitten. Süßwassergarnele.

H/L – headless, shell on. Ohne Kopf, mit Schale, roh. Süßwassergarnele der maximalen Größe U 5.

Die Vorteile der Blockfrostung ▲▼ liegen in der längeren Haltbarkeit und dem besseren Handling bei Transport und Lagerung. Blockware muß vor dem Gebrauch ganz aufgetaut werden. IQF- und Semi-IQF-Ware kann dagegen besser dosiert werden.

IWP – individually poly wrapped. Glasierte Garnelen mit Kopf, einzeln in Folie verpackt.

Ausnahmefällen geht dies so weit, daß bis zu 40 Prozent Wasser mitverkauft werden. Leider ist es der Europäischen Gemeinschaft bisher nicht gelungen, auf dem internationalen Markt eine Richtlinie für die zugelassene Glasur aufzustellen. Um den Glasuranteil der Ware zu erkennen, kann das Verhältnis zwischen Füll- und Abtropfgewicht der Packung ermittelt werden. Das Füllgewicht, auch Einwaage genannt, ist das gefrorene Gewicht inklusive der Glasur, das Abtropfgewicht ist das Gewicht der Ware ohne Glasur. Beträgt zum Beispiel das Füllgewicht 1 100 g und das Abtropfgewicht 1 000 g, sind 10 Prozent Glasur, also reines Wasser. Bei seriösen Anbietern wird der Prozentsatz der Glasur genannt, beispielsweise 10 oder 15 Prozent.

KALIBRIERUNG

Die Angabe der Anzahl der Garnelen bezieht sich auf das Nettogewicht der Verpackungseinheit.

In Anlehnung an den Hauptabsatzmarkt USA wird die Anzahl der Garnelen hauptsächlich auf das englische Pfund (454 g) bezogen. Im Rahmen der EG und der FAO-Standards wird eine Harmonisierung unter Bezug auf das Dezimalsystem (1000 g/100 g) angestrebt. Dies ist jedoch noch Zukunftsvision, so daß zur Zeit die bisher gebräuchlichen Handelseinheiten gelten. Die Garnelen werden entweder als Stück (engl. pieces: pcs) pro Kilo (kg) oder als Stück pro Pfund (engl. pound: lb) verkauft, je nachdem, ob es sich um ganze Garnelen (head on) oder um Garnelenschwänze (headless) handelt. Ganze Garnelen mit Kopf – roh oder gekocht – werden in der Regel als Stück pro kg gehandelt – mit Ausnahme der Süßwassergarnele *Macrobrachium rosenbergii*, die auch als ganze Garnele als Stück pro Pfund gehandelt wird. Garnelenschwänze werden als Stück pro Pfund gehandelt (pcs/lb). Dabei wird nicht die genaue Anzahl der Garnelen angegeben, sondern nur eine Spanne, etwa 16-20. Die Gewichtseinheiten pcs/lb und pcs/kg können zwar umgerechnet werden, doch ist dies in der Praxis nicht üblich. Da ein englisches Pfund (lb) 454 g entspricht, wird die angegebene Graduierung durch 0,454 kg dividiert, und damit ergibt sich die Anzahl pro kg. Für die Graduierung 16-20 bedeutet das: 16 dividiert durch 0,454 kg = 35,24 Stück pro kg, 20 dividiert durch 0,454 kg = 44,05 Stück pro kg. Das heißt, die Größe 16-20 pro lb entspräche 35-44 Stück pro kg, doch diese Graduierung wird für Garnelenschwänze selten gebraucht. Für den Verbraucher ist beim Einkauf die Größensortierung der Garnelen ohne Glasur wichtig, da der Preisunterschied zwischen einzelnen Größensortierungen in der Regel erheblich ist. Ware aus Spanien (Gambas), frankophonen Ländern und Westafrika wird in den Größen 00 bis 5 angeboten. Auf pcs/kg bezogen bedeuten die Größen: 00 = 1 bis 6 , 0 = 6 bis 10; 1 = 10 bis 20, 2 = 20 bis 30, 3 = 30 bis 40, 4 = 40 bis 60 und 5 = 60 bis 80 Stück/kg. In den USA werden Garnelengrößen zuweilen auch mit den Begriffen extra large, jumbo, large, medium, small oder tiny beschrieben.

UMRECHNUNG DER KALIBRIERUNG Garnelenschwänze ohne Kopf, mit Schale, roh		
pcs/lb	Stück/kg	Durchschnitts-gewichte
16-20	35-44	25 g
21-25	45-55	20 g
26-30	56-69	16 g
31-35	70-79	14 g
36-40	80-90	12 g
41-50	91-110	10 g
51-60	110-130	8 g
61-70	130-155	7 g
71-90	155-200	5,5 g

Die Graduierung für Garnelenschwänze (mit oder ohne Schale) ist in der Regel Stück pro Pfund (pcs/lb). Dabei wird eine Spanne angegeben: 16-20 (auch 16/20) bedeutet, das es 16 bis 20, also im Durchschnitt 18 Garnelenschwänze pro Pfund sind. Die Bezeichnung »U« steht für »unter« (engl. under) und wird bei großer Ware angewandt. U/7 bedeutet, daß es unter 7 Stück pro lb sind.

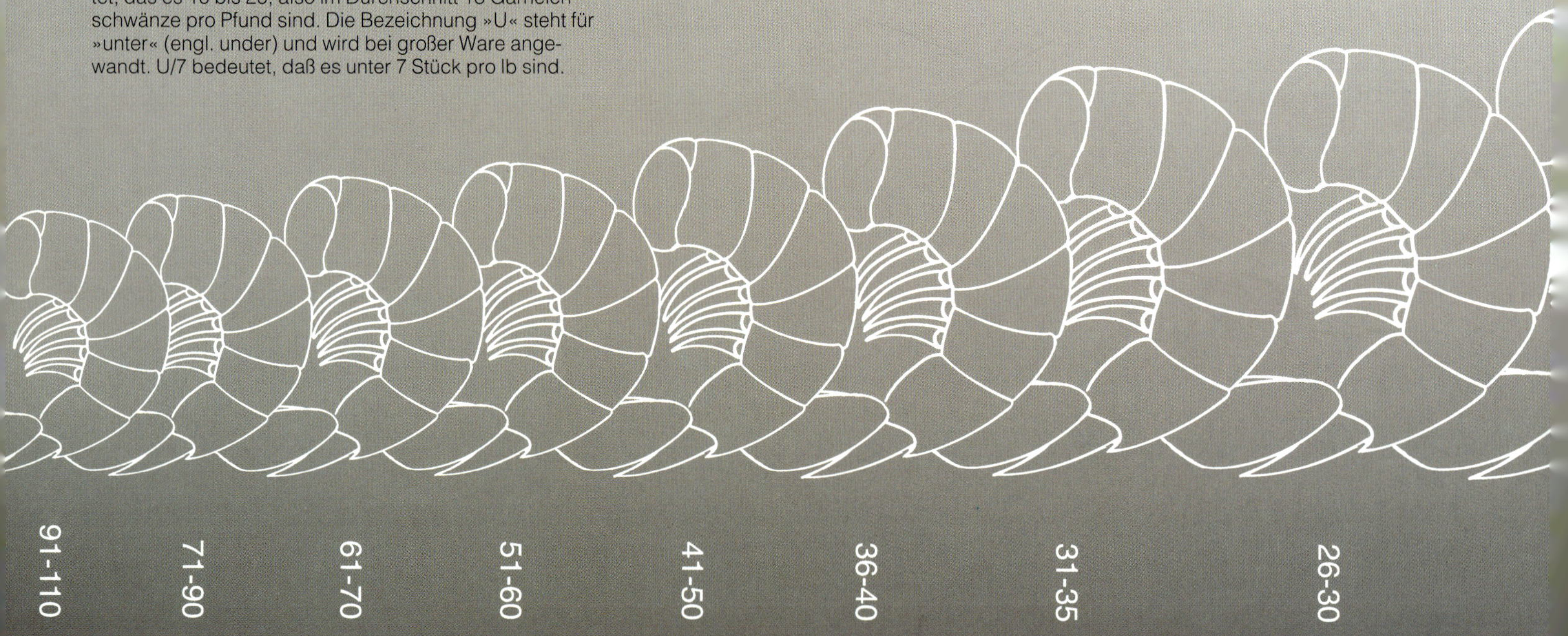

◀ **Garnelen ohne Kopf,** mit Schale, roh, werden auf dem Weltmarkt in Stück pro englisches Pfund (pcs/lb) gehandelt.

QUALITÄT, HERKUNFT

Kriterien für den Einkauf

Grundsätzlich unterscheidet die Gastronomie Kaltwasser-Garnelen von Warmwasser-Garnelen. Erstere werden für geschmacklich höherwertig gehalten. Nun ist die Wirklichkeit nicht ganz so einfach. Eine Aussage stimmt aber immer: **Kaltwasser-Garnelen sind von hoher kulinarischer Qualität.** Wer also ganz sicher gehen will, sollte beim Einkauf auf die Herkunft aus Kaltwassergebieten achten. Auf dem Weltmarkt sind zwei Kaltwasser-Garnelen von besonderer Bedeutung: die Tiefseegarnele (*Pandalus borealis*) von der Nordhalbkugel und die Chilenische Kantengarnele (*Heterocarpus reedei*), span. camarón nailon, aus dem südlichen Pazifik. Im Handel werden sie unter verschiedenen Namen angeboten. Die Tiefseegarnelen, die vor allem in norwegischen Gewässern von Spitzbergen bis zur russischen Barentssee, um Grönland und an den Küsten Alaskas gefangen werden, heißen in den USA – wie alle Garnelen – einfach »Shrimps«, bei uns werden sie aber als »Grönland-« oder »Nordmeer-Garnelen« oder »Nordische Garnelen« angeboten. Die Camarones, die überwiegend aus Chile nach Europa kommen, werden auch unter dem Namen »Langostinos« oder »Pazifische Tiefseegarnelen« vermarktet. Auf dem deutschen Markt haben Nordsee-Sandgarnelen (*Crangon crangon*) eine große Bedeutung. Sie sind kulinarisch hochwertige Kaltwasser-Garnelen, die unter den Handelsnamen »Nordseekrabben« oder »Granat« angeboten werden. Den kulinarischen Wert bei den sogenannten »Warmwasser-Garnelen« einzugrenzen, ist viel schwieriger. Alle »Eigentlichen Garnelen« (Caridea) sind ohne Rücksicht auf ihre Herkunft erste Wahl. Bei den Geißelgarnelen gibt es dagegen erhebliche Qualitätsunterschiede. Je nachdem ob sie aus tiefem, klarem Wasser oder aus Brackwassergebieten kommen, schmecken sie frisch nach »Meer« oder eher »sumpfig«. Da der Handel aber nur nach Größe, nicht nach Qualität sortiert, gestaltet sich die Suche nach erstklassiger Ware für den Verbraucher sehr schwierig. In den Heimatländern dieser Garnelen sind die Kunden viel sachkundiger und kaufen nach geschmacklichem Wert, nicht nach Größe. Es wäre wünschenswert, wenn sich dies auch bei uns im Handel durchsetzen würde, dann blieben Enttäuschungen über teuer gekaufte große (also wohl »gute«) Geißelgarnelen aus. Noch etwas: Die sogenannten »Hummerkrabben«-Schwänze werden zu besonders hohen Preisen gehandelt, da sie sehr fleischig sind. Der Verbraucher sollte aber wissen, daß es sich um Süßwasser-Garnelen (Rosenberggarnele, *Macrobrachium rosenbergii*) handelt, die geschmacklich den Geißelgarnelen unterlegen sind.

Shrimps oder Prawns?

Für die Unterscheidung von »Shrimps« und »Prawns« gibt es keine einheitliche Regelung. In vielen Ländern werden große Garnelen als »Prawns«, »King Prawns« oder »King size«, kleine Garnelen dagegen als »Shrimps« bezeichnet. In Neuseeland und Australien werden, unabhängig von ihren Größen, die *Crangon*-Arten »Shrimps« und die Palaemonidae- und Penaeidae-Arten »Prawns« genannt. Dies führt zu großen Verwirrungen im Handel.

In den Rezepten dieses Buches beziehen sich alle Größenangaben der Garnelenschwänze auf englische Pfund (= 454 g). Das heißt, die Stückzahl pro Pfund (pcs/lb) definiert die Größe der Garnelen.

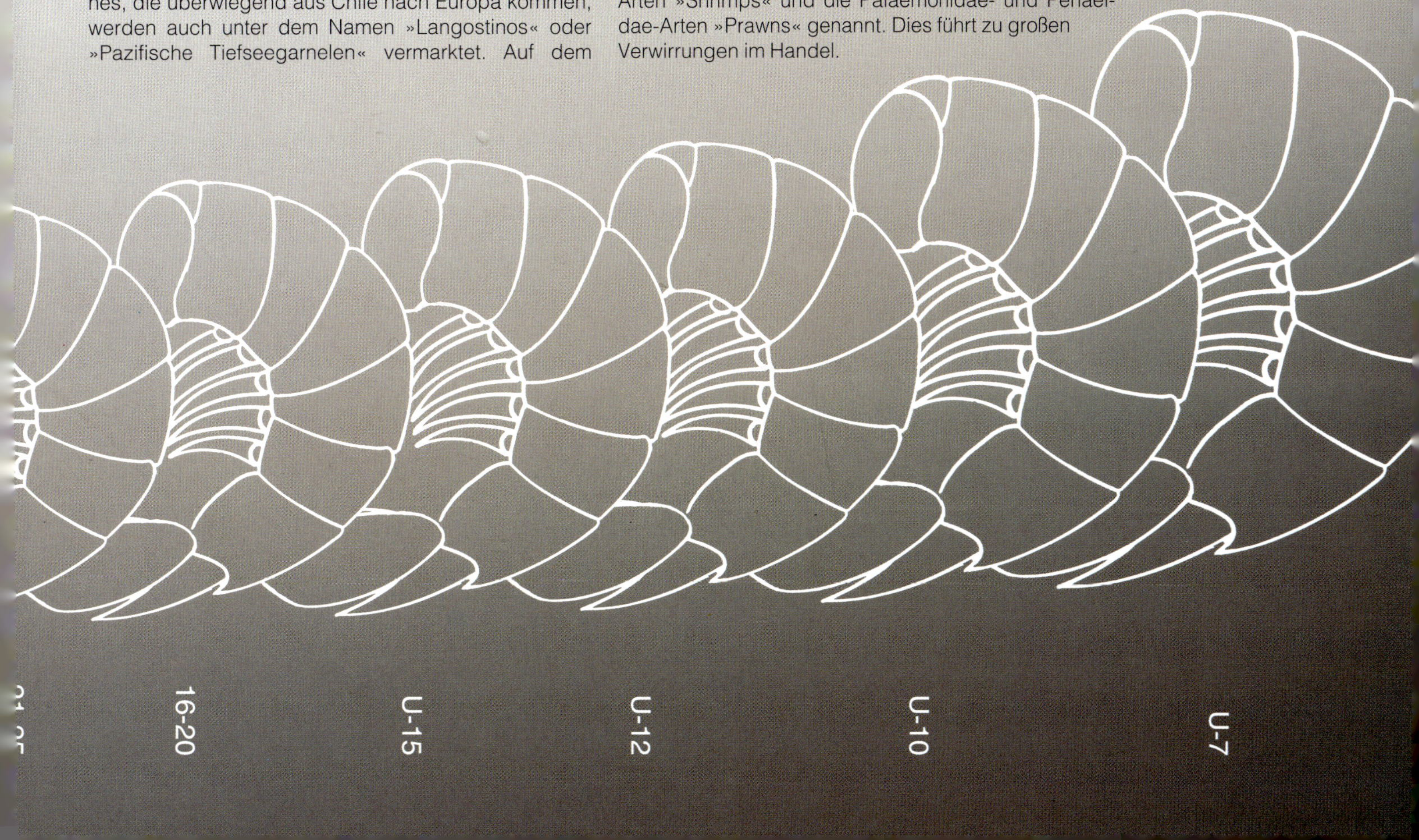

Langusten, hier ein Prachtexemplar einer Europäischen Languste (*Palinurus elephas*), werden oft mit Hummern verwechselt, wozu die unscharfe englische Benennung Lobster beiträgt. Dabei ist es sehr einfach, Langusten eindeutig zu erkennen, denn ihnen fehlen die großen Scheren der Hummer. Die mächtigen, mehr als körperlangen Antennen haben dicke, stachelige Grundglieder, vor denen man sich bei lebenden Langusten hüten sollte. Kapitale Burschen wie dieser sind mittlerweile eher selten geworden, doch an der Westküste Irlands gibt es sie noch.

LANGUSTEN

Palinuridae

Langusten sind an ihrer Körpergröße zu erkennen, die bei den kommerziell wichtigen Arten im Durchschnitt immer bei etwa 30 cm liegt und damit deutlich größer als die der Garnelen ist. Der Panzer ist kräftig und starr. Die ersten Beinpaare tragen keine Scheren, sondern sogenannte Scheinscheren, bei denen der Scherenfinger senkrecht gegen das vorletzte Glied eingeschlagen wird. Langusten werden in fast allen Meeren gefischt. Tendenziell handelt es sich um Warmwassertiere, die besonders in den Tropen und Subtropen dominant sind. In kälteren Breiten besonders der Nordhalbkugel sind dagegen die Hummer charakteristisch. Die kommerziellen Fänge verteilen sich weltweit etwa zur Hälfte auf hummer- und langustenartige Krebstiere.

Europäische Languste (*Palinurus elephas*), engl. common spiny lobster; franz. langouste rouge; ital. aragosta, palinuro; span. langosta común; griech. astakos; kroat. jastog; türk. böcek. Unter den europäischen Langusten ist diese Art leicht durch die intensive ziegelrot-lila Färbung und eine Reihe heller Flecken auf den Seitenteilen der Hinterleibssegmente zu erkennen. Die Antennen sind intensiv rot geringelt. Die Europäische Languste kann 50 cm Körperlänge erreichen, meist bleibt es aber bei 20 bis 40 cm. Das Verbreitungsgebiet reicht im Atlantik von England bis Marokko und umfaßt zudem das gesamte Mittelmeer. Dort wird sie überall gefischt und ist regelmäßig auf den Fischmärkten anzutreffen. Auch bei uns wird die Europäische Languste als Frischware, zum Teil auch noch lebend, angeboten, wobei große Exemplare gute Preise erzielen. Die Europäische Languste eignet sich für alle Zubereitungsarten. Sie sollte genügend gegart werden, was bei großen Tieren durchaus 30 Minuten in Anspruch nehmen kann. **Mauretanische Languste** (*Palinurus mauritanicus*), engl. pink spiny lobster; franz. langouste rose; ital. aragosta mauritanica; span. langosta mora. Sie ist von der Europäischen Languste durch die rosa Färbung leicht zu unterscheiden, auch die Antennen haben eine rosa Ringelung. Die hellen Flecken des Hinterleibs sind viel kleiner und enger umgrenzt. Die Bestachelung des Rückenpanzers ist ebenfalls kleiner. Diese Art kann größer werden als die vorige und erreicht ausnahmsweise einmal eine Körperlänge von 75 cm, meist ist sie aber etwa gleich groß wie die Europäische Languste. Sie ist im Nordostatlantik von den Britischen Inseln bis zum Senegal verbreitet und kommt auch im westlichen Mittelmeer vor. Die Art bevorzugt größere Wassertiefen von 160 bis 600 m, im Mittelmeer hauptsächlich 400 bis 500 m. Bedeutende Fischerei findet vor allem vor Nordwestafrika – Südmarokko und Mauretanien – statt. Im Mittelmeer ist sie seltener als die Europäische Languste. Auf den Fischmärkten um Genua ist sie regelmäßig zu finden. Zu uns gelangt die Art aus Nordwestafrika hauptsächlich durch Exporte aus Spanien und Frankreich, manchmal sogar lebend. Geschmacklich steht sie der Europäischen Languste in nichts nach. **Karibische Languste** (*Panulirus argus*), engl. Caribbean spiny lobster, Florida spiny lobster; franz. langouste blanche; span. langosta del golfo, langosta caribe; niederl. kreef (Aruba, Curaçao). Bei der Karibischen Languste sind – wie bei allen Vertretern der Gattung *Panulirus* – die beiden Stirnhörner glatt und am Vorderrand nicht gezähnelt, wie bei der Gattung *Palinurus*. Die amerikanische Art hat durchgehende Querfurchen auf jedem Segment des Hinterleibs. Darüber hinaus ist die Färbung charakteristisch: Die meist rötlich oder bräunlich gefärbten Hinterleibssegmente tragen in der Nähe beider Seitenecken blasse Flecken, von denen die auf dem zweiten und sechsten Segment als große, schwarz gerandete Augenflecken ausgebildet sind. Der Schwanzfächer weist ein kräftiges rötliches Querband unmittelbar an oder vor seinem Hinterrand auf. Nach diesen Merkmalen sind auch Langustenschwänze ohne Probleme zu identifizieren. Diese Languste kann eine Körperlänge von etwa 45 cm erreichen, meist bleibt es aber bei etwa 20 cm, ihr Hinterleib bleibt somit mit knapp über 12 cm relativ klein. Das Verbreitungsgebiet umfaßt die wärmeren und tropischen Gewässer des atlantischen Amerika, von North Carolina unter Einschluß des Golfs von Mexiko und der gesamten Karibik bis zur brasilianischen Küste. In diesem gesamten Areal wird die Karibische Languste gefischt und ist die kommerziell wichtigste Art. Meist wird sie in beköderten Reusen gefangen. Sie wird frisch vermarktet, die Schwänze werden als Tiefgefrierware auch nach Europa exportiert. **Kalifornische Languste** (*Panulirus interruptus*), engl. California spiny lobster, red lobster; span. langosta roja, langosta colorada (Mexiko). Das spezifische Charakteristikum dieser leicht kenntlichen Languste sind die kräftigen und in der Mitte unterbrochenen Querfurchen der Hinterleibssegmente. Die Färbung ist einheitlich rot bis rotbraun, nur die Beine können heller gefärbte Längsmuster auf-

Lebende Langusten werden am Rückenpanzer gehalten. So vermeidet man schmerzhaften Kontakt mit den stacheligen Antennengliedern und den spitzen Seitenspornen der Schwanzsegmente.

Die Mauretanische Languste (*Palinurus mauritanicus*) unterscheidet sich nur wenig von der Europäischen. Charakteristisch sind die eher ziegelrote Färbung und die viel deutlichere Ringelung der Antennen. Sie wird als »Rosa Languste« oder »Langouste Rose« angeboten.

Die Japanische Languste (*Panulirus japonicus*) spielt in Ostasien traditionell eine große Rolle. Ihre Bestände sind heute stark zurückgegangen, so daß auf Importware anderer Arten zurückgegriffen werden muß.

weisen. Die Gesamtlänge des Körpers kann maximal 60 cm erreichen, meist bleibt es aber bei 30 cm. In den USA gibt es eine legale Mindestgröße für die Fischerei, die mit 8 cm Rückenpanzerlänge (entspricht etwa 20 cm Gesamtlänge) festgelegt ist. Das Verbreitungsgebiet ist recht klein und beschränkt sich auf Kalifornien und die mexikanische Halbinsel Niederkalifornien. Wegen dieses kleinen Fanggebiets sind die Anlandungen wesentlich geringer als die der Karibischen Languste, die auch an der Westküste der USA gehandelt wird. **Japanische Languste** (*Panulirus japonicus*), engl. japanese spiny lobster; japan. ise-ebi. Die Japanische Languste hat kräftige, behaarte Querfurchen auf den Hinterleibssegmenten. Der Brustpanzer ist dunkel gefärbt, wobei die zahlreichen Dörnchen helle Spitzen aufweisen. Die Beine tragen helle Längsstreifen. Der Hinterleib ist einfarbig braun bis braunrot, der Schwanzfächer in seiner hinteren Hälfte dunkel. Diese Languste ist relativ kleinwüchsig und erreicht eine Maximallänge von 30 cm. Ihr Verbreitungsgebiet umfaßt die japanischen Inseln, Korea, Mittelchina und Taiwan. In Japan wird sie intensiv befischt und spielt auch in den Bräuchen eine große Rolle. So war früher ein traditionelles Vermählungsbankett ohne ein Gericht aus der echten ise-ebi nicht denkbar. Durch die starke Befischung sind die Bestände aber so weit zurückgegangen, daß heute in japanischen Restaurants häufiger importierte Langusten serviert werden als die einheimischen. Die Japanische Languste wird lokal verkauft und gelangt fast nicht nach Europa. **Rifflanguste** (*Panulirus penicillatus*), engl. coral cray (Australien), tufted spiny lobster (Hawaii), variegated crayfish (Südafrika); franz. vraie langouste verte, grosse tête (Neukaledonien); port. lagosta cornuda (Moçambique); span. langosta roja (Galapagos), langosta de isla socorro (Mexiko). Die Rifflanguste gehört zu den Arten mit je einer behaarten und durchgehenden Querfuche auf den Hinterleibssegmenten. Der Körper kann eine grünliche, blaue oder rötliche Grundfarbe aufweisen, charakteristisch sind die unzähligen kleinen weißlichen Pünktchen auf dem Brustpanzer und dem Hinterleib. Das erste Hinterleibssegment weist an beiden Seiten je einen größeren blassen Fleck auf. Die Beine tragen helle Längsbinden. Die Körperlänge kann maximal 40 cm erreichen, meist bleibt es aber bei 30 cm. Das Verbreitungsgebiet ist sehr weiträumig und reicht vom Roten Meer und der ostafrikanischen Küste über Südjapan, Hawaii und die Südsee bis zur mexikanischen Pazifikküste unter Einschluß einer Reihe von ostpazifischen Inseln, wie etwa denen des Galapagos-Archipels. Die Rifflanguste wird in ihrem gesamten Verbreitungsgebiet gefischt und ist regelmäßig auf lokalen Fischmärkten zu kaufen. Gefrorene Schwänze werden von verschiedenen Ländern exportiert und gelangen auch gelegentlich nach Europa. **Schlicklanguste** (*Panulirus polyphagus*), engl. mud spiny lobster. Die Schlicklanguste hat glatte Hinterleibssegmente ohne jede Spur einer Querfurche. Der gesamte Körper hat eine einheitlich graugrüne Grundfarbe. Die Hinterleibssegmente weisen an ihrem Hinterrand ein helles Querband auf, das vorn und hinten mit je einem verwaschen braun gefärbten Streifen versehen sein kann. Das erste Hinterleibssegment hat meist je einen größeren blassen Fleck an den beiden

Die Rifflanguste (*Panulirus penicillatus*) ist leicht an den unzähligen weißen Pünktchen auf dem dunkleren Grund des Brustpanzers und Hinterleibes zu erkennen. Meist wird sie von Tauchern erbeutet.

Die Karibische Languste (*Panulirus argus*) ist leicht an den Reihen blasser Flecken an den Seiten der Hinterleibssegmente zu erkennen. Sie wird meist mit beköderten Reusen gefischt, aber auch freitauchend von Hand gefangen. Dieses prächtige Exemplar stammt von St. Christopher.

Die Kalifornische Languste (*Panulirus interruptus*) wird aufgrund der geringen Fangmengen in Nordamerika seltener angeboten als die Karibische Languste. Mit ihrer einheitlichen rot bis rotbraunen Färbung ist sie leicht von dieser, die auf dem Hinterleib helle seitliche Flecken hat, zu unterscheiden.

Der Mud Spiny Lobster, wie die Schlicklanguste (*Panulirus polyphagus*) auch genannt wird, ist in Asien besonders beliebt. Sie wird mit Schleppnetzen gefangen und kommt regelmäßig auf die Märkte. Dieses Exemplar wurde allerdings in Thailand von einem Fischer ertaucht.

Die Grüne Languste (*Panulirus regius*) ist nicht immer deutlich grün gefärbt, stets sind aber Grüntöne vorhanden. Die prächtig violetten Antennengrundglieder sind sehr auffällig. Sie wird auch in Europa gehandelt, auf dem Pariser Fischmarkt werden sogar lebende »langoustes vertes« angeboten.

Seiten. Die Beine sind hell gefleckt. Diese Art wird maximal bis zu 40 cm lang, meist bleibt es bei 20 bis 25 cm. Das Verbreitungsgebiet umfaßt den mittleren Indischen Ozean von Pakistan und Indien bis zum westlichen Pazifik (Neuguinea und Philippinen). Im gesamten Gebiet wird die Schlicklanguste intensiv befischt, zumal sie zu den wenigen Langusten gehört, die schlickigen Boden bevorzugen und daher mit Schleppnetzen zu fangen sind. Neben der lokalen Nutzung werden frische Tiere auch tiefgefroren und finden bisweilen ihren Weg nach Europa. **Grüne Languste** (*Panulirus regius*), franz. langouste verte, langouste royale; span. langosta verde. Die Grüne Languste hat flache, zweigeteilte Querfurchen auf den Hinterleibssegmenten. Die Grundfarbe ist grünlich bis bläulich. Die Hinterleibssegmente haben auffällige, vorn und hinten dunkel eingefaßte blasse Querstreifen am Hinterrand und an den beiden Seitenecken je einen dunkel eingefaßten blassen Augenfleck. Der Schwanzfächer ist einheitlich grün oder braun gefärbt. Die maximale Körperlänge erreicht

Geschlechtsunterschiede bei Langusten sind leicht zu erkennen. Das Weibchen (links) hat große, plattenförmige Hinterleibsbeine, unter denen es die Eier trägt, beim Männchen (rechts) sind sie schmal. Dieses weibliche Kennzeichen läßt sich nur mit großer Erfahrung sicher feststellen.

Die Karibische Languste ist die wirtschaftlich wichtigste Art des amerikanischen Kontinents. Mit etwa 35 000 Tonnen Jahresertrag hält sie den Rekord unter allen Langusten der Welt. Etwa ein Drittel dieses Ertrages entfällt auf Kuba, das tiefgefrorene Schwänze auch nach Europa exportiert.

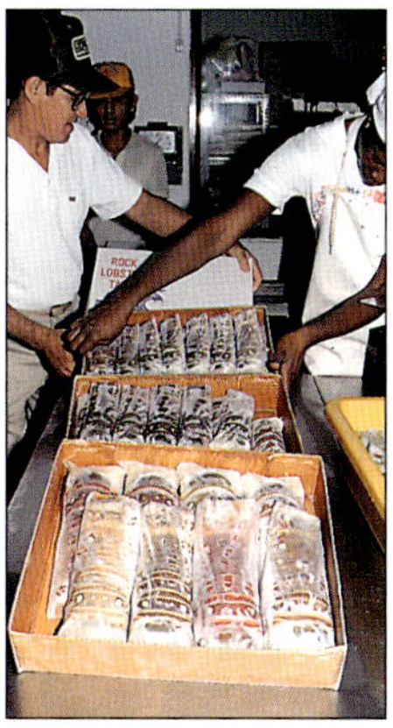

Die tiefgefrorenen Schwänze der Karibischen Languste sind von hervorragendem Geschmack und eignen sich für alle klassischen Zubereitungsmethoden.

Die Bunte Languste (*Panulirus versicolor*) ist sehr schön gefärbt und wird wegen ihres vorzüglichen Geschmacks in ihrer tropischen Heimat sehr geschätzt. Sie wird vor allem durch Taucher in Korallenriffen von Hand gefangen.

Die Ornatlanguste (*Panulirus ornatus*) wird hauptsächlich durch Taucher von Hand gefangen und etwa in Ostafrika, Indien oder Thailand vor Ort vermarktet. Nur aus dem nordaustralischen und philippinischen Fanggebiet kommen tiefgefrorene Schwänze nach Europa und Amerika.

Die Kaplanguste (*Jasus lalandii*) gehört zu den größten Langusten überhaupt. Sie wird in Südafrika kommerziell gefischt, und ihre Schwänze gelangen regelmäßig nach Europa. Das Fleisch ist von höchster Qualität und dem der Europäischen Languste völlig ebenbürtig.

35 cm, meist bleibt es bei 25 cm. Ihr Verbreitungsgebiet ist vorwiegend tropisch-westafrikanisch, im Norden erreicht sie aber Marokko und die Kanarischen Inseln, auch sind einige Funde aus dem westlichen Mittelmeer (Frankreich, Spanien) bekannt; die südliche Verbreitungsgrenze erreicht sie an der angolanischen Küste. Sie wird mit Schleppnetzen gefischt. Auf den europäischen Markt kommt sie durch französische und spanische Fischer, die sie vor allem in Nordwestafrika fangen und zum Teil auch lebend vermarkten. Nach Deutschland gelangen diese Tiere fast nicht, selten als gefrorene Schwänze. **Bunte Languste** (*Panulirus versicolor*), engl. painted rock lobster (Australien), striped crayfish (Südafrika); franz. la porcelaine (Neukaledonien); japan. goshiki-ebi; port. lagosta pintada (Moçambique). Die Bunte Languste hat glatte Hinterleibssegmente, die keinerlei Furchen aufweisen. Sie ist besonders farbenprächtig: Der Rückenpanzer weist kräftig dunkelblaue oder dunkelgrüne Marmorierungen auf hellem bis rosa Untergrund auf, auch die Grundfarbe des Hinterleibs ist tiefgrün oder -blau. Am Hinterrand trägt jedes Segment einen kräftig schwarz eingefaßten, scharf begrenzten hellen Querstreifen, der sehr auffällig ist; blasse Flecken fehlen völlig. Die Beine sind ebenfalls blau oder grün gefärbt und weisen sehr kontraststarke helle Längslinien auf. Auffällig ist auch die hellrosa Farbe der stacheligen Grundglieder der Antennen. Diese Art hat eine weite Verbreitung im Indischen und Pazifischen Ozean, die vom Roten Meer und der ostafrikanischen Küste bis nach Südjapan und zur Südsee reicht. Sie wird im gesamten Gebiet gefischt, meist von Hand durch Taucher, da sie versteckt in Riffhöhlen lebt, die sie nachts zur Nahrungssuche verläßt. Ihr schmackhaftes Fleisch wird in verschiedenen Landesküchen sehr geschätzt. **Ornatlanguste** (*Panulirus ornatus*), engl. ornate rock lobster, painted cray (Australien); franz. grosse langouste porcelaine (Neukaledonien); japan. nishiki-ebi; port. lagosta ornamentada (Moçambique). Sie hat glatte Hinterleibssegmente ohne Querfurchen. Die Grundfarbe des Körpers und des Hinterleibes ist grünlich braun, die Stirnhörner tragen eine charakteristische Querringelung. Die Hinterleibssegmente weisen in der Nähe der Seitenränder eine Reihe von hellen Flecken auf, die in einigen Segmenten als Doppelflecken auftreten. Die Beine sind hell gefleckt, wobei die Flecken an manchen Stellen zu Ringeln verschmelzen können. Die Körperlänge kann beachtlich sein und 50 cm erreichen, die meisten Exemplare bleiben aber unter 35 cm. Diese Art ist im Indopazifik weit verbreitet und kommt vom Roten Meer und der ostafrikanischen Küste bis nach Australien, Japan und Melanesien vor. Im Jahre 1988 wurde ein Exemplar an der israelischen Mittelmeerküste gefangen, das aus dem Roten Meer eingewandert war. Sollte sich diese Einwanderungstendenz fortsetzen, könnte die Ornatlanguste auch in Europa häufiger auf den Markt kommen. Zur Zeit wird sie nur in Regionen innerhalb ihres Verbreitungsgebietes vermarktet. In Nordaustralien wird sie in größerem Maßstab gefangen und die eingefrorenen Schwänze vermarktet. In kleinerem Maßstab geschieht dies auch auf den Philippinen. Aus diesen Gebieten gelangt bisweilen auch tiefgefrorene Ware nach Europa. **Kaplanguste** (*Jasus lalandii*), engl. cape spiny lobster; franz. langouste du Cap. Die Kaltwasserlangusten der Südkontinente, zu

Die Austral Languste (*Jasus novaehollandiae*) ist nur schwer von der Kaplanguste zu unterscheiden. Die Färbung ist fast identisch. Lediglich die Skulpturierung der Oberseiten der Hinterleibssegmente ist verschieden. Kulinarisch sind beide Arten, wie alle Vertreter der Gattung *Jasus*, völlig gleichwertig.

denen auch diese Art gehört, unterscheiden sich von den tropischen Langusten der Gattung *Panulirus* durch das Vorhandensein eines meist zweispitzigen mittleren Stirndorns zwischen den beide Stirnhörnern. Sie sind im Gegensatz zu ihren meist bunten tropischen Vettern einfarbig dunkel, meist braun. Die Segmente des Hinterleibs sind oberseits beschuppt. Die Identifikation der Kaplanguste gelingt mit Hilfe der Skulpturierung des ersten Hinterleibssegmentes. Seine vordere Hälfte vor der deutlich sichtbaren Querfurche trägt eine Reihe von Schuppen. Die Körperlänge erreicht 46 cm. Ihr Verbreitungsgebiet umfaßt die Gewässer Südafrikas und Namibias, wo sie flache Felsgründe bis zu 46 m Tiefe bewohnt. Fischereilich ist sie von großer Bedeutung. Nach Europa gelangt sie hauptsächlich als Tiefgefrierware aus Südafrika, manchmal auch als Frischware. Sie hat einen vorzüglichen Geschmack und steht der Europäischen Languste kaum nach. **Austral-Languste** (*Jasus novaehollandiae*), engl. southern rock lobster (Australien). Sie ist mit der Kaplanguste nahe verwandt. Nur ein sicheres Kennzeichen ermöglicht die zweifelsfreie Bestimmung: Die Vorderhälfte des ersten Hinterleibssegments trägt bei ihr keine Beschuppung. Die Färbung ist ebenfalls einheitlich dunkelbraun. Sie wird größer als die Kaplanguste und ihre Körperlänge erreicht maximal 51 cm. Ihr Verbreitungsgebiet ist das südliche Australien. Dort wird sie mit Reusen befischt und gelangt meist frisch auf den Markt. Tiefgefrorene Schwänze werden vor allem in die USA exportiert. Nach Europa gelangt sie sehr selten und wird im Verkauf nicht von der Kaplanguste unterschieden. Kulinarisch sind alle südlichen Kaltwasserlangusten gleichwertig.

BÄRENKREBSE

Scyllaridae

Bärenkrebse sind leicht an ihren schuppenartig verbreiterten Antennengrundgliedern zu erkennen. Diese Schuppen werden als Platten vor den Augen am Vorderende des Tieres getragen. Der Körper ist abgeplattet. Bärenkrebse sind typische Bodenbewohner. Da sie keine Scheren entwickelt haben, fällt eine Unterscheidung von den Hummern leicht. Bärenkrebse werden nur lokal und eher selten angeboten, sind aber sehr schmackhaft. In vielen früher klassischen Fischereigegenden sind die großen Arten bereits überfischt.

Großer Bärenkrebs (*Scyllarides latus*), franz. grande cigale; ital. magnosa; span. cigarra; griech. lyra; kroat. kuka; türk. büyük ayı istakozu. Der Große Bärenkrebs ist leicht zu erkennen an seinen glatten Antennenschuppen und drei roten Flecken auf dem ersten Hinterleibssegment, einem runden in der Mitte und zwei unregelmäßigen, die den ersten zu beiden Seiten flankieren. Auch die Körperlänge von bis zu 45 cm ist charakteristisch. Die Art ist im nördlichen Ostatlantik weit verbreitet, von Portugal bis Gambia unter Einschluß des gesamten Mittelmeeres. An vielen Stellen, besonders im Mittelmeer, ist der Bestand schon stark zurückgegangen, vermutlich durch starke Überfischung . Besonders große Exemplare kommen noch in den Gewässern der Azoren vor. Sie sind auf den Fischmärkten Südeuropas heute sehr selten, bei uns werden sie in unregelmäßigen Abständen als Tiefgefrierware angeboten. Ihr Geschmack ist sehr gut, an Hummerfleisch erinnernd. **Brasilianischer Bärenkrebs** (*Scyllarides brasiliensis*), engl. brazilian slipper lobster; portug. sapateira (Brasilien). Er ist dem Großen Bärenkrebs äußerlich sehr ähnlich, unterscheidet sich aber deutlich durch zwei eng umgrenzte rote Flecken auf der Vorderhälfte des ersten Hinterleibssegments. Der Große Bärenkrebs hat an dieser Stelle drei große Flecken, einen mittleren runden, der beiderseits von einem halbmondförmigen ebenfalls roten Fleck eingerahmt wird. Ansonsten ist die Färbung wie bei seinen meisten Verwandten einheitlich braungelb. Die Körperlänge erreicht bei der brasilianischen Art 25 cm. Das Verbreitungsgebiet umfaßt die brasilianische Küste und beschränkt sich dort auf die Bundesstaaten Maranhão und Bahia, wo es auch eine intensive Fischerei gibt. Den europäischen Markt erreicht der Brasilianische Bärenkrebs neuerdings via Rungis. **Kleiner Bärenkrebs** (*Scyllarus arctus*), franz. petite cigale; ital. magnosella, cigala de mare; span. santiaguiño; griech. lyra; kroat. zezavac; türk. küçük ayı istakozu. Die Antennenschuppen dieser Art sind an ihrem Vorderrand kräftig gezähnelt. Die roten Flecken fehlen dem ersten Hinterleibssegment. Sehr viel kleiner als vorige Art, erreicht sie eine Körperlänge von 16 cm, meist bleibt sie aber mit 5 bis 10 cm deutlich darunter. Die Art ist im nordöstlichen Atlantik vom Ärmelkanal bis Marokko und im gesamten Mittelmeer verbreitet. Sie wird im gesamten Mittelmeergebiet gefischt, erscheint aber nur unregelmäßig auf den Märkten am westlichen und zentralen Mittelmeer. Obwohl wenig ergiebig, ist sie sehr schmackhaft, und man sollte nicht versäumen, sie zu probieren, wenn sich die Gelegenheit ergibt. Sehr delikat schmeckt der Kleine Bärenkrebs nach einem madeirensischen Rezept, wonach die Tiere längs gespalten und mit den mit Knoblauchbutter

Der Große Bärenkrebs (*Scyllarides latus*) war früher in europäischen Gewässern des Mittelmeeres recht häufig. Heute sind seine Bestände durch Überfischung stark dezimiert. Besonders große Exemplare kommen noch bei den Azoren und Kapverden vor. Im Mittelmeer versucht man der Art durch den Bau künstlicher Riffe aus Beton wieder mehr Lebensraum zu bieten, in dem sie sich unter Schutz und Kontrolle vermehren kann.

Die Gedrungenen Bärenkrebse gelten als die kulinarischen Spitzenprodukte der ganzen Familie. Die hier dargestellte japanische Art, *Parribacus japonicus*, wird nur lokal angeboten und gelangt leider nicht bis nach Europa.

Der Brasilianische Bärenkrebs (*Scyllarides brasiliensis*) links, ist leicht an den beiden eng umgrenzten roten Flecken des ersten Hinterleibssegments zu erkennen. **Der Kleine Bärenkrebs** (*Scyllarus arctus*) rechts, wird wenig gefischt und kommt nur selten auf den Markt.

Der Breitkopf-Bärenkrebs (*Thenus orientalis*) ist im gesamten tropischen Indischen und Pazifischen Ozean verbreitet und häufig. Dort wird er auch überall gefischt und meist lokal vermarktet. Zwar ist die Fleischausbeute gering, aber das Schwanzfleisch ist besonders schmackhaft.

bestrichenen Innenseiten zur Glut hin am Holzkohlenfeuer gegrillt werden. Dazu einen trockenen Rosé reichen. **Breitkopf-Bärenkrebs** (*Thenus orientalis*), engl. flathead lobster, moreton bay bug (Australien); japan. uchiwa-ebi; port. cava-cava triangular (Moçambique). Der Breitkopf-Bärenkrebs ist eine leicht kenntliche Art, deren Rückenpanzer von hinten nach vorn zu breiter wird. Die Augen liegen an den äußersten Ecken dieses trapezförmigen Körperabschnitts. Die ebenfalls breiten, halbkreisförmigen Antennenschuppen tragen wenige kräftige Zähne. Der Körper und die Beine sind gleichmäßig hellbraun gefärbt. Die Körperlänge kann 25 cm erreichen, in den meisten Gebieten bleiben die Krebse aber unter dieser Größe. Das Verbreitungsgebiet erstreckt sich vom Roten Meer und der ostafrikanischen Küste bis nach Japan und Australien. Eine spezielle Fischerei auf diese Art existiert nicht, sie wird aber in einigen Regionen als Beifang der Garnelenfischerei angelandet. Lokal, etwa in Australien, wird der Breitkopf-Bärenkrebs gern gegessen, denn sein Fleisch schmeckt sehr gut. Aufgrund der geringen verwertbaren Fleischmenge wird er nur selten exportiert. **Gedrungener Bärenkrebs** (*Parribacus* spp.), engl. mitten lobster; franz. savate (Martinique), taille de bœuf (Réunion); japan. zori-ebi; port. chineza (Brasilien), cava-cava esculpida (Moçambique); span. langostino (Kuba). Der Gedrungene Bärenkrebs ist von flacherer Körperform als der Große und Kleine Bärenkrebs, aber viel langgestreckter als der Flache. Seine Augen stehen viel weiter auseinander, und alle Körperabschnitte sind mit schuppenförmigen, erhabenen Knoten bewehrt. Diese Skulpturierung unterscheidet ihn vom Flachen Bärenkrebs. Die Grundfarbe ist einheitlich braun, mit rötlichen bis rotbraunen Flecken durchsetzt. Die größte Art wird 20 cm lang. Insgesamt sind 6 Arten bekannt, die zum großen Teil sehr lokal vorkommen. Die weiteste Verbreitung hat *Parribacus antarcticus*, der sowohl in der Karbik und an der brasilianischen Küste als auch im Indopazifik von Ostafrika bis in die Südsee vorkommt. Wirtschaftlich ist dies die wichtigste Art. Sie wird in küstennahen Riffen hauptsächlich nachts von Hand gefangen und frisch vermarktet. Eine weitere Art, *Parribacus japonicus*, ist auf Süd- und Mitteljapan beschränkt und gehört dort zum Beifang der Stellnetzfischerei. Auch sie wird frisch vermarktet. Die Gedrungenen Bärenkrebse werden wegen des delikaten Geschmacks ihres Fleisches sehr geschätzt und lokal sogar den Langusten vorgezogen. Auf den europäischen Markt gelangen sie bisher nicht.

Das Fleisch der Bärenkrebse ist von ganz hervorragender Qualität und Kenner ziehen einen solchen Bärenkrebsschwanz dem Hummer vor. Er ist von relativ fester Konsistenz, aber zart im Geschmack und schmeckt gekocht und gebraten gleich gut. Vom Bärenkrebs läßt sich übrigens, wie beim Hummer, der gesamte Inhalt, außer Magensack und Darm verwenden. Der Fleischanteil beim Brasilianischen Bärenkrebs (*Scyllarides brasiliensis*) liegt etwa bei 1:4, das heißt, das reine Fleischgewicht des Schwanzes eines 400 g schweren Krebses beträgt mindestens 100 g.

FRISCHE KRUSTENTIERE EINKAUFEN

– heißt, lebende Tiere kaufen. Das bedeutet, daß Hummer, Krebse und Langusten bis zum Verbrauch sachgemäß gelagert werden müssen. Dies und die Beurteilung der Qualität ist oft nicht einfach.

▶ **Einen »quicklebendigen« Hummer** präsentiert Fischhändler Witte hier. Wenn das Tier so drohend seine Arme spreizt, ist das ein Zeichen höchster Vitalität und Frische.

Wichtig beim Einkauf von Hummer und Langusten ist die Prüfung, ob das Tier prall mit Fleisch gefüllt ist oder etwa durch lange Hälterung, das heißt die Aufbewahrung lebender Tiere in Meerwasserbassins, an Gewicht verloren hat. Dies festzustellen, erfordert einige Erfahrung. Das Tier sollte jedenfalls schwer in der Hand liegen. Um dafür einen Maßstab zu haben, müßte man schon einmal ein »Leichtgewicht« in der Hand gewogen haben. Einen Hummer sollte man während der Hauptfangzeiten im Frühling und im Frühherbst einkaufen, denn dann kann man ziemlich sicher sein, daß die Tiere nicht lange gehältert wurden. Langusten hingegen sind das ganze Jahr über verfügbar, da sie aus allen Erdteilen zu uns kommen und sich die einzelnen Fangzeiten über das ganze Jahr verteilen. Die Frische von Krustentieren prüfen heißt, die Vitalität der Tiere feststellen. Wenn Hummer und Krebse beim Herausheben aus dem Becken oder Karton quicklebendig mit den Beinen arbeiten und die Scheren in drohender Abwehrstellung spreizen, dann ist dies das sicherste Indiz für Frische. Langusten und Bärenkrebse demonstrieren ihre Vitalität durch ruckartiges Schlagen mit dem Schwanzteil. Dementsprechend energisch muß man zugreifen, wenn sie einem nicht aus der Hand fallen sollen. Doch sind die Tiere nicht immer so lebendig. Oft liegen Hummer und vor allem die kälteempfindlichen Langusten in einer Art »Kälteschlaf« in den Boxen, bedingt durch die niedrige Temperatur während des Transports. Aber schon kurze Zeit bei höherer Temperatur oder sogar die Handwärme beim Berühren genügt, um sie schnell wieder aktiv werden zu lassen. Als Regel gilt: Nur so viel einkaufen, wie für den unmittelbaren Verbrauch nötig. Diese Regel ist für den Endverbraucher ohnehin selbstverständlich. Für den Koch bedeutet sie: Nur was in 3 bis 4 Tagen verbraucht werden kann, wird gekauft – es sei denn, ein funktionierendes Krustentierbecken ist vorhanden. Da der Fachhandel die Gastronomie heute flächendeckend mindestens zweimal wöchentlich beliefert, ist das Hältern in Bassins oftmals nicht mehr nötig und auch nicht mehr rentabel,

◀ **Für die Lagerung** benötigen Hummer und Krebse eine Temperatur von 2 bis 4 °C, die sehr empfindlichen Langusten zwischen 6 und 8 °C.

es sei denn, es werden sehr viele Krustentiere umgesetzt. Die Hälterung von verschiedenen Krustentierarten ist zudem schwierig, da Hummer, Langusten und Krebse unterschiedliche Temperaturen brauchen. Werden Krustentiere in ein Hälterungsbecken gesetzt, müssen sie mit dem Schwanz voran in das Wasser eingetaucht und so lange unter dem Wasserspiegel gehalten werden, bis keine Luftbläschen mehr aufsteigen. Außerhalb eines Bassins können sie bei entsprechend hoher Luftfeuchtigkeit und richtiger Temperatur an einer zugfreien Stelle im Kühlgerät 3 bis 4 Tage gelagert werden, vorausgesetzt, man kontrolliert sie regelmäßig und erneuert die Feuchtigkeit (siehe links unten). Zeigt ein Tier keine Lebenszeichen mehr, sollte es sofort gekocht werden, denn jetzt ist es noch genießbar.

Feucht lagern:

Eine Box mit in Salzwasser getränkter Holzwolle oder Schaumstoff auslegen, mit Pergamentpapier abdecken und die Hummer darauflegen.

Die Hummer mit Pergamentpapier abdecken und mit nasser Holzwolle oder Schaumstoff vollständig belegen.

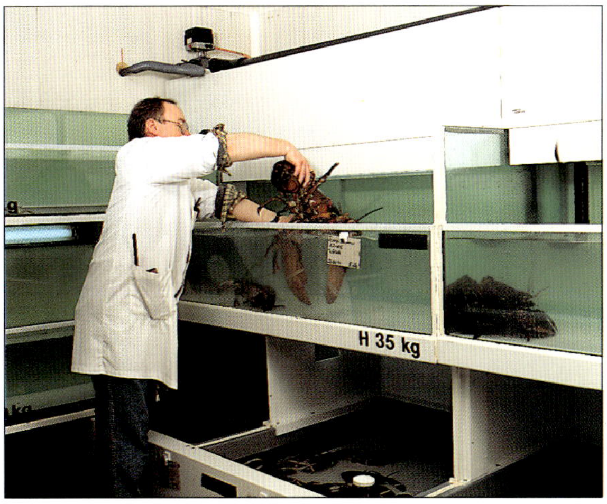

Ein Hälterungssystem wie dieses bei Rungis Express in Satteldorf garantiert optimale Bedingungen für die Tiere und ist Voraussetzung für eine erfolgreiche Vermarktung lebender Krustentiere. Ein Wasserkreislauf mit speziellen Filtern und abgestimmten Temperaturen gewährleistet die Qualität der Ware.

Der Europäische Hummer (*Homarus gammarus*) wird von Feinschmeckern besonders geschätzt und nachgefragt. Da die Anlandungen seit Mitte der siebziger Jahre stark zurückgegangen sind und vergleichsweise nur noch 6 Prozent der des Amerikanischen Hummers ausmachen, sind die Preise rapide hochgeschnellt.

HUMMERARTIGE

Nephropidae

Das untrügliche Kennzeichen der hummerartigen Krebse sind ihre großen und kräftigen Scheren. Es handelt sich dabei um das erste Beinpaar, die folgenden vier Laufbeinpaare sind viel schlanker, die ersten zwei tragen aber auch kleine Scheren. Die Weibchen der hummerartigen Krebse tragen die befruchteten Eier bis zum Schlüpfen der Larven an den Hinterleibsbeinen. Diese Entwicklungsphase dauert sehr lange, sie beträgt 9 bis 11 Monate. Danach schlüpfen die Larven, die vom Weibchen in das Plankton entlassen werden. Diese Larven durchlaufen vier Stadien, bevor sie zum Bodenleben übergehen, die dafür nötige Zeit beträgt je nach Umweltbedingungen 3 bis 6 Wochen. In dieser Zeit sind die Larven großen Gefahren ausgesetzt, nur die wenigsten überleben die ganze Entwicklung. Sie reagieren auch sehr empfindlich auf Schadstoffe, die zu einer hohen Mortalität beitragen. Die Junghummer müssen noch etwa 5 Jahre wachsen, um geschlechtsreif zu werden, ab dieser Zeit sind sie auch marktfähig. Hummer sind besonders in den kälteren Meeresregionen häufig, Kaisergranat-Arten dringen aber auch in tropische Breiten vor. Hummer gelten seit jeher als Delikatesse, die zu hohen Preisen gehandelt wird. Feinschmecker behaupten, daß sie in der Feinheit des Geschmacks den Langusten überlegen seien, doch gehen die Meinungen darüber auseinander. In Mitteleuropa ist es jedenfalls leichter, an lebende Hummer heranzukommen als an lebende Langusten.

Europäischer Hummer (*Homarus gammarus*), engl. European lobster; franz. homard européen; ital. astice; port. lavagante; span. bogavante; griech. astakos; norw. hummer; kroat. hlap; türk. istakoz. Der Europäische Hummer, meist auch nur Hummer genannt, ist an seinen großen und breiten Scheren leicht zu erkennen und von der Languste zu unterscheiden. Er ist dunkel gefärbt, manchmal auch blau, besonders die Exemplare der Nordsee. Die Maximalgröße liegt bei 60 cm Körperlänge, solche Exemplare erreichen 5 bis 6 kg und sind vermutlich über 60 Jahre alt. Durch starke Befischung sind Tiere dieser Maximalgröße selten, norma-

Eiertragende Hummer dürfen nur in einigen Ländern nicht angelandet werden, obwohl die lange Reifungsperiode für die Eier dies überall als geboten erscheinen lassen sollte. Kulinarisch werden ohnehin nur die Eierstöcke der Weibchen besonders geschätzt; die Eier selbst spielen keine große Rolle.

Hummermännchen und Hummerweibchen sind nur beim näheren Hinsehen auseinanderzuhalten. Beim Weibchen sind die Schwanzsegmente etwas breiter (linkes Bild, rechts) und beim Männchen ist das erste Hinterleibsbeinpaar zu Ruten umgebildet (rechtes Bild, links).

lerweise fängt man Exemplare von 23 bis 50 cm Körperlänge. Die Art ist im nordöstlichen Atlantik von Norwegen bis Marokko und im größten Teil des Mittelmeeres – hier fehlt er nur im sehr warmen, extremen Osten – verbreitet. Bedeutende Fischerei findet um die Britischen Inseln, vor Norwegen und an der französichen Atlantikküste, im Mittelmeer hauptsächlich in den kälteren Gebieten – nördliche Ägäis und Marmarameer – statt. Die Helgoländer Hummerfischerei ist nach einem Höhepunkt in den dreißiger Jahren unseres Jahrhunderts (jährlich etwa 80 000 Stück) sehr stark zurückgegangen und erbringt zur Zeit einen Jahresertrag von etwa 130 Exemplaren. Aquakultur-Experimente laufen auf Helgoland, in Frankreich und Spanien. Die Produktion im wirtschaftlich interessanten Maßstab ist jedoch nirgends gelungen. Besonders delikat ist er in der klassichen Zubereitungsweise, das heißt gekocht und je nach Wunsch mit den verschiedensten Saucen serviert.
Amerikanischer Hummer (*Homarus americanus*), engl. American lobster, Maine lobster; franz. homard américain. Der Amerikanische Hummer unterscheidet sich nur wenig von dem Europäischen. Für den Nichtfachmann kommen nur die im Durchschnitt etwas breiteren Scheren des Amerikaners in Betracht, obwohl auch dieses Merkmal nicht verläßlich ist. Sehr große Europäische Hummer weisen ähnliche Scheren auf. Auch die Körpergröße ist mit maximal 63 cm entsprechend. Der Amerikanische Hummer erscheint größer, da im Schnitt größere Exemplare auf den Markt kommen. Dies ist aber eher ein Spiegel der Überfischung des Europäischen Hummers als ein zoologisch wirklich haltbarer Unterschied. Der Amerikanische Hummer ist im nordwestlichen Atlantik von Kanada bis nach Kap Hatteras in North Carolina (USA) verbreitet und wird in seinem gesamten Verbreitungsgebiet stark befischt. Er wird viel nach Europa importiert, wo er im Handel kaum von der europäischen Art unterschieden wird. Feinschmecker halten letztere für kulinarisch besser, doch besteht der Verdacht, daß dabei nicht Tiere gleicher Frische und Qualität miteinander verglichen werden.

Der Amerikanische Hummer (*Homarus americanus*) sieht breitscheriger aus als der Europäische. Das ist aber kein sicheres Bestimmungsmerkmal, da es nur für gleich große Tiere gilt. Wer ganz sicher gehen will, prüft die Unterseite des Stirnhorns, die beim Amerikanischen Hummer einen Dorn trägt, beim Europäischen aber glatt ist.

▲ **Der Amerikanische Hummer** wird am Markt viel häufiger angeboten als der Europäische. Das hängt mit den 16fach höheren Anlandungen zusammen. Trotz der Größe der Ressourcen mußten aber auch in den USA und Kanada Schutzmaßnahmen ergriffen werden.

Hummer – Fischerei und Verarbeitung

Hummer werden in Europa und Nordamerika gefischt. Der nordamerikanische Fang ist ungleich größer als der europäische, er beträgt etwa 76 000 Tonnen gegenüber etwa 2 300 Tonnen. Der Grund hierfür sind die viel größeren Ressourcen jenseits des Atlantiks, die in den letzten Jahren allerdings auch an ihre Grenzen kommen. Die Fischereimethoden haben sich gegenüber früheren Zeiten kaum verändert. Der küstennahe Fang wird bei beiden Hummerarten mit Hilfe von beköderten Reusen durchgeführt, deren Form sehr unterschiedlich ist. Sie können kastenförmig oder rund sein und werden auf Helgoland als Hummerkörbe bezeichnet. Beködert wird überwiegend mit Fisch- oder Krebsfleisch (Strandkrabben, Taschenkrebse), seltener mit Schnecken und Muscheln. Der Fang ist je nach Jahreszeit und Wetter sehr schwankend. Meist schon an Bord werden die Scherenfinger bewegungsunfähig gemacht, indem sie beim Europäischen Hummer mit Hilfe von Gummiband oder Schnur immobilisiert werden. Amerikanische Fischer treiben einen Holzkeil in die Gelenkhaut der Fingerbasis ein, was häufig zu Entzündungen und damit zu größeren Verlusten führt, auch wird die Qualität des Scherenfleisches negativ beeinflußt. Die Hummer werden entweder gleich lebend vermarktet, gekocht und im Eisblock verkauft oder zu Konservenware verarbeitet. Bei den heutigen Hummerpreisen lohnt sich sogar der Versand lebender Hummer, da sich durch die hohen Luftfrachtgebühren der Preisunterschied zwischen dem Amerikanischen und Europäischen Hummer egalisiert. Hummer sind sehr widerstandsfähig und lassen sich gut in feuchter Holzwolle, Stroh, Torf oder Plastikwolle lebend transportieren, wenn die Temperaturen niedrig sind. Am Verkaufsort werden sie in Becken mit Seewasser gesetzt und gehältert, im Fischgeschäft aus dem Aquarium verkauft. Bei den heutigen Preisen kann man also überall lebende oder lebendfrische Ware erwarten. Das Abtöten erfolgt in sprudelnd kochendem Wasser oder Sud, in das der Hummer möglichst schnell eingelegt werden sollte. Die Hitze muß in diesem Augenblick so hoch sein, daß das Wasser kaum an Temperatur verliert. Vor dem Abtöten eines weiteren Tieres muß so lange gewartet werden, bis der Sud wieder sprudelnd kocht. Dies ist die in Deutschland einzig

Die Hummerkörbe werden an Bord eines amerikanischen Fischerbootes gehievt. Sie waren, weithin erkennbar, mit Bojen markiert, die dasselbe Symbol tragen wie das Boot, das sie aufnimmt. Anschließend werden die Körbe geleert. Nicht alle enthalten Hummer, sondern oft nur andere Meerestiere.

Hummer ausreichender Größe dürfen mitgenommen werden. Kein Berufsfischer riskiert seine Lizenz, die bei Anlandung zu kleiner Tiere auf dem Spiel steht. Das Mindestmaß ist in den USA auf 79 oder 81 mm Rückenpanzerlänge festgesetzt = 500 bis 600 g (Portionshummer).

legale Tötungsmethode. In einigen Bundesstaaten der USA müssen Hummer vor dem Einlegen in kochendes Wasser mit Elektroschocks betäubt werden. In südeuropäischen Ländern ist das Töten mit Hilfe eines gezielten Stiches in das Nervensystem des Kopfes erlaubt, meist wird dies beim Spalten des lebenden Hummers durchgeführt. Bei Rezepten, in denen das Zerteilen von rohem Hummer vorgeschrieben ist, muß in Deutschland der Hummer zuvor in kochendem Wasser getötet werden, er wird dann aber sofort entnommen und weiterverarbeitet. Beim Kochen von Hummer richtet sich die Garzeit nach dem Gewicht. Ein 500 g schwerer Hummer braucht 12 bis 13 Minuten, ein 1 kg schweres Tier 22 bis 24 Minuten, ein größeres 30 bis 33 Minuten. Diese Garzeiten gelten für den Fall, daß der Hummer danach aus dem Sud herausgenommen, abgeschreckt und an der Luft abgekühlt wird.

◀ **Hummeranlandungen** sind in Europa an der irischen Westküste, in Wales und Schottland noch besonders stabil, andere klassische Fanggebiete sind weitgehend leer gefischt. Die schönen irischen Hummer erzielen am Markt sehr gute Preise.

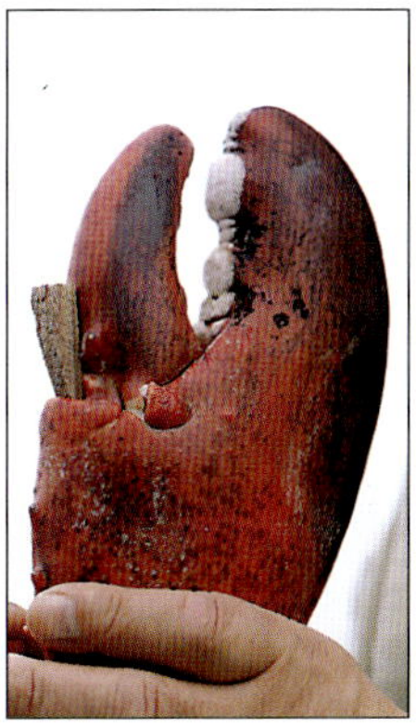

Holzkeile zur Fixierung des Fingers werden in die Scheren getrieben. Diese Methode ist in Amerika weit verbreitet. Außer daß sie die Tiere quält, fördert sie Entzündungen, die die Überlebensrate versandter Tiere senken.

GESETZLICHE SCHUTZVORSCHRIFTEN FÜR HUMMER

Land	Mindestmaß	Schonzeit	Besonderes
Deutschland	90 mm Rückenpanzerlänge	15. 7. bis 1.9.	Hummerschutzgebiet um Helgoland
Großbritannien	80 mm Rückenpanzerlänge		
Irland	83 mm Rückenpanzerlänge		Fang durch Taucher verboten
Frankreich	230 mm Körperlänge		15 Hummerschutzgebiete (Ärmelkanal und Atlantik). Spezielle Lizenzen für Hummerfischerei
Portugal	200 mm Körperlänge	1. 10. bis 1.1.	Eiertragende Weibchen geschützt vom 1.1. bis 1.3.
Spanien	200 mm Körperlänge	1. 9. bis 31.5.	Eiertragende Weibchen geschüzt
Dänemark	210 mm Körperlänge		Eiertragende Weibchen lokal geschützt
Norwegen	220 mm Körperlänge	1. 6. bis 1.10.	
Schweden	220 mm Körperlänge	15. 6. bis 20.9	Fang durch Taucher verboten. Beschränkung der Reusenzahl je Boot
Kanada	Lokal unterschiedlich zwischen 63,5 und 81 mm Rückenpanzerlänge	lokal verschieden	
USA	79 oder 81 mm Rückenpanzerlänge		Eiertragende Weibchen geschützt. Spezielle Lizenzen (nicht in allen Bundesstaaten). Fanggerät-Einschränkungen (unterschiedlich nach Bundesstaat). Vielzahl weiterer Einschränkungen in manchen Bundesstaaten

Das Fesseln mit Gummiband ist die humanere Methode, sich vor den großen Scheren zu schützen und die lebenden Hummer daran zu hindern, sich gegenseitig zu beschädigen. Sie wird vor allem in Europa angewandt. Dabei wird zunächst das Gummiband um den beweglichen Scherenfinger gelegt.

Im zweiten Schritt der Fesselung wird der Scherenfinger zugeklappt und das Scherenende ganz mit dem flexiblen Gummiband umschlungen. Statt des Gummibandes können auch andere weiche Materialien, wie etwa Stricke oder Klebeband, zur Anwendung kommen.

Die Geruchsprobe zwischen Rückenpanzer und Hinterleib ist die sicherste Methode, die Frische vom Kaisergranat zu beurteilen. Bei fischigem Geruch sollte man vom Kauf Abstand nehmen.

Kaisergranat (*Nephrops norvegicus*), engl. Norway lobster; franz. langoustine; ital. scampo; port. lagostim; span. cigala; griech. karavida; kroat. škamp. Der Kaisergranat ist ein hummerähnlicher Krebs mit schlanken Scheren, weshalb er im Deutschen auch »Schlankhummer« genannt wird, was als Marktbezeichnung nicht mehr zulässig ist. Er ist leicht an den langgestreckten, schlanken Scheren und der rosa Färbung zu erkennen. Die Körperlänge kann 24 cm erreichen, sie liegt aber meist bei 10 bis 19 cm. Er ist eine Kaltwasserart, die im Nordostatlantik von Island bis Marokko verbreitet ist, ebenso fast im gesamten Mittelmeer mit Ausnahme des östlichsten Warmwassergebiets. Bedeutende Fischerei findet in der Nordsee, in englischen Gewässern, an der französischen, spanischen und portugiesischen Atlantikküste, im Mittelmeer besonders vor der spanischen und ligurischen Küste sowie in der Adria statt. Die Art wird regelmäßig auf Fischmärkten dieser Regionen angeboten, häufig auch bei uns als Frisch- und Tiefgefrierware. Sowohl in den Ursprungsgebieten als auch bei uns kommt die Ware nur selten lebend auf den Markt, da der Kaisergranat sehr empfindlich ist und schnell stirbt. Beim Kauf sollte daher besonders kritisch vorgegangen werden. Frischer Kaisergranat hat eine rosa Farbe, das Muskelfleisch ist transparent. Wenn die Tiere altern, geht die Farbe zunehmend in Orange über und die Muskulatur wird undurchsichtig weiß. Im Zweifelsfall hilft eine Geruchsprobe zwischen dem Kopfbrustpanzer und dem Hinterleib. Beide Teile dazu zwei- bis dreimal gegeneinander bewegen. Ein unangenehm »fischartiger« Geruch offenbart alte Ware. Angeboten werden sie in den Handelsgrößen 20/25, 15/20, 10/15 und 7/10 Stück/kg. **Neuseeländischer Kaisergranat** (*Metanephrops challengeri*), engl. New Zealand scampi, deep water scampi (Neuseeland). Die neuseeländische Art unterscheidet sich von der europäischen durch die kräftige Bestachelung des Rückenschildes hinter den Augen. Die Scheren sind beim Neuseeländischen Kaisergranat völlig gleich, während sie sich beim Europäischen in der Größe und Form etwas unterscheiden. Außerdem ist die Färbung charakteristisch, denn die neuseeländische Art weist auf den Hinterleibssegmenten dünne, kräftig rot gefärbte Querbänder auf und ihre Scheren sind kontrastreicher gefärbt. Die Art ist auf die Gewässer um Neuseeland beschränkt, wo sie in Tiefen zwischen 120 und 700 m vorkommt. In solchen mittleren Tiefen wird sie gefischt und gelangt tiefgefroren auch auf den europäischen Markt. Kulinarisch ist sie von gleicher Qualität wie die europäische Art.

Neuseeländische Kaisergranate (*Metanephrops challengeri*) kommen noch selten auf den deutschen Markt, werden aber in Zukunft ihren Marktanteil sicher vergrößern. Dazu tragen die steigenden Anlandungen und die hohen Preise für die europäische Art bei. Die Qualität ihres Fleisches ist hervorragend.

Der Kaisergranat (*Nephrops norvegicus*) ist unter seinem italienischen Namen Scampo (Mehrzahl Scampi) besser bekannt als unter seinem deutschen Namen. Sein zartes Muskelfleisch ist sehr delikat und wird hoch geschätzt. Da er sehr empfindlich ist, bekommt man ihn auch auf den Märkten der Fanggebiete kaum lebend und sollte daher die Frische der Ware sehr kritisch überprüfen.

Frische Kaisergranate lassen sich ebenso wie tiefgefrorene Ware auf verschiedenste Art und Weise zubereiten: Ob einfach gekocht, gespalten und in Knoblauchbutter gebraten, gegrillt oder flambiert, ein außergewöhnlicher Genuß ist sicher. Eine raffinierte Sauce rundet den Geschmack ab.

Der Edelkrebs (*Astacus astacus*) war in Deutschland früher so häufig, daß es gesetzlich verboten wurde, Dienstboten mehr als zweimal in der Woche Krebsgerichte vorzusetzen. Seit den verheerenden Folgen der Krebspest (1877 bis1880) ist der Edelkrebs zu einer seltenen Delikatesse geworden.

Der Sumpfkrebs (*Astacus leptodactylus*) ist der zur Zeit in Europa am häufigsten angebotene Flußkrebs. Seine schlanken Scheren sind sehr kennzeichnend und machen ihn unverwechselbar. Er ist im Geschmack dem Edelkrebs ebenbürtig und eignet sich für alle klassischen Flußkrebsrezepte.

FLUSSKREBSE

Astacidae, Cambaridae, Parastacidae

Edelkrebs (*Astacus astacus*), engl. crayfish; franz. écrevisse; finn. rapu; norw. ferskvannskreps; schwed. flodkräfta; niederl. rivierkreeft. Der Edelkrebs ist einheitlich dunkel gefärbt und an seinen breiten und massiven Scheren leicht zu erkennen. Die Maximalgröße liegt bei 18 cm. Er war im letzten Jahrhundert und davor in Europa die kommerziell wichtigste Flußkrebsart. Durch die Krebspest, eine Pilzerkrankung, die wahrscheinlich aus Amerika stammt, wurde der Edelkrebs stark dezimiert und ist heute kaum noch von Bedeutung. Die Art wird hauptsächlich in Bayern in der Teichwirtschaft gezüchtet, aber auch in den skandinavischen Ländern, und gelangt in begrenztem Umfang auf den Markt. Der Edelkrebs spielt bei uns wegen seiner Seltenheit kulinarisch kaum noch eine Rolle, was zu bedauern ist. **Sumpfkrebs, Galizier** (*Astacus leptodactylus*), franz. écrevisse orientale; finn. kapeasaksirapu; schwed. smalkloig sumpkräfta; türk. kerevit. Er ist vom Edelkrebs durch die schlanken Scheren leicht zu unterscheiden. Seine Maximalgröße beträgt um die 21 cm. Der Sumpfkrebs ist die in Europa derzeit kommerziell wichtigste Flußkrebsart. Er wird hauptsächlich aus der Türkei importiert und in norddeutschen Seen gemästet. Hauptabnehmerländer für türkische Sumpfkrebse sind – in der Reihenfolge der Importmengen – Frankreich, Deutschland und Belgien. Nach Frankreich wurden in den achtziger Jahren jährlich etwa 800 bis 1 000 Tonnen Lebendware importiert, nach Deutschland immerhin etwa 200 Tonnen. Im Ursprungsgebiet gibt es seit einigen Jahren Zeichen der Überfischung, ebenso scheint die Krebspest in Osteuropa immer manifester zu werden, so daß unsicher ist, ob der Nachschub weiter so bestehen bleiben wird wie gewohnt. Geschmacklich steht der Sumpf- dem Edelkrebs kaum nach, die Scheren enthalten aber wesentlich weniger Muskelfleisch. **Signalkrebs** (*Pacifastacus leniusculus*), engl. signal crayfish; finn. täplärapu; schwed. signalkräfta. Äußerlich ist er dem Edelkrebs ähnlich, aber leicht an dem gelborangen Fleck nahe der Basis der beweglichen Scherenfinger zu erkennen. Er erreicht in der Körpergröße den Edelkrebs. Ursprünglich in Süßgewässern an der Nordwestküste der USA verbreitet, wurde der Signalkrebs als krebspestresistente Art nach Europa eingeführt. Bei uns darf er nur in geschlossenen Zuchtanlagen gehalten werden. In Schweden und in Österreich kommt er bereits in freier Natur vor, wobei er zu niedrige Temperaturen nicht zu vertragen scheint. Geschmacklich ist er von höchster Qualität und könnte bei guter Vermarktung, an der es zur Zeit noch fehlt, ein vollwertiger Ersatz für den Edelkrebs sein.

Die Bauchseite eines Signalkrebses läßt ebenfalls die kennzeichnenden orangegefärbten Basisflecken der großen Scheren erkennen.

Der Signalkrebs (*Pacifastacus leniusculus*) ist besonders in Kalifornien beliebt und erzielt gute Preise. Der orange Fleck an der Basis des beweglichen Scherenfingers ist ein leicht sichtbares Kennzeichen zur Unterscheidung vom Edelkrebs, dem er kulinarisch gleichwertig ist.

• Küchen-Info

Flußkrebse werden in Fischgeschäften lebend angeboten. Man darf sich nicht dazu verleiten lassen, tote Krebse zu kaufen, da das Fleisch sich schnell zersetzt. Wegen der guten Transportfähigkeit gibt es auch keinen Grund, tote Krebse zu akzeptieren, da solche nur Mängel im Transport und in der anschließenden Behandlung offenbaren. Beim Sumpfkrebs sollten hell gefärbte Tiere bevorzugt werden, dunkle Exemplare, die kaum noch gehandelt werden, stammen aus Sumpfgebieten und sind geschmacklich minderwertig. Die Krebse werden ohne Wasser transportiert, bleiben aber währenddessen feucht. So kommen sie lebend beim Verbraucher an. Der Sud zum Abtöten und Kochen darf im Gegensatz zu Meereskrebsen nicht zu stark gesalzen werden, etwa 1 EL pro Liter ist ausreichend. Ein einfacher Sud braucht noch etwas Essig, der die Rotfärbung intensiviert. Die lebenden Krebse werden in diesen sprudelnd kochenden Sud, Kopf voran, einzeln eingeworfen, jeder weitere erst, wenn das Wasser wieder kocht. In manchen älteren Rezepten wird empfohlen, die Krebse in kaltem Sud aufzusetzen und diesen langsam zum Kochen zu bringen. Dies führt eindeutig zur Tierquälerei und ist strikt abzulehnen. Die Krebse werden etwa 10 Minuten gekocht; wenn sie besonders klein sind, reichen auch 7 Minuten. Anschließend unter kaltem Wasser abschrecken und warm oder kalt servieren.

Louisiana Sumpf-Flußkrebs (*Procambarus clarkii*), engl. Louisiana swamp crayfish, red swamp crayfish; span. cangrejo rojo de la marisma; japan. zari-gani. Er ist leicht zu erkennen an der dunkelroten Farbe und den perlförmigen Knoten auf den Scheren und dem Vorderkörper. Er ist in den USA eine der wichtigsten kommerziell genutzten Flußkrebse. Zu uns gelangt er aus Andalusien, wohin er eingeführt wurde und zur Zeit große Populationen bildet. Er wird insbesondere in der ersten Jahreshälfte angeboten, wenn die einheimischen Flußkrebse Schonzeit haben. Die Schale ist viel härter als bei den europäischen Flußkrebsen, und der Geschmack kann kaum überzeugen, wenn man die einheimischen Arten kennt. Deswegen hat sich die ansonsten sehr fruchtbare Art auf unserem Markt nicht durchsetzen können. **Kleiner Australkrebs, Yabbie** (*Cherax destructor*), engl. yabbie (Australien). Die Australkrebse (Gattung *Cherax*) sind sehr leicht an den weichen, nicht kalzifizierten Hinterhälften aller Teile des Schwanzfächers zu erkennen, die Scheren sind völlig glatt. Die Unterscheidung von verwandten Arten ist nicht leicht. Von dem ebenfalls australischen Marron unterscheidet er sich durch einen völlig glatten hinteren Brustpanzer und glatte Hinterleibssegmente. Auch trägt das Mittelstück des Schwanzfächers nur ein Paar Seitenrandstacheln, Mittelstacheln fehlen. Die Farbe ist häufig braun, es gibt aber auch grünliche, bläuliche oder rötliche Exemplare. Die Körperlänge erreicht 15 cm bei einem Gewicht von etwa 150 g. Die geographische Verbreitung umfaßt ein großes Gebiet in Süd-, Mittel- und Ostaustralien, wo die Art aber nicht die Küstenregion erreicht. Dort lebt er hauptsächlich in Überflutungsgebieten. Er gräbt tiefe Gänge in den Boden der Gewässer, die bei Austrocknung des Wasserkörpers immer noch das Grundwasser erreichen. Yabbies werden in Australien stark befischt, die Fischerei auf diese Tiere ist auch eine Art Volkssport. Die Zucht in Teichen ist mehrfach versucht worden, hat aber bisher nirgends einen kommerziellen Maßstab erreicht. Yabbies eignen sich bestens für alle klassischen Flußkrebs-Gerichte. Lebende Tiere müssen vor der Zubereitung mindestens 24 Stunden in klarem Süßwasser gehältert werden, damit sie ihren Schlammgeschmack verlieren. **Großer Australkrebs, Marron** (*Cherax tenuimanus*), engl. marron (Australien). Er unterschiedet sich vom Yabbie durch sein rauhes Brustpanzer-Hinterteil und die rauhen Hinterleibssegmente. Außerdem hat er ein Paar Mitteldornen auf der Mittelplatte des Schwanzfächers. Die Färbung ist bräunlich. Der Marron ist die drittgrößte Flußkrebs-Art der Welt. Er erreicht ein Gewicht von bis zu 2 kg. Sein natürliches Vorkommen ist auf ein kleines Gebiet Südwestaustraliens beschränkt. In diesem Gebiet ist er streng geschützt und darf nur von Mitte Dezember bis Ende April für den privaten Gebrauch gefangen werden. Die gesetzlich vorgeschriebene Mindestgröße beträgt 76 mm Rückenpanzerlänge. Eine kommerzielle Fischerei ist nicht erlaubt. Die kommerziellen Angebote stammen ausnahmslos aus Teichwirtschaften, die sowohl in Westaustralien als auch in Queensland gute Erträge erbringen. Diese reichen allerdings zur Zeit noch nicht aus, um ein stabiles Angebot, an dem großes Interesse besteht, auf überseeischen Märkten sicherzustellen. Das wird dokumentiert durch eine lange Liste von 17 Ländern, in die der Marron bisher exportiert wurde und wird. In Südafrika wurde die Art sogar nachgezüchtet.

▲ **Der Louisiana Sumpf-Flußkrebs** ist leuchtend rot gefärbt und allein schon daran sofort von anderen Arten zu unterscheiden.

Der Louisiana Sumpf-Flußkrebs ▶ ist der weltweit am meisten gefischte Flußkrebs. In den USA fallen jährlich insgesamt etwa 45 000 Tonnen an, die aus Wildfängen und aus Teichwirtschaften stammen. Sie werden sowohl frisch verkauft als auch zu Konserven verarbeitet.

◀ **In den Überschwemmungsgebieten** entlang der Küste von Louisiana kommen die Crawfish, wie die Louisiana Swamp Crayfish in ihrer Heimat auch genannt werden, noch in großen Mengen vor. Sie gedeihen besonders prächtig in den riesigen Mangrovesümpfen und werden auch entsprechend befischt.

Die Australkrebse Yabbie und **Marron** werden auch auf dem europäischen Markt zunehmend wichtiger und bieten darüber hinaus noch beste Qualität. Besonders der **Marron** oder **Große Australkrebs** (*Cherax tenuimanus*), im Bild rechts, gehört zu den Delikatessen des australischen Kontinents und wird mit Zunahme der Aquakulturerfolge sicher in größeren Mengen importiert. Seine Scheren sind zwar etwas unterentwickelt, dafür konzentriert sich das Fleischgewicht im Schwanz. Dagegen hat der **Yabbie** oder **Kleine Australkrebs** (*Cherax destructor*), im Bild links, eher verhältnismäßig große, fleischige Scheren, der Schwanz hat ein Gewicht ähnlich dem des Signalkrebses. Die Fleischqualität ist fein, reicht aber nicht an den Marron heran, was sich auch im Preis ausdrückt.

WIEVIEL FLEISCH STECKT IN DEN KREBSEN?

Je nach Art kann der Anteil recht unterschiedlich sein.

	Gesamtgewicht	Fleischanteil Schwanz	Fleischanteil Scheren
Edelkrebs	130 g	12 g	22 g
Yabbie	140 g	24 g	12 g
Marron	140 g	45 g	8 g

Langostinofleisch gelangt nur tiefgefroren und als Dosenware nach Europa. Es ist von hervorragender Qualität und läßt sich sehr gut zu Cocktails und Salaten verarbeiten.

MITTELKREBSE

Anomura

Die Mittelkrebse sind sehr vielgestaltig, und manche Zoologen bezweifeln, ob es sich hierbei wirklich um eine echte Verwandtschaftsgruppe handelt. Ihre Formenvielfalt ist jedenfalls enorm – angefangen bei den wie abgeplattete Hummer aussehenden Springkrebsen über die Einsiedlerkrebse bis hin zu den krabbenartig aussehenden Scheinkrabben, zu denen auch die Königskrabben gehören. Die kommerziell wichtigen Arten lassen sich aber leicht von allen anderen Krebsen und Krabben dadurch unterscheiden, daß hinter den Scheren maximal nur noch drei große Beinpaare vorhanden sind. Mindestens das hinterste Paar ist stark verkleinert und wird als Putzbein verwendet. Bei allen anderen im Handel erhältlichen Krebsen und Krabben sind die vier Beinpaare hinter den Scheren etwa gleich groß. Mit Hilfe dieses Merkmals lassen sich sowohl Springkrebse von Hummerartigen als auch Scheinkrabben von Krabben unterscheiden. Für die Fischerei spielen besonders die Scheinkrabben eine große Rolle, während die Springkrebse nur lokal genutzt werden.

Der Chile-Langostino (*Cervimunida johni*) wird nur in seiner Heimat frisch angeboten. Die Fischerei auf diese Art wird praktisch nur von Chile betrieben, wo jährlich etwa 13 000 Tonnen angelandet werden. Am besten verwendet man das Fleisch für einen pikanten Cocktail.

Chile-Langostino (*Cervimunida johni*), engl. red crab, langostino; span. langostino amarillo, langostino chileno. Diese zu den Springkrebsen zählenden Tiere sind an ihrer abgeplatteten Körperform und ihren relativ breiten Scheren leicht zu erkennen. In Chile werden sie zusammen mit einer anderen, für den Nichtfachmann sehr ähnlich aussehenden Art *Pleuroncodes monodon,* vermarktet. Zu uns gelangt nur tiefgefrorenes Fleisch aus dem Hinterleib oder Dosenware. Die Hinterleibsmuskulatur hat eine unverwechselbare Form. Sie sieht der von Kaisergranat, Hummer oder Flußkrebsen ähnlich, da eine deutliche Segmentierung erkennbar ist, sie ist aber stark abgeplattet und eingerollt. Der Geschmack ist sehr gut und steht hochwertigen Krebstieren in nichts nach.

Galathée rouge, der Tiefwasser-Springkrebs (*Munida rugosa*), ist der einzige seiner Art, der in Europa ab und zu auf den Markt kommt, obwohl er relativ häufig gefangen wird. Vielleicht weil die Gourmets um seinen vorzüglichen Geschmack wissen, obwohl die Fleischausbeute mehr als dürftig ist. Von 1 kg dieser Krebse erhält man gerade 150 g verwertbares, gekochtes Schwanzfleisch.

Tiefwasser-Springkrebs (*Munida rugosa*), engl. squat lobster; franz. galathée rouge. Der Tiefwasser-Springkrebs ist die einzige in Europa in geringem Umfang genutzte Art der Familie. Ganz oberflächlich sieht er wegen seiner langen Scheren dem Kaisergranat ähnlich, ist aber viel abgeplatteter. Hinter den langen Scheren lassen sich nur drei große Beinpaare erkennen, das vierte ist stark verkleinert und dient nur noch als Putzbein. Beim Kaisergranat dagegen sind alle Laufbeinpaare etwa gleich groß. Die Art wird hauptsächlich an den französischen und spanischen Atlantikküsten in geringem Umfang gefischt, meist ist sie nur Beifang von Fischtrawlern und wird frisch vermarktet. Zu uns gelangt sie nicht. Zwar ist die Fleischausbeute denkbar ungünstig (etwa 1:8, bezogen auf das Gewicht), man wird aber durch den besonders feinen Geschmack mehr als entschädigt. In den Ursprungsländern wird diese Art meist als Vorspeise serviert, sie ist jedoch ohne größere wirtschaftliche Bedeutung. **Bernhardseinsiedler** (*Pagurus bernhardus*), engl. common hermit crab, franz. bernard l'hermite, niederl. heremietkreeft. Einsiedlerkrebse bewohnen Schneckengehäuse. Ihr Hinterleib ist weich und ungepanzert. Nur die vorderen

Der Bernhardseinsiedler (*Pagurus bernhardus*) ist an der deutschen Nordseeküste sehr häufig. Charakteristisch ist der breite rote Längsstreifen auf der großen Schere, der auch bei in Schneckengehäusen lebenden Tieren leicht zu erkennen ist. Kulinarisch spielt er eine untergeordnete Rolle.

zwei Beinpaare hinter den Scheren sind als kräftige Laufbeine entwickelt, die hinteren stark zurückgebildet. Beim Bernhardseinsiedler ist die rechte Schere deutlich größer als die linke, sie ist stark granuliert und trägt in ihrer Mitte einen lebhaft rot gefärbten Längsstreifen, an dem die Art zweifelsfrei zu erkennen ist. Sie ist im Atlantik von Spitzbergen und dem Nordkap bis zur portugiesischen Küste verbreitet. An der nordamerikanischen Atlantikküste kommt eine nahe verwandte Art, *Pagurus acadianus*, vor. An der deutschen Nordseeküste ist er der bei weitem häufigste Einsiedlerkrebs. Fischereilich ist er von geringer Bedeutung und wird etwas stärker nur in Frankreich in der Bretagne genutzt. Dort gilt er als besondere Delikatesse und wird entweder in einer Suppe oder gekocht serviert. Die Garzeit beträgt etwa 8 Minuten. Die Tiere müssen zuvor mit Hilfe eines Hammers von ihren Schneckengehäusen befreit werden. In Europa werden sie lediglich an der französischen Atlantikküste regelmäßiger gegessen.

Scheinkrabben haben hinter den Scheren nur drei große Beinpaare, das vierte ist winzig und dient ausschließlich als Kiemenbürste. Der Hinterleib ist aus asymmetrischen Platten zusammengesetzt, eine regelmäßige Segmentierung fehlt.

ECHTE KRABBEN ODER SCHEINKRABBEN?

Nicht alle Krebstiere, die wie Krabben aussehen, sind auch zoologisch gesehen Krabben.

Doch der Unterschied ist leicht festzustellen. Die Königskrabben gehören zur Familie der Scheinkrabben und sind eher mit Einsiedlerkrebsen oder Springkrebsen verwandt. Sie werden daher zu den Mittelkrebsen (*Anomura*) gestellt. Oft werden sie, so auch im Sprachgebrauch, mit Seespinnen verwechselt, die aber Echte Krabben (*Brachyura*) sind. Dabei ist die Unterscheidung von Scheinkrabben und Echten Krabben gar nicht so schwierig.

Echte Krabben haben, mit wenigen Ausnahmen, die kulinarisch keine Rolle spielen, hinter den Scheren vier große Laufbeinpaare. Der Hinterleib ist gleichmäßig segmentiert. Beim Weibchen ist er breiter als beim Männchen.

Die Antarktische Königskrabbe (*Lithodes santolla*) wird in Chile »centolla« genannt. Sie wird stark befischt und dient vorwiegend der Konservenherstellung.

Antarktische Königskrabbe (*Lithodes santolla*), engl. Southern king crab; span. centolla (Chile). Der gesamte Körper und die Beine sind mit kräftigen Stacheln versehen, die sehr spitz und untereinander auffallend ähnlich lang sind. Das Stirnhorn hat vier Dornen. Die Färbung ist einheitlich rot, manchmal mit leicht violettem Schimmer. Ihr Rückenpanzer hat eine Breite von maximal 25 cm. Das Verbreitungsgebiet umfaßt die Südspitze von Südamerika, von Südchile und Feuerland um die Magellanstraße herum über Patagonien bis Uruguay. Diese Art wird in Chile, Argentinien und Uruguay gefischt, wobei chilenische Fischer den größten Teil der Ausbeute einbringen. Sie wird in Chile hauptsächlich zu Konserven verarbeitet, nur ein ganz geringer Teil wird frisch vermarktet oder tiefgefroren im Handel angeboten. Nach Europa gelangt vornehmlich Dosenware. **Gold-Königskrabbe** (*Lithodes aequispina*), engl. golden king crab; japan. ibaragai-modoki. Die Oberflächendornen des Rückenpanzers dieser Art sind länger als bei der Antarktischen Königskrabbe, aber untereinander gleich lang, worauf auch der wissenschaftliche Name hinweist. Dies betrifft auch die Seitenranddornen, die ebenfalls gleich groß sind wie die Oberflächendornen. Das Stirnhorn hat neun Dornen. Die Färbung ist einheitlich rot mit einem leichten Goldschimmer. Die maximale Rückenpanzerbreite beträgt etwa 22 cm. Das Verbreitungsgebiet reicht von den westlichen Gewässern Alaskas über das Ochotskische Meer bis nach Nord- und Mitteljapan, wo sie in Wassertiefen zwischen 270 und 600 m vorkommt. Sie wird im gesamten Gebiet gefischt, die Fänge sind aber von untergeordneter Bedeutung. **Alaska-Königskrabbe** (*Paralithodes camchatica*), engl. red king crab, Alaska king crab; japan. tarabagani. Sie ist von den Arten der Königskrabbengattung *Lithodes* nur schwer zu unterscheiden. Die zoologisch wichtigen Merkmale liegen in der Struktur der Hinterleibssegmente und der bei der Gattung *Paralithodes* gut entwickelten Antennengrunddornen. Die kommerziell wichtigsten Arten erkennt man aber auch an den im Vergleich zu *Lithodes* viel kürzeren Rückenpanzer- und Beindornen. Die Alaska-Königskrabbe ist an einem kräftigen Dorn auf der Oberseite des Stirnhorns zu erkennen. Die Färbung ist rotviolett. Die maximale Rückenpanzerbreite beträgt etwa 20 cm. Das Verbreitungsgebiet reicht auf der Westseite des Nordpazifiks von der Straße von Korea bis zur Ostküste Kamchatkas, nach Osten zu über die Aleuten zur Westküste Alaskas und nach Süden bis zur kanadi-

Die Gold-Königskrabbe (*Lithodes aequispina*) ist der chilenisch/antarktischen Art sehr ähnlich und für den Nichtfachmann nicht zu unterscheiden. Der leichte Goldschimmer ist kaum zu erkennen. Das Herkunftsgebiet gibt aber zuverlässig Auskunft über die Identität der Tiere.

▲▲ **Die Alaska-Königskrabbe** (*Paralithodes camchatica*) und die ▲ **Blaue Königskrabbe** (*Paralithodes platypus*) sind einander sehr ähnlich. Sie unterscheiden sich nur in Detailmerkmalen und der Färbung. Im Handel werden sie meist nicht unterschieden, zumal das gekochte Produkt auch farblich kaum auseinanderzuhalten ist. Von den Arten der Gattung *Lithodes* unterscheiden sie sich aber deutlich durch die viel kürzeren Dornen auf Panzer und Beinen. Gefangen werden beide Arten im Nordpazifik.

Alaska-Königskrabben können stattliche Größen erreichen. Solche etwa 15 Jahre alten Tiere, deren Panzerbreite um 20 cm beträgt, sind bei Fischern sehr beliebt. Sie enthalten viel Fleisch und lassen sich daher besonders gut vermarkten.

schen Pazifikküste. In diesem Gebiet wird sie hauptsächlich von russischen, amerikanischen und japanischen Schiffen aus gefischt, wegen des rauhen Untergrundes meist mit beköderten Reusen. Diese ursprünglich einträgliche Fischerei hat zu einer Übernutzung der Bestände geführt, so daß die Durchschnittsgröße der angelandeten Tiere deutlich nachgelassen hat. In Amerika gelten daher strenge Schutzvorschriften. Männchen unter 137 mm Rückenpanzerbreite dürfen nicht angelandet werden, Weibchen sind völlig geschützt. Die Fänge werden meist gleich an Bord gekocht und weiterverarbeitet, so daß auf dem Exportmarkt ausschließlich Tiefgefrier- oder Dosenware ankommt. Tiefgefrorene gekochte Beine sind keine Seltenheit, ganze Tiere schon eher. In Japan erzielt diese Krabbe Spitzenpreise, die bei uns undenkbar wären. Grund hierfür ist der außerordentlich delikate Geschmack. Wer die Möglichkeit hat, tiefgefrorene Ware zu bekommen, sollte unbedingt zugreifen. **Blaue Königskrabbe** (*Paralithodes platypus*), engl. blue king crab; japan. aburagani. Sie ist der Alaska-Königskrabbe sehr ähnlich. Neben diversen anderen, weniger auffälligen Detailmerkmalen unterscheidet sie sich von ihr durch das Fehlen des Dorns auf der Oberseite des Stirnhorns. Die Färbung ist ähnlich der der Alaska-Königskrabbe, lediglich der Blauschimmer ist stärker. Dieser wird besonders deutlich an den Scheren und im Bereich der Magengruben des Rückenpanzers. Das Verbreitungsgebiet auf der westlichen Seite des Nordpazifiks entspricht dem der Alaska-Königskrabbe. Im Ostteil kommt sie nur im Bereich des westlichen Alaska nördlich der Aleutenkette vor. Fischereilich spielt sie eine geringere Rolle als die Alaska-Königskrabbe und wird überwiegend mit ihr gefischt und gehandelt. **Stachelige Königskrabbe** (*Paralomis multispina*), engl. spiny king crab, japan. ezo-ibaragani. Sie ist auf dem gesamten Körper mit gleichmäßig verteilten und etwa gleich langen Dornen versehen, wobei die Randdornen oft sehr viel länger sind. Charakteristisch ist auch die einheitlich tiefrote Färbung von Körper und Beinen. Sie ist im Nordpazifik auf dessen Ostseite von Alaska bis San Diego in Kalifornien, auf der Westseite vom Beringmeer bis zur Sagami Bucht verbreitet. Sie bevorzugt größere Meerestiefen und lebt in Tiefen von etwa 600 bis 1500 m. Fischereilich spielt sie nur in Japan eine größere Rolle und das seit vor etwa 15 Jahren eine Tiefseefischerei mit Reusen begonnen wurde.

Die Stachelige Königskrabbe (*Paralomis multispina*) läßt besonders gut die asymmetrischen Platten des Hinterleibs erkennen. Dieses stattliche in der japanischen Sagami-Bucht gefangene Exemplar hatte eine Beinspannweite von etwa 60 cm. Die geringen Fänge werden lokal vermarktet.

Königskrabbenfleisch in Konserven stammt meist aus Alaska oder Chile. Beide vermarkten es als »King Crab Meat«. Aus Rußland kommende Ware trägt den Handelsnamen »Kamchatka-Crabmeat« oder »Chatka Crab«. Seltener werden gekochte Beine dieser Krabben angeboten.

Der große Rückenfüßler (*Paromola cuvieri*) gilt lokal als Delikatesse. Er ist leicht von anderen Mittelmeerkrabben zu unterscheiden, wenn man auf die sehr unterschiedliche Ausbildung der Beine achtet. Vier große Laufbeinpaare und dahinter ein Paar verkleinerte hakenförmige Tragebeine.

Die Chilenische Seespinne (*Libidoclea granaria*) wird bisher nur wenig gehandelt. Auf den europäischen Markt gelangt sie praktisch nicht. Ihr gekochtes Fleisch ist sehr schmackhaft. Sie wird auch als fischereilicher Ersatz für zurückgehende Bestände der Antarktischen Königskrabbe gesehen.

KRABBEN

Brachyura

Krabben sind die höchstentwickelten Krebse. Ein Hinterleib ist von oben nicht mehr zu sehen, da er stark verkleinert ist und als »Schwanzklappe« unter dem Körper getragen wird. Im Unterschied zu den Scheinkrabben sind die 4 Beinpaare hinter den Scheren gut entwickelt. Krabben sind die artenreichste Gruppe der Zehnfußkrebse, sie stellen mit etwa 5 000 Arten ungefähr die Hälfte aller bekannten Großkrebse. Bezüglich der Fischerei spielen sie aber eine wesentlich geringere Rolle, sie machen gewichtsmäßig etwa die Hälfte der Garnelenfänge aus. Die kulinarische Verwendung von Krabben ist viel arbeitsintensiver als die »langschwänziger« Großkrebse, da das Fleisch aus den Scheren, Beinen und dem Körper herausgeschält werden muß. Die Mühe lohnt sich aber, da Krabbenfleisch sehr delikat ist und geschmacklich an das des Hummers heranreicht. Wichtig ist die genaue Anpassung der Garzeit.

Die Scheren der Schneekrabbe kommen gekocht und tiefgefroren unter der Handelsbezeichnung »Cocktail-Krabben« auf den europäischen Markt. Das vorzüglich schmeckende Fleisch läßt sich ganz leicht herausziehen.

Großer Rückenfüßler (*Paromola cuvieri*), engl. paromola; franz. paromole; span. paromola. Die Art gehört zu einer Gruppe stammesgeschichtlich alter Krabben. Diese sind leicht erkennbar an ihren eigentümlich gestalteten letzten Beinpaaren, die verkürzt und auf den Rücken gedreht sind (»Rückenfüßler«). Sie dienen nur noch zum Festhalten von Objekten, mit denen sich die Krabbe tarnt, indem sie sie über sich hält. Sie ist eine große Krabbe, deren relativ langgestreckter Rückenpanzer maximal etwa 21 cm lang werden kann, meist bleibt es bei 12 bis 16 cm. Die Stirn zeigt drei spitze Dornen. Die Krabbe kommt im Nordwestatlantik von Irland (selten) bis nach Mauretanien vor, häufiger im westlichen Mittelmeer. Dort wird sie auch mit Grundschleppnetzen in Tiefen von etwa 300 m gefischt. Auf die lokalen Fischmärkte Liguriens gelangt sie regelmäßig, auf die Südfrankreichs und Spaniens eher vereinzelt. **Chilenische Seespinne** (*Libidoclea granaria*), engl. southern spider crab; span. centolla chilena. Charakteristisch sind der breit gerundete Rückenpanzer mit einer großen Zahl von Oberflächendörnchen, von denen einer am Hinterrand des Rückenpanzers besonders weit vorsteht. Die Stirnhörner sind extrem kurz, die Scheren und die Beine lang, spinnenförmig. Diese Beschreibung trifft nur auf erwachsene Tiere zu, Jungtiere haben viel längere Seitenranddornen. Mit maximal etwa 9 cm Körperlänge ist sie eine der größten chilenischen Seespinnen. Sie kommt von Valparaiso (Südchile) um die Südspitze von Südamerika herum bis nach Südargentinien vor. Sie wird lediglich in Chile in geringen Mengen gefischt und gelangt dort auf die Fischmärkte. **Schneekrabbe** (*Chionoecetes opilio*, auch *C. bairdi*, *C. tanneri*, *C. japonicus*), engl. snow crab, tanner crab; japan. zuwai-gani. Diese zu den Seespinnen gehörende Krabbe ist an ihrem runden und platten Körper, den großen, abgeplatteten Beinen und den im Verhältnis

Die Schafkrabbe (*Loxorhynchus grandis*) gehört auch zu der Familie der Seespinnen. Größere Bestände gibt es nur an der Küste Kaliforniens. Bisher hat diese Seespinne nur lokal kommerzielle Bedeutung. Mit dem Zurückgehen der Bestände an Königskrabben kann sich das allerdings ändern.

Die große Seespinne (*Maja squinado*) spielt in der französischen Küche eine große Rolle. Das Fleisch ist delikat und bei Feinschmeckern beliebt. Meist werden die auf Fischmärkten lebend angebotenen Krabben in gewürztem Salzwasser gekocht und mit einer schmackhaften Sauce serviert.

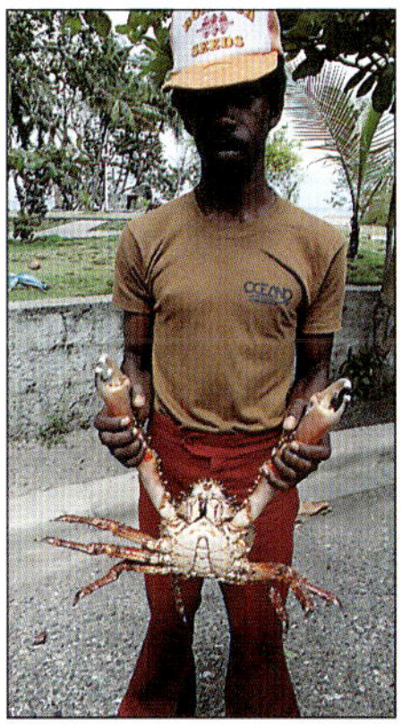

Cangrejo de la Santa Virgen ist der klangvolle kubanische Name für die Stachelige Seespinne. Die Krabbe (hier auf Haiti fotografiert) gibt es in der gesamten Karibik.

dazu kleinen Scheren zu erkennen. Sie kommt mit einer Anzahl von Arten sowohl im Nordpazifik als auch im Nordatlantik vor und wird im gesamten Verbreitungsgebiet gefischt. Die größten Fänge stammen aus dem Nordpazifik, wo die Krabbe in Japan wegen ihres Wohlgeschmacks schon seit langem eine große Rolle spielt. Die größten Fangmengen werden aber zur Zeit von US-amerikanischen Fischern eingebracht. Zu uns gelangt nur Tiefgefrier- und Dosenware. Die Scheren werden tiefgefroren und zur Hälfte abgeschält als »Cocktail-Krabben« verkauft. **Schafkrabbe** (*Loxorhynchus grandis*), engl. sheep crab, kelp crab. Der Rückenpanzer ist stark bedornt und steif behaart. Besonders leicht kenntlich ist diese Art durch ihre abwärts gebogenen Stirnhörner. Die Längenproportionen der Scheren und Beine sind im Verhältnis zum Rückenpanzer ähnlich denen der Großen Seespinne, das Aussehen ist somit nicht spinnenhaft. Es ist eine große Art, deren Rückenpanzer bis zu 20 cm lang werden kann. In der Verbreitung beschränkt sie sich auf ein relativ kleines Gebiet von San Francisco bis nach Niederkalifornien. **Große Seespinne** (*Maja squinado*), engl. spinous spider crab; franz. araignée de mer; ital. grancevola; span. centolla, cabra; griech. kavouromana; kroat. racnjak; türk. ayna. Sie ist leicht an dem stark bedornten Rückenpanzer, zwei kurzen Stirnhörnern und verhältnismäßig kleinen Scheren zu erkennen. Verbreitet ist sie im östlichen Atlantik und im Mittelmeer, nur in kälteren Gebieten auch häufig. Bedeutende Fischerei findet an der französischen Atlantikküste (hauptsächlich Bretagne) statt, im Mittelmeer wird sie eher lokal genutzt, hauptsächlich in der nördlichen Adria. Die Exemplare unseres Marktes kommen aus Frankreich und Spanien, praktisch ausnahmslos aus den atlantischen Fanggebieten. Die Tiere werden frisch vermarktet und leben auch an der Luft recht lange weiter. Man sollte daher nur lebende Ware kaufen. In gewürztem Salzwasser gekocht, ergeben sie ein schmackhaftes Gericht, man muß sich allerdings zum Auspulen des Fleisches aus Beinen, Scheren und dem Brustpanzer Zeit nehmen. **Stachelige Seespinne** (*Mithrax spinosissimus*), engl. spiny mithrax; span. cangrejo de la santa virgen (Kuba), cabouca (Martinique). Der Rückenpanzer ist fast kreisförmig, die Oberfläche und die Seitenränder weisen viele stumpfe oder leicht zugespitzte Dörnchen auf. Die Stirnhörner ragen nicht aus der kreisförmigen Kontur des Rückenpanzers hervor. Die Beine sind relativ kurz, die Scheren mächtig entwickelt, stark verbreitert, mit stark klaffenden Scherenfingern. Die Rückenpanzer der Männchen können bis zu 17 cm lang werden. Die Art kommt in der gesamten Karibik vor und wird lokal auf den Antillen gehandelt. Die Fleischmenge, besonders in den Scheren, ist im Verhältnis zu anderen Seespinnen sehr groß.

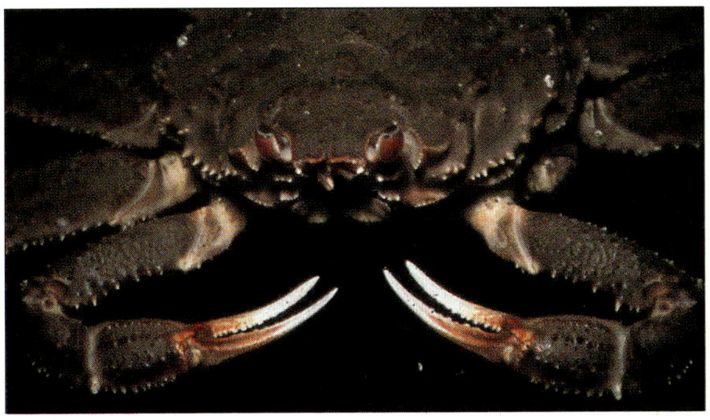

Die Nordische Eismeerkrabbe (*Chionoecetes opilio*) gehört zu einer Gattung von Seespinnen, deren einzelne Arten nur Spezialisten unterscheiden. Kulinarisch sind alle Arten gleichwertig. Ursprünglich nur in Japan geschätzt, wird sie heute auch in den USA und Kanada gefischt und vermarktet.

Die Schneekrabbe (*Chionoecetes opilio*) ist recht langbeinig und verrät damit ihre Zugehörigkeit zur Familie der Seepinnen. Sie wird in Europa hauptsächlich als »crabmeat« in Konserven gehandelt. Auch ihre tiefgefrorenen Scheren kommen bei uns auf den Markt. Die Krabbe ist sehr wohlschmeckend.

Der Kalifornische Taschenkrebs, (*Cancer magister*) in Amerika Dungeness Crab genannt, ist bei weitem das populärste Krustentier an der Westküste der USA. Lebendfrische Krabben bekommt man nur hier zu kaufen. Tiefgefrierware hoher Qualität ist ein vollwertiger Ersatz in anderen Gebieten und Ländern. Fachmännisch aufgebrochen und hübsch angerichtet, wird der Taschenkrebs zusammen mit einer delikaten Cocktailsauce serviert. Das Fleisch der Beine und Scheren und das des Brustpanzers werden zum Verzehr ausgelöst.

Für San Francisco ist der Taschenkrebs fast so etwas wie ein Wappentier. In den Sommermonaten ist das Krabbenessen in Fisherman´s Wharf, dem Hafenviertel San Franciscos, eine Attraktion. Dort werden die Krabben, ganz amerikanisch unkompliziert, unter freiem Himmel gekocht und angeboten. Gleich an Ort und Stelle werden sie aufgebrochen und können aus der Hand probiert werden. Touristen und Einheimische schwören auf diesen Genuß.

Kalifornischer Taschenkrebs (*Cancer magister*), engl. dungeness crab (USA), California crab; franz. tourteau americain. Dies ist der wirtschaftlich bedeutendste nordamerikanische Taschenkrebs. Sein Rückenpanzer ist breit oval, der Vorderseitenrand wie bei allen Taschenkrebsen regelmäßig gekerbt, die einzelnen Zähne sind aber deutlicher getrennt als beim Europäischen Taschenkrebs. Ihre Ränder sind gezähnelt, der letzte Zahn ist besonders deutlich und spitz dreieckig. Die Scheren und die Beine sind deutlich abgeplattet und tragen auf ihren Kanten eine große Anzahl von perlförmigen Knötchen. Insgesamt ist der Kalifornische Taschenkrebs nicht so hartschalig wie der Europäische. Sehr große Exemplare mit einer Rückenpanzerbreite von etwa 30 cm wiegen fast 2 kg, meist bleibt es aber bei 20 bis 25 cm und etwa 1 kg. Verbreitungsgebiet sind die Küsten des Nordostpazifik von Alaska bis Nordmexiko. In den Vereinigten Staaten ist er der populärste Krebs entlang der Westküste. Er wird von US-amerikanischen Fischern seit 1880 gefangen, im großen Maßstab jedoch erst seit 1920. Zur Zeit beträgt der Gesamtertrag etwa 12 000 Tonnen im Jahr, von denen fast 85 Prozent auf die Vereinigten Staaten entfallen, der Rest wird von kanadischen Fischern eingebracht. Durch eine strenge Fischereikontrolle verhindern die Behörden die Überfischung. Die Vorschriften untersagen das Anlanden von Krabben mit einer Rückenpanzerbreite von unter 15 bis 17 cm, völlig verboten ist auch das Anlanden und Vermarkten weiblicher Tiere. Lebende und lebendfrische Krabben kann man nur an der Westküste der USA genießen. Kommen sie zum Versand, müssen sie auch bei Zielen innerhalb des Landes gekocht und dann tiefgefroren oder anderweitig konserviert werden. Tiefgefrorene Ware erreicht manchmal auch den europäischen Markt. Nach langsamem Auftauen ist kaum ein Qualitätsverlust gegenüber den frisch gekochten Krabben festzustellen. Am besten werden sie kalt serviert, da nochmaliges Garen sie auslaugen würde. Das Fleisch steht im Geschmack der europäischen Art in nichts nach. **Jonahkrabbe** (*Cancer borealis*), engl. jonah crab. Atlantisches Gegenstück zum Kalifornischen Taschenkrebs. Die Bezahnung des Rückenpanzer-Vorderseitenrandes ist dieser sehr ähnlich, aber die Oberfläche des Panzers und der Scheren ist rauher. Die Durchschnittsgröße entspricht in etwa dem Kalifornischen Taschenkrebs. Die geographische Verbreitung reicht von Nova Scotia an der südkanadischen Atlantikküste über die gesamten USA bis Florida. Fischereilich ist sie weit weniger von Bedeutung als ihr kalifornischer Verwandter. Sie wird im Norden als Beifang der Hummerfischerei angelandet, nach Süden zu auch getrawlt. Der Gesamtertrag liegt bei jährlich etwa 1000 Tonnen. Das Fleisch schmeckt ebenso delikat wie das von *Cancer magister*. Für die Behandlung gekochter und tiefgefrorener Ware gilt entsprechendes. **Taschenkrebs** (*Cancer pagurus*), engl. edible crab, dungeness crab; franz. tourteau, dormeur; port. carenguejo muoro; span. buey; dän. taskekrabbe; norw. krabbtaska; schwed. krabbtaska, hovring. Sein

Die Jonahkrabbe (*Cancer borealis*) kommt an der Atlantikküste Südkanadas und der USA vor. Sie sieht dem Kalifornischen Taschenkrebs ähnlich, wird aber sehr viel seltener angeboten als dieser. Sie ist von ausgezeichneter Qualität und verdient mehr kulinarische Beachtung.

Rückenpanzer ist breitoval, die Vorderränder sind mit breiten Zähnen versehen, die kaum vorstehen und wie gestanzt aussehen. Die kräftigen Scheren (beim Männchen stärker als beim Weibchen) tragen schwarze Scherenfinger. Seine Beine sind zur Spitze hin kräftig behaart. Die maximale Panzerbreite beträgt etwa 30 cm – solche Tiere wiegen etwa 6 kg – meist aber nur bis 20 cm. In Europa ist der Taschenkrebs die am häufigsten angebotene Krabbe. Sie läßt sich lange Zeit am Leben erhalten und kann daher auch bei uns lebend gehandelt werden. Man sollte nur lebende Tiere kaufen, da, besonders im Sommer, der Zersetzungsprozeß rasch beginnt und fortschreitet. Im deutschen Nordseegebiet (besonders Helgoland) werden die Knieper (Scheren) vermarktet, während der übrige Krabbenkörper verworfen wird. Eine gewisse Anzahl solcher »entscherter« Tiere lebt weiter und regeneriert nach den folgenden Häutungen die Scheren. Untersuchungen über die Überlebensraten solcher »beernteter« Tiere gibt es nicht. Wegen der nur lokalen Bedeutung dieser Fischerei sind die Verluste auf das Ganze gesehen wohl unbedenklich. In anderen Ländern wurden wegen der Überfischung Schonzeiten eingeführt.

● Küchen-Info

Taschenkrebse schmecken, in einer Court-Bouillon gekocht, mit verschiedenen Saucen sehr delikat und zählen zu den besten Meeresfrüchten. Wichtig ist es, die Kochzeit gut anzupassen und das Kochwasser genügend zu salzen, sonst laugen die Tiere aus. Taschenkrebse werden im sprudelnd kochenden Sud getötet und gegart. Wer mehrere Krabben garen will, wartet nach dem Einlegen des ersten Tieres, bis der Sud erneut sprudelnd kocht, damit auch hier das Töten schnell vonstatten geht. Die Garzeit kann bei großen Exemplaren 20 bis 25 Minuten betragen, bei kleineren kommt man mit 10 bis 15 Minuten aus. Wichtiges Kriterium für die gut gewählte Kochzeit ist, daß die Mitteldarmdrüse (Leber) und die Eierstöcke (Corail) gerade fest geworden sind; sind sie noch flüssig oder pastenartig, war die Garzeit zu kurz. Danach werden die Krabben aus dem Sud genommen und abgekühlt. Vor dem Servieren empfiehlt es sich, die Scheren anzuknacken und die Schale zu öffnen. Die Innereien, vor allem die Eierstöcke reifer Krabbenweibchen, sind eine besondere Delikatesse, die im Herbst und Winter Saison hat.

Der Taschenkrebs (*Cancer pagurus*) gehört zu den schmackhaftesten Krustentieren, die die europäischen Meere zu bieten haben. Besonders viel Fleisch enthalten die großen Scheren, die – so wie die Beine – mit einem kräftigen Nußknacker geöffnet werden.

Die Mittelmeer-Strandkrabbe (*Carcinus aestuarii*) gehört in Südeuropa zu den regelmäßigen Erscheinungen auf den Fischmärkten. Bisweilen wird sie auch in unseren Fischgeschäften verkauft. Die Fleischausbeute ist eher gering, das Fleisch aber schmackhaft.

Die Wollige Schwimmkrabbe (*Necora puber*) wird besonders auf den Fischmärkten der Bretagne unter dem Namen »étrille« angeboten und erfreut sich großer Beliebtheit. Der Fang dieser wohlschmeckenden Krabben bei einer großen Springtide ist ein beliebter und gepflegter Volkssport.

Die Pazifische Rotpunkt-Schwimmkrabbe (*Portunus sanguinolentus*) sieht durch ihr Färbungsmuster bizarr aus. Kulinarisch ist sie weniger wertvoll als andere Schwimmkrabben und wird daher auf ostasiatischen Fischmärkten zu geringeren Preisen verkauft.

Strandkrabbe (*Carcinus maenas*), engl. common shore crab; franz. crabe vert, crabe enragé; ital. carcino, ripario; span. cañeta; kroat. obična rakovica, suša; türk. çingene pavuryası. Die grünlich bis bräunlich gefärbte Krabbe ist an dem fast ebenso langen wie breiten Rückenpanzer zu erkennen. Die vorderen Seitenränder des Panzers tragen 5 kräftige, dreieckige Zähne. Die Endglieder des letzten Laufbeinpaares sind abgeplattet und an den Rändern dicht behaart. Strandkrabben sind die häufigsten europäischen Krabben. Sie leben überall im Flachwasser und sind sehr leicht zu fangen. Ihr ursprüngliches Verbreitungsgebiet erstreckt sich vom Nordkap bis Marokko und zu den Kanarischen Inseln. Im Mittelmeer lebt eine nahe Verwandte (*Carcinus aestuarii*), die vom Nichtfachmann nicht von der Atlantikart zu unterscheiden ist. Auch an der deutschen Nord- und Ostseeküste sind Strandkrabben häufig. Die Strandkrabbe galt von jeher als wichtige Eiweißquelle in Notzeiten, wird aber heute kaum mehr gezielt gefischt. Bisweilen gelangt sie aus Frankreich zu uns, wird aber auch schon dort nur lokal und sehr sporadisch genutzt.

● Küchen-Info

Die Strandkrabbe gilt in Italien, besonders an der Adriaküste, als Delikatesse, wenn die Eierstöcke voll entwickelt sind und die Tiere nach der Häutung als »Butterkrebse« im ganzen fritiert serviert werden. Die Fleischausbeute ist gering, das Fleisch ist aber schmackhaft; es ist einfach eine Frage der Mentalität, ob man sich die Mühe machen möchte, um dann etwas Schmackhaftes zu genießen. In manchen südeuropäischen Ländern wird diese Frage positiv beantwortet, dort werden Strandkrabben etwa als Vorspeise serviert. Die Tiere werden in gewürztem Salzwaser gekocht (5 bis 6, maximal 10 Minuten) und nach dem Abkühlen im ganzen serviert. Erst bei Tisch wird das Fleisch aus den Scheren, den Beinen und dem Körper ausgeschält und verzehrt. **Die Wollige Schwimmkrabbe** wird in gewürztem Salzwasser nicht länger als 7 bis 10 Minuten gekocht und nach dem Abkühlen in der Schale serviert. Sie wird bei Tisch gepult und gegessen. Ihr Fleisch ist sehr schmackhaft.

Wollige Schwimmkrabbe (*Necora puber*), engl. velvet swimming crab; franz. étrille; span. nécora. Alle Schwimmkrabben besitzen ein deutlich abgeplattetes letztes Beinpaar, dessen Endglieder bei den meisten Angehörigen dieser Familie als Schwimmpaddel ausgebildet sind. Unter ihnen ist die Wollige Schwimmkrabbe durch ihre samtartige Behaarung von Rückenpanzer und Beinen eindeutig zu erkennen. Außerdem besitzt sie, wie alle ihre näheren Verwandten, 5 kräftige Zähne auf jeder Seite des vorderen Seitenrandes des Rückenpanzers, die Stirn zwischen den Augen trägt eine große Zahl kleiner Dörnchen. Die Rückenpanzerbreite kann etwa 8,5 cm erreichen, damit gehört diese Art zu den größten europäischen Schwimmkrabben. Ihre geographische Verbreitung reicht von Norwegen bis nach Mauretanien. Im westlichen Mittelmeer ist sie ebenfalls vorhanden. An der französischen und spanischen Atlantikküste wird sie gefangen und vermarktet. Bei Niedrigwasser kann man diese flinke Krabbe selbst leicht erbeuten. Aber Vorsicht, die Tiere sind wehrhaft und besitzen sehr scharfe Scheren. Am besten mit einem Stock an den Untergrund drücken und dann erst mit der Hand hinter den Scheren am Rückenpanzer greifen. **Pazifische Rotpunkt-Schwimmkrabbe** (*Portunus sanguinolentus*), engl. star crab. Sie ist durch ihre Färbung eine der sehr leicht zu erkennenden Schwimmkrabben des Indopazifischen Raumes. Der

Die Große Pazifische Schwimmkrabbe (*Portunus pelagicus*) gehört zu den qualitativ besten Schwimmkrabben des Indopazifischen Raums. Beim Kauf ist sie gegenüber allen anderen tropischen Schwimmkrabben mit Ausnahme der Mangrovekrabbe zu bevorzugen.

grünlichgelbe Rückenpanzer trägt im hinteren Teil drei hell gerandete blutrote große Flecken. Im Durchschnitt ist der Rückenpanzer etwa 18 cm breit, obwohl einige größere Exemplare gefangen wurden. Das Verbreitungsgebiet umfaßt den gesamten Indopazifik von Ostafrika bis Australien und Japan. Sie wird überall, wie alle anderen großen Schwimmkrabben auch, kommerziell gefischt und wird, meist gemischt mit anderen Arten, auf den lokalen Fischmärkten angeboten. In kulinarischer Hinsicht ist sie der Großen Pazifischen Schwimmkrabbe und vor allem der Mangrovekrabbe unterlegen. **Große Pazifische Schwimmkrabbe** (*Portunus pelagicus*), engl. sand crab, pelagic swimming crab; franz. étrille pélagique; türk. büyük çalpara. Die Große Pazifische Schwimmkrabbe hat im Gegensatz zu den meisten europäischen Schwimmkrabben 9 Zähne auf jeder Seite des vorderen Seitenrandes des Rückenschildes, von denen der letzte als großer, seitlich abstehender Dorn ausgebildet ist. Der Rückenschild ist erheblich breiter als lang, braun oder blau gefärbt und wirkt durch seine unregelmäßige, aber sehr deutliche, helle Fleckung marmoriert. Die maximale Rückenpanzerbreite beträgt etwa 18,5 cm. Diese Art ist im Indischen und Pazifischen Ozean weit verbreitet und kommt vom Roten Meer bis hin zur Südsee und Japan vor. Im gesamten Verbreitungsgebiet wird sie kommerziell genutzt und auf allen Fischmärkten angeboten. Zu uns gelangt sie zuweilen als Dosenware aus Thailand. Im Nahbereich kann man frische Tiere auf türkischen Märkten kaufen, da die Art durch den Suezkanal in das östliche Mittelmeer eingewandert ist. Leider gelangt diese überaus schmackhafte Krabbe nicht frisch zu uns, obwohl sie im gekochten und tiefgefrorenen Zustand durchaus transportabel wäre. **Kreuzkrabbe** (*Charybdis feriatus*), engl. striped swimming crab. Sie ist leicht zu erkennen an dem dunklen Streifenmuster des Rückenpanzers und dem im Verhältnis zu den Schwimmkrabben der Gattung *Portunus* deutlich kleineren letzten Zahn des Vorderseitenrandes. Die Scheren sind auffallend stachelig. Der Rückenpanzer ist bis etwa 15 cm breit. Die Verbreitung ist sehr weiträumig: Von der Ostküste Afrikas bis nach Japan und Australien. Im gesamten tropisch/subtropischen Verbreitungsgebiet wird sie kommerziell mit Schleppnetzen gefischt und gelangt, zusammen mit anderen Schwimmkrabben, auf die lokalen Märkte. Meist werden sie, wie die Mangrovekrabben auch, gefesselt angeboten. Da sie aber recht schnell sterben, ist in dem Fesseln auch eine Methode zur Tarnung nicht mehr taufrischer Ware zu sehen. Nach Europa und Nordamerika gelangt die Kreuzkrabbe nicht. Kulinarisch ist diese auffällige Art nicht besonders hoch einzuschätzen. Sie wird gekocht, gedünstet oder gebraten.

Kreuzkrabbe und **Große Pazifische Schwimmkrabbe** werden in den tropischen Gewässern Ostasiens häufig gefischt. Die minderwertigeren Arten werden abgetrennt und gemischt verkauft.

Die Große Pazifische Schwimmkrabbe wird in ihrem gesamten Vorkommensgebiet in kleinem und großem Maßstab gefischt. Meist geschieht dies mit Schlepp- oder Stellnetzen, in denen sich die Krabben verfangen. Sie müssen schnell verkauft werden, da sie an der Luft nicht lange leben.

Mangrovekrabben (*Scylla serrata*) gehören zu den beliebtesten Krustentieren der indopazifischen Tropen. Unter den Schwimmkrabben sind sie die ergiebigsten und schmackhaftesten, wobei besonders die großen Scheren ins Gewicht fallen.

Mangrovekrabbe (*Scylla serrata*), engl. mud crab; franz. crabe des paletuviers. Sie ist die größte Schwimmkrabbe, deren Rückenpanzer eine Breite von 22 cm erreichen kann, Gewichte von 1,5 kg pro Krabbe sind keine Seltenheit. Der Rückenpanzer ist im Verhältnis zur Länge nicht so breit wie bei den vorhergehenden Arten. Die 9 Zähne jederseits des vorderen Seitenrandes des Rückenpanzers sind untereinander gleich groß, der letzte ist nicht auffällig verlängert. Die Körperfarbe ist dunkelgrün, lediglich die Umgebung der Finger der mächtigen Scheren zeigt eine rötliche Färbung. Die Mangrovekrabbe hat eine weite Verbreitung und kommt von der ostafrikanischen Küste bis zur Südsee und Japan vor. Ihr bevorzugter Lebensraum sind Mangroven, in denen sie in großer Zahl auftritt und auch gefischt wird. Auf lokalen Märkten ist sie überall in ihrem Verbreitungsgebiet häufig, zu uns gelangt sie als Dosenware aus Thailand, die aber den Wohlgeschmack der frischen Krabbe nur andeutungsweise erahnen läßt. **Blaukrabbe** (*Callinectes sapidus*), engl. blue crab; franz. crabe bleu; griech. galazios kavouras; türk. mavi yengeç. Die Blaukrabbe sieht in ihrer Körperform der Mangrovekrabbe recht ähnlich, ist aber leicht an ihrer tiefblauen Farbe zu erkennen, der sie auch ihren Namen verdankt. Sie wird größer als die Mangrovekrabbe und erreicht eine Rückenpanzerbreite von etwa 21 cm. Ihr eigentliches Verbreitungsgebiet ist die Atlantikküste Nordamerikas, wo sie, besonders in den USA, eine erhebliche kommerzielle Bedeutung hat. Dort wird sie auch gern als Softshell Crab gegessen. Frische Exemplare dieser schmackhaften Krabbe kann man aus mediterranen Beständen erhalten. Die Blaukrabbe wurde vor einiger Zeit in das Mittelmeer eingeschleppt, wo sie sich vermehrte und, besonders in der nördlichen Ägäis und entlang der türkischen Küste, fischereilich interessante Populationen bildete. Die griechischen Populationen sind wegen Überfischung weitgehend erloschen, an der südtürkischen Küste ist die Art aber noch häufig und gelangt regelmäßig auf die Fischmärkte. Dort kann man in den Genuß frischer Blaukrabben kommen. **Softshell Crabs** sind keine eigene Krabbenart, es sind vielmehr verschiedene Arten von Schwimmkrabben, die unmittelbar nach dem Panzerwechsel (Häutung) gefangen wurden. Man schätzt sie weltweit als ganz besondere Delikatesse. Da den Krabben, wie auch den Hummern und Langusten, im Laufe ihres Wachstums von Zeit zu Zeit ihr Panzer zu eng wird, werfen sie ihn ab. In diesem Zustand sind sie ganz weich und daher ein besonderer Leckerbissen. Man kann sie sozusagen »im ganzen« essen, muß keine Schalen aufbrechen. Hinzu kommt, daß das blütenweiße, zarte Fleisch ganz anders schmeckt als bei Krabben mit hartem Panzer. Entlang den europäischen Küsten sind Softshell Crabs oder »Butterkrebse« während des Sommers auf den Märkten zu finden. Entdeckt man sie, sollte man zugreifen, denn sie sind rar. In den USA sind sie weit populärer, denn die an der gesamten Ostküste stark verbreitete Blaukrabbe ist eine ganz besonders wohlschmeckende und ergiebige Softshell Crab. Dort verläßt man sich inzwischen nicht mehr einfach darauf, mehr oder weniger zufällig Softshell Crabs in den Netzen zu haben, sondern fängt sie vor dem Panzerwechsel und hält sie in von Meerwasser durchfluteten Verschlägen, um sie dann zum richtigen Zeitpunkt, also direkt nachdem der alte Panzer abge-

Mangrovekrabben sind wehrhaft und werden daher vor dem Verkauf gefesselt. Die Fischer und Händler benutzen dazu Binsenstengel oder andere feste Pflanzenfasern, die sie sehr geschickt und äußerst schnell um die Beine und die Scheren wickeln.

Softshell Crabs sind im Mai und Juni in den USA zu haben. Die gefangenen Tiere werden gehältert, bis sie sich häuten, und dann vermarktet. Die Butterkrebse, wie sie im Deutschen genannt werden, sind delikat, können problemlos gegessen werden und gelangen bisweilen auch auf unseren Markt.

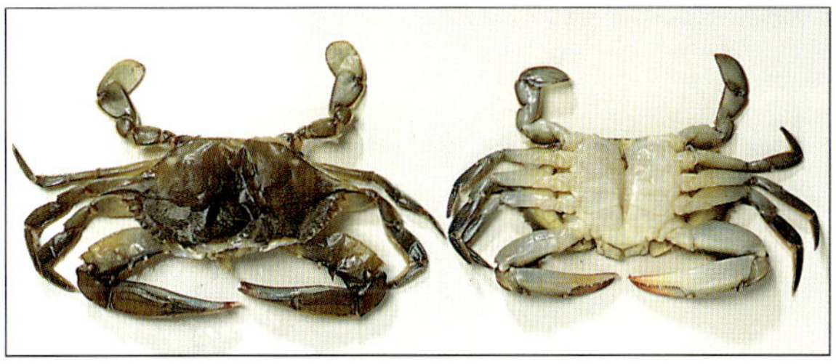

Frische Softshell Crabs werden gesäubert, alle nicht eßbaren Teile werden entfernt. Die obere Schale seitlich an den Spitzen anheben und die darunterliegenden Kiemen entfernen. Mit einer scharfen Schere (liegt die Krabbe auf einem Brett, mit einem scharfen Messer) den Kopf direkt hinter den Augen abschneiden. Durch die entstandene Öffnung alle Eingeweide mit einem stumpfen Messer oder einem Löffelstiel herauskratzen. Die Öffnung unter fließendem Wasser auswaschen. Das nach unten geklappte Schwanzende – Fachleute nennen es die Schürze – herunterbiegen und ebenfalls mit der Schere abschneiden. Die Krabben sind nun fertig für die Pfanne.

sprengt und abgestoßen wurde, aus dem Wasser zu holen. Erfahrene Fischer können das Herannahen dieses Zeitpunkts an einer Linie über den hinteren Schwimmfüßen der Krabbe genau verfolgen. Sie verfärbt sich rosa bis rot und verrät so, ob noch zwei Wochen, eine Woche oder nur noch etwa zwei Tage bis zum Aufbrechen des Panzers vergehen. Dann entscheiden Stunden oder gar Minuten über die Qualität, denn im Wasser beginnt die unter dem alten Panzer liegende Haut, sich sofort zu festigen, und nach mehr als drei Stunden sind die Softshell Crabs bereits zu Paper Crabs oder »buckrams« geworden, weil die Haut dann schon etwas ledrig ist. Das Fleisch schmeckt zwar immer noch fein, die Haut aber ist nicht mehr eßbar. Es genügt jedoch, wenn man dann die oberste Schale entfernt, denn sie wird zuerst hart. Es ist anzunehmen, daß die amerikanischen Softshell Crabs eines Tages auch auf dem europäischen Markt angeboten werden (ein erster Versuch in Deutschland ist gescheitert), zumal diese Delikatesse auch tiefgefroren von exzellenter Qualität ist.

Die Blaukrabbe (*Callinectes sapidus*) ist in den atlantischen Staaten der USA besonders häufig und begehrt. In der Chesapeake Bay werden jährlich große Mengen gefangen und vermarktet. Die in Salzwasser gekochten Krabben schmecken sehr delikat.

Große Steinkrabbe (*Menippe mercenaria*), engl. stone crab; span. cangrejo moro (Kuba), cangrejo de piedra negro. Die Steinkrabbe hat einen charakteristischen ovalen Rückenpanzer mit nur breit lappenförmigen Zähnen am Vorderseitenrand. Sie ist braun bis purpurviolett gefärbt, und die Beine weisen eine deutliche Querringelung auf. Die Scherenfinger sind größtenteils tiefschwarz gefärbt. Der Rückenpanzer ist meist bis etwa 13 cm breit, ausnahmsweise bis 15 cm. Diese Krabbe kommt in atlantischen Gewässern Nord- und Mittelamerikas vor und ist von North Carolina bis nach Yucatán in Mexiko verbreitet. Neuerdings werden die Populationen aus dem Golf von Mexiko als eigene Art (*Menippe adina*) abgetrennt. Sie lebt sowohl in der Gezeitenzone als auch in Wassertiefen bis zu etwa 50 m. Im gesamten Verbreitungsgebiet wird die Art

Es ist Schwerarbeit, wenn Terry Birt vom Florida Marine Research Institute an der Westküste Floridas die »lobster traps« ins Boot zieht.

Die lebenden Steinkrabben werden an Bord gesammelt, dürfen aber nicht lange in der Sonne liegen bleiben.

Mit geübtem Griff wird die Steinkrabbe am Rückenpanzer gefaßt, nur so ist man vor den kräftigen Scheren sicher.

Die Scheren werden an einer »Sollbruchstelle« abgedreht. Nur dann regenerieren sich die Scheren innerhalb der nächsten 18 Monate.

Die Scheren sind jetzt von der Krabbe getrennt. Die nachwachsenden Scheren erreichen allerdings nicht mehr die ursprüngliche Größe.

Auch scherenlos ist die Krabbe lebensfähig und wird bis zur nächsten »Ernte« – höchstens dreimal – wieder ins Meer entlassen.

Die Scheren der Großen Steinkrabbe (*Menippe mercenaria*) werden auf dem amerikanischen Markt ausschließlich gekocht angeboten und eignen sich bestens für alle Krabbenfleisch-Gerichte. Es ist zu hoffen, daß diese Delikatesse eines Tages auch in Europa vermarktet wird, zumal die tiefgefrorene Ware ohne Qualitätsverlust transportfähig ist.

● Küchen-Info

Krabbenscheren als Delikatesse. Der größte Teil des Muskelfleisches von Krabben ist in den Scheren konzentriert. Bei einigen großscherigen Arten werden diese Leckerbissen getrennt vom Tier angeboten. In Deutschland handelt es sich bei frischen (»grünen«) Krabbenscheren ausschließlich um die von Taschenkrebsen (*Cancer pagurus*), die vorwiegend an der Küste unter der Handelsbezeichnung Knieper (= helgoländisch Schere) verkauft werden. Da es sich um rohe und sehr verderbliche Ware handelt, muß man beim Kauf sehr kritisch vorgehen. Leichte Verfärbungen der weißen Scheren-innenseite können auf Zersetzungsprozesse hindeuten. Im Zweifelsfall hilft die Geruchsprobe. Im Fischhandel werden bisweilen auch roh tiefgefrorene und später aufgetaute Taschenkrebsscheren angeboten, die in der Qualität nicht an die frischen Scheren heranreichen. Es wäre wünschenswert, die Scheren auch bei uns gekocht zu vermarkten, wie dies in USA üblich ist. Knieper sollten sobald wie möglich gegart werden. Als Sud eignet sich Salzwasser mit einem Schuß Essig. Die Scheren werden in den kochenden Sud eingelegt. Die Garzeit kann, je nach Größe, bis zu 10 Minuten betragen. Die gekochten Scheren abkühlen und nach Geschmack mit Knoblauch-Mayonnaise oder einer Cocktail-Sauce servieren.
Bereits gegarte und tiefgefrorene Scheren der Schneekrabbe (*Chionoecetes*) werden in Europa mittlerweile überall verkauft. Sie sind von hoher Qualität, das Fleisch ist sehr schmackhaft. In der Fleischmenge reichen sie nicht an die Scheren des Taschenkrebses heran. **Tiefseekrabbenscheren** (*Chaceon maritae*) kommen noch nicht nach Deutschland, wohl aber nach Spanien. Sie schmecken delikat.

Der Italienische Taschenkrebs (*Eriphia verrucosa*) hat in den Mittelmeerländern lokale Bedeutung. Besonders geschätzt wird er in Griechenland und der Türkei, wo auch in der nördlichen Ägäis und dem Marmarameer sehr große Exemplare vorkommen. Die Qualität des Fleisches ist ausgezeichnet.

Die Scheren der Roten Tiefseekrabbe (*Chaceon maritae*) werden regelmäßig auf spanischen Fischmärkten angeboten, wie hier in Barcelona. Sie schmecken in Salzwasser gekocht sehr delikat. Die Scheren sind vielen Touristen aber auch als Beigabe zur landestypischen Paella bekannt.

Die Mittelmeer-Schamkrabbe oder **Hahnenkammkrabbe** (*Calappa granulata*) hat zwar ein attraktives Aussehen, ihr Fleischanteil ist aber sehr gering und beschränkt sich hauptsächlich auf die Scheren. Keinesfalls sollte man daher die manchmal geforderten überhöhten Phantasiepreise bezahlen.

gefischt, besonders stark in den USA, wo die West- und Südwestküste Floridas das Hauptfanggebiet darstellen. Dabei werden nur die Scheren angelandet, die die Fischer von der lebenden Krabbe abbrechen und diese wieder freilassen. Die Krabben regenerieren die Scheren innerhalb der nächsten 18 Monate. Die nachgewachsenen Scheren sind allerdings nicht mehr so groß. In den Fanggebieten Floridas werden jährlich um 800 Tonnen Scheren angelandet. Diese werden gleich gekocht und entweder frisch vermarktet oder tiefgefroren zum Versenden verpackt. **Italienischer Taschenkrebs, Gelbe Krabbe** (*Eriphia verrucosa*), franz. crabe verruqueux; ital. favollo, granziporro; span. cangrejo moruño; kroat. žbirac; türk. pavurya. Sie ist eine überaus stachelige und mit vielen Granulationen auf dem Rückenschild versehene Krabbe, deren hinterstes Beinpaar einfache, nicht schwimmpaddelförmig erweiterte Endglieder aufweist. Der vordere Seitenrand des Rückenpanzers trägt beiderseits je 6 bis 7 spitze Zähne. Die Scherenfinger sind tiefschwarz gefärbt. Der Rückenpanzer wird bis 10 cm breit. Solche großen Exemplare sind sehr wehrhaft und müssen mit größter Vorsicht behandelt werden. Die Gelbe Krabbe ist im östlichen Atlantik von der Biskaya bis nach Mauretanien und im gesamten Mittelmeer verbreitet. Nur im Mittelmeer hat sie eine gewisse fischereiliche Bedeutung und wird vor allem in Italien, dem ehemaligen Jugoslawien und der Türkei auf Fischmärkten angeboten. Sie lebt im Flachwasser der Felsküsten, wird meist nachts während der Nahrungssuche mit der Taschenlampe geblendet und von Hand gefangen. Manchmal wird sie auch als Beifang in Reusen erbeutet oder mit Langleinen gefangen. Das Fleisch der Gelben Krabbe ist sehr schmackhaft, man sollte jedoch nur lebende Tiere verwenden und im Hochsommer auf den Genuß völlig verzichten. **Rote Tiefseekrabbe** (*Chaceon maritae*), engl. deep sea red crab; franz. gériocrabe rouge; span. cangrejo rojo. Die Rote Tiefseekrabbe hat einen glatten, rundlichen Rückenpanzer mit 5 Zähnen am Vorderseitenrand. Die Beine sind relativ lang und ebenfalls unbewehrt. Die Färbung ist rosa bis tiefrot. Diese große Art mit maximal etwa 18 cm Rückenpanzerbreite kommt in der Tiefsee vor der nordwestafrikanischen Tropenküste vor und wird seit einigen Jahren planmäßig vor Südmarokko und Mauretanien gefischt, hauptsächlich von spanischen Fischern. Ihre wirtschaftliche Bedeutung ist eher gering. Verwandte Arten werden ebenfalls gefischt und vermarktet, sind aber vom Nichtfachmann nicht auseinanderzuhalten. **Mittelmeer-Schamkrabbe** (*Calappa granulata*), engl. box crab; franz. crabe honteux; ital. granchio melograno; kroat. rakovica crno pjegava; span. cangrejo real; türk. maskeliyengeç. Diese leicht kenntliche Art hat einen nach vorne zu verengten, etwa dreieckig erscheinenden Rückenpanzer, der nur an den Hinterseitenrändern bezahnt ist. Die Oberfläche des Panzers trägt große, in Längsreihen angeordnete, tiefrot gefärbte Erhebungen. Die Scheren sind ebenso gefärbt, sehr hoch und tragen an ihrem Oberrand eine hahnenkammartige Bezahnung. Sie passen perfekt aufeinander und vor das »Gesicht«, daher der Name Schamkrabbe. Sie ist von der portugiesischen Atlantikküste bis nach Südmarokko verbreitet und kommt im gesamten Mittelmeer vor. Wirtschaftlich ist sie von geringer Bedeutung und wird nur als Beifang der Schleppnetzfischerei angelandet. Es gibt sie auf spanischen, ligurischen und marokkanischen Fischmärkten.

Die Rote Tiefseekrabbe wächst zu stattlicher Größe heran. Dieses Exemplar wurde vor der mauretanischen Atlantikküste in etwa 1000 m Wassertiefe gefangen.

Wollhandkrabbe (*Eriocheir sinensis*), engl. Chinese mitten crab; franz. crabe chinois; dän. kinesiske uldhaandskrabbe; niederl. chineesche wolhandkrab; norw. kinesisk ullhåndkrabbe; schwed. ullhandskrabba. Sie ist an den dicht wollig behaarten Scheren zu erkennen. Diese Krabbe stammt aus den Flüssen Chinas und wurde vor dem Ersten Weltkrieg, als Tsingtau in China noch deutsche Kolonie und Kriegshafen war, bei uns eingeschleppt. Vermutlich gelangten planktonische Larven mit Ballastwasser von Schiffen in die Außenelbe und entwickelten sich zu Krabben. Die Wollhandkrabbe trat in den dreißiger Jahren massenhaft im Elbegebiet auf, verstopfte bei ihrer Massenwanderung Wehre und schädigte die Elbfischerei erheblich. Auch die Weser war betroffen, allerdings weniger stark als die Elbe. Die übrigen Flüsse waren vergleichsweise wenig besiedelt. Mit der Verschmutzung der Elbe gingen die Populationen stark zurück. Zur Zeit ist die Wollhandkrabbe über alle größeren Flüsse Deutschlands verbreitet und wurde auch in Frankreich, den Benelux-Ländern und Nordeuropa nachgewiesen. In China gilt sie als Delikatesse und erzielt hohe Preise. Bei uns sind allerdings alle Versuche, sie zu vermarkten, gescheitert. Auch wenn man zur Zeit keine Wollhandkrabben aus der Elbe essen sollte und auf keinen Fall die Innereien, gibt es genug leidlich saubere Küstenflüßchen, die eine gute Ausbeute ermöglichen könnten. **Karibische Landkrabbe** (*Cardisoma guanhumi*), engl. blue land crab; franz. crabe terrestre; port. guaiamu (brasilianischer Indianername); span. cangrejo azul. Sie ist eine große Krabbe mit einem runden und glatten Rückenpanzer ohne jegliche Bezahnung. Die Scheren sind sehr ungleich ausgebildet, wobei eine viel größer ist als die andere. Der Rückenpanzer und die Gliedmaßen frisch gehäuteter Tiere sind tiefblau. Auf der Panzerunterseite zu beiden Seiten des Mundfeldes ist je ein dicht behaartes grellgelb gefärbtes Feld zu sehen. Die Karibische Landkrabbe ist an den tropischen Küsten des atlantischen Amerika weit verbreitet. Sie kommt von Südflorida über die karibische Inselwelt und das nördliche Südamerika bis zur brasilianischen Atlantikküste vor, wo sie im Süden des Staates São Paulo ihre Verbreitungsgrenze erreicht. Dort ist sie überall sehr häufig, verbringt den Tag in tiefen selbstgegrabenen Höhlen, die sie nachts zur Nahrungssuche verläßt. Sie lebt hauptsächlich vegetarisch, nimmt aber auch tierische Zukost. Lokal wird sie überall gefangen und verzehrt. Sie bildet eine wichtige Zutat der kreolischen Küche. Bei frisch gefangenen Krabben kann man nicht sicher sein, ob sie nicht zuvor giftige Pflanzenteile gefressen haben. Um den Magen und Darm davon zu entleeren, werden die Krabben vor dem Verzehr in Käfigen gehalten und mit Kokosnüssen gefüttert, nach einigen Tagen sind sie dann für die Küche verwendbar. Das berühmte kreolische Rezept für farcierte Krabben basiert auf der Verwendung von Landkrabben. Nach Europa gelangen sie selten, am ehesten noch aus den französischen Übersee-Départements Martinique und Guadeloupe. In Paris werden sie bisweilen um die Weihnachtszeit angeboten.

Die Karibische Landkrabbe (*Cardisoma guanhumi*) ist sehr auffällig gefärbt und schon dadurch unverwechselbar. Ihr zartweißes, süßliches Fleisch gilt als besondere Delikatesse. In einigen Pariser Restaurants werden vor allem um die Weihnachtszeit Tiere von den Französischen Antillen serviert.

Die Wollhandkrabbe ist in China eine hochbezahlte Delikatesse, bei uns wurde und wird sie nur gering geschätzt. Sie lebt in Flüssen, aus denen die laichreifen Tiere jährlich im Herbst massenhaft ins Meer abwandern. Dies ist auch die Hauptfangzeit.

Die Männchen der Wollhandkrabbe tragen »wollige Handschuhe« an den Scheren. Diese dichte Behaarung kommt erst richtig zur Geltung, wenn sich die Tiere im Wasser befinden.

SONSTIGE KREBSTIERE

Unter diesem Begriff werden hier zwei nicht näher miteinander verwandte Krebstiergruppen zusammengefaßt, die nicht zu den Zehnfußkrebsen gehören. Ihre Erkennungsmerkmale wurden in der Einführung zu den Krustentieren bereits behandelt. Kommerziell sind sie von untergeordneter Bedeutung, obwohl Heuschreckenkrebse weltweit gehandelt werden.

Gemeiner Heuschreckenkrebs (*Squilla mantis*), engl. mantis shrimp; franz. squille ocellée; ital. pannocchia; span. galera; griech. scouliki, kroat. vabić. Heuschreckenkrebse haben einen kurzen Rückenpanzer und dahinter einen aus 10 Segmenten bestehenden Körper. Besonders kennzeichnend sind die großen Fangbeine, deren Endglied auf der Innenkante mit kräftigen Dornen versehen ist und gegen das vorletzte Glied geschlagen werden kann. Die Dornen gleiten dabei in Aussparungen des vorletzten Gliedes. Fische und andere Beutetiere, die zwischen diese Schere geraten, sind unweigerlich verloren, sie werden vom räuberischen Heuschreckenkrebs gefressen. Die hier vorgestellte Art ist in Europa die einzig häufige und kommerziell genutzte. Sie ist leicht kenntlich an dem dunklen Fleckenpaar auf der Schwanzplatte. Sie erreicht eine Maximallänge von 20 cm. Ihr Verbreitungsgebiet im östlichen Atlantik erstreckt sich von den Britischen Inseln bis Angola. Im gesamten Mittelmeer kommt sie ebenfalls vor. Bedeutende Fischerei findet hauptsächlich in Italien statt, auf anderen Fischmärkten ist er auch regelmäßig anzutreffen. Selten gelangen Heuschreckenkrebse auch zu uns. Sie sind dann allerdings nicht mehr lebend, so daß der Kauf reine Vertrauenssache ist. Geschmacklich erreichen sie nicht die Qualität guter Garnelen oder anderer Krebstiere. **Felsen-Entenmuschel** (*Mitella pollicipes*), franz. pouce pied; span. percebe. Die Felsen-Entenmuschel erkennt man leicht an der charakteristischen Anordnung der Platten, die um das Stielende herum wie ein Krönchen stehen. Sie erreicht eine Länge von 12 cm. Im nordöstlichen Atlantik dringt sie von der Biskaya bis zum Senegal vor und ist auch im westlichen Mittelmeer bekannt. Die Felsen-Entenmuschel lebt in der Gezeitenzone auf Felsgrund. Im Sommer ist der Stiel mit den reifen Eierstöcken gefüllt, zu diesem Zeitpunkt sind die Tiere besonders begehrt. An der spanischen Atlantikküste, wo die Tiere hauptsächlich kulinarisch verwendet werden, wurde eine Schonzeit vom 1. Mai bis 1. Oktober eingeführt, es werden Zuchtversuche durchgeführt. Kulinarisch kann sie wie folgt verwendet werden: Die Entenmuscheln in Weißwein mit Zwiebeln, Knoblauch und Kräutern 12 bis 15 Minuten garen, aus der Kochflüssigkeit nehmen und erkalten lassen. Der Körper wird zwischen Schale und Stiel gespalten und ausgelutscht. **Riesen-Seepocke** (*Megabalanus psittacus*), engl. giant Chilean barnacle. Sie ist allein schon durch ihre enorme Schalengröße gekennzeichnet, die etwa 22 cm Länge erreicht. Die Schale ist besonders hoch getürmt und blaßrosa bis weiß gefärbt. Ihr Verbreitungsgebiet umfaßt die peruanische und chilenische Küste sowie den südargentinischen Atlantik. In Chile wird sie von den Felsen der Brandungszone abgeschlagen und kommerziell verwertet. Sie wird zu einer sehr schmackhaften Suppe oder zu Eintöpfen verarbeitet. Nach Europa gelangt diese Delikatesse nicht.

Der Gemeine Heuschreckenkrebs (*Squilla mantis*) wird auf südeuropäischen Fischmärkten regelmäßig angeboten. Nur dort bekommt man ihn auch lebend. Das Fleisch ist relativ weich und nicht von besonders hoher Qualität. Es ist daher nicht angebracht, hohe Preise zu zahlen.

Die Felsen-Entenmuschel (*Mitella pollicipes*) wird nur lokal in Spanien und Frankreich angeboten. Sie ist ein besonderer Leckerbissen, den man sich nicht entgehen lassen sollte. Besonders köstlich ist sie in Spanien, wo sie gern als kleine Vorspeise (tapa) zum Sherry oder Wein gereicht wird.

Die Riesen-Seepocke (*Megabalanus psittacus*) gilt in Chile als besondere Delikatesse. Meist wird sie zu Suppe verarbeitet und entfaltet so ihren besonders delikaten Geschmack. Die hier abgebildeten Tiere wogen jeweils 350 g. Davon entfielen 70 g auf den Weichkörper, der Fleischanteil betrug 50 g.

KÜCHENPRAXIS

Mit Krustentieren richtig umgehen

Für die gute Küche ist frische, beste Qualität der Produkte und das Wissen um die richtige Zubereitung Voraussetzung für ein gutes Ergebnis.
Frische Krustentiere – das heißt in vielen Fällen auch lebende Tiere – wollen erst einmal richtig vorbereitet sein. Dafür sind Wissen, Erfahrung und eine gewisse Praxis notwendig: Das fängt bei der Beurteilung der Qualität an, geht über das fachgerechte Töten und Zerlegen der Tiere – wenn es sich um lebende Tiere handelt – bis hin zu der optimalen Weiterverarbeitung der Einzelteile. Dies ist nicht immer ganz einfach, da Krustentiere keine alltäglichen Produkte sind. Das Schälen von Garnelen wird sicher keine Probleme bereiten, doch einen Taschenkrebs fachgerecht in seine Einzelteile zu zerlegen, erfordert schon etwas Übung und als Voraussetzung dafür die richtige Anleitung.
Die detaillierten Bildfolgen in diesem Buch sollen helfen, die entsprechenden Handgriffe leicht nachzuvollziehen und zu beherrschen.

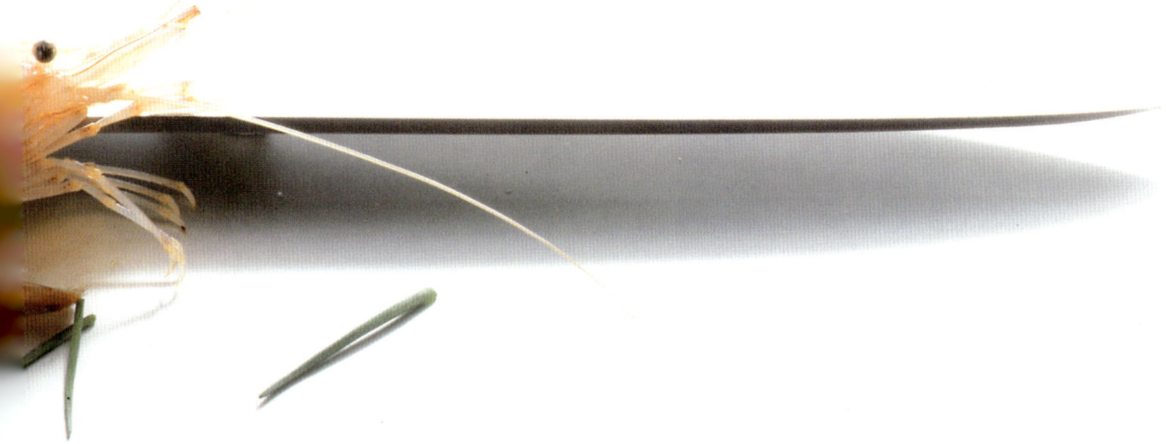

GARNELEN VORBEREITEN

Tiefgefrorene Garnelenschwänze kann man heutzutage zwar »pfannenfertig« kaufen, also bereits geschält und vom Darm befreit, in der Regel kommen aber entweder ganze Exemplare oder Schwänze mit Schale in den Handel.

Tiefgefrorene Garnelen auftauen

Tiefgefrierware muß zunächst einmal aufgetaut werden. Am schonendsten erfolgt das bei Zimmertemperatur. Dafür die Garnelen in einen Durchschlag schütten, damit das Wasser ablaufen kann, und langsam auftauen lassen. Dann unter fließendem Wasser kurz abspülen und vor dem Verarbeiten zum Abtrocknen auf Küchenpapier auslegen. Wenn es einmal schnell gehen soll, die gefrorenen Garnelen in einen dickwandigen Plastikbeutel einbinden (Vorsicht, die Garnelen können ihn durchstechen!) und diesen in handwarmes Wasser einlegen. Ein direktes Einbringen in Süßwasser ist nicht zu empfehlen, da die Tiere auslaugen und an Geschmack verlieren. Einmal aufgetaute Garnelen – und das sind fast alle bei uns angebotenen – dürfen unter keinen Umständen noch einmal eingefroren werden.

Den Darm entfernen

Zunächst muß geklärt werden, ob der Darm überhaupt entfernt werden soll. Bei kleinen Garnelen ist das technisch kaum möglich, weil er so winzig ist, daß er nur mit größter Mühe entfernt werden könnte. Bei Riesengarnelen kann der Darm Sand enthalten und sollte dann entfernt werden, was bei vielen tropischen Arten der Fall ist. Am leichtesten gelingt dies bei gekochten Garnelen, schwieriger bei rohen. Sollen die Garnelen roh geschält

Schwänze auslösen und schälen:

Die Garnele am Kopf- und Schwanzteil fassen und das Schwanzteil abdrehen.

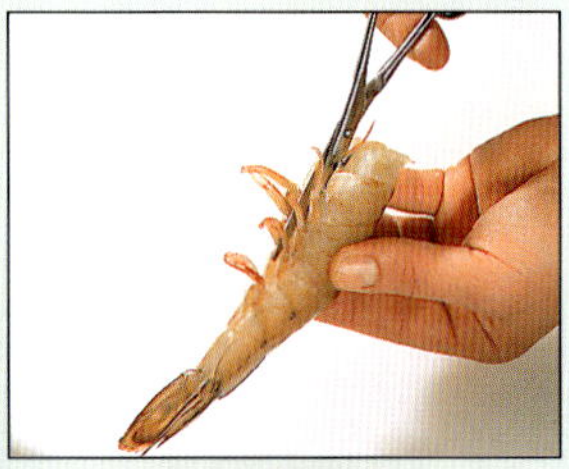

Die Schale des Schwanzteils auf der Unterseite mit einer Schere einschneiden.

Die Schalen bis auf den Schwanzfächer rundum mit den Fingern ablösen.

Darm entfernen:

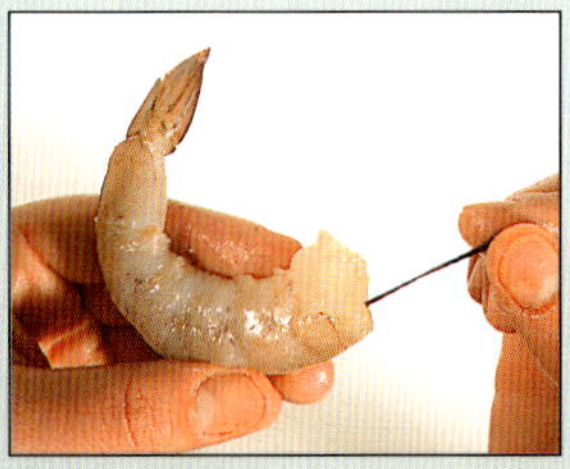

Das herausragende Ende vorsichtig herausziehen, der Darm darf nicht abreißen.

Oder: Mit einem scharfen Messer auf der Rückenseite aufschneiden.

Mit der Messerspitze den Darm am Ende anheben und vorsichtig herausziehen.

Oder: Den Darm mit den Fingerspitzen unter fließendem kalten Wasser herausziehen.

Die sauber ausgelösten und gewaschenen Garnelen auf Küchenpapier abtrocknen.

Schmetterlinge schneiden:

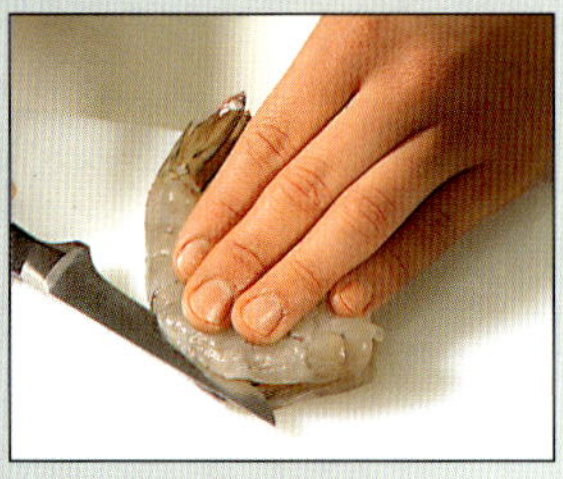

Für die weitere Verarbeitung auf der Rückenseite bis zum Schwanzfächer aufschneiden.

Das Schwanzfleisch ausbreiten oder zusätzlich in der Mitte zu sogenannten »Schmetterlingen« durchschneiden.

▼ **Ganze, frische Garnelen** wie diese Sägegarnelen sind leichter verderblich, da sich im Kopfteil im Bereich der Kiemen der Magen und der größte Teil des Verdauungsapparates befinden. Hier beginnt der Fäulnisprozeß, der unmittelbar nach dem Tod der Tiere einsetzt. Wenn nicht alle frischen Garnelen sofort verbraucht werden, empfiehlt es sich, die Kopfteile abzudrehen und nur die Schwänze (im Bild ganz unten) zu lagern. Die frischen Kopfteile kann man für einen Garnelenfond oder eine Garnelenbutter verwenden.

und dann fritiert werden, kann der Darm zuvor entfernt werden. Es gibt zwei Möglichkeiten, den Darm herauszuholen. Man faßt an der Stelle, wo das Schwanzteil vom Kopfteil abgedreht wurde, das herausschauende Ende des Darms und zieht ihn vorsichtig heraus. Das ist vor allem bei frischen Garnelen möglich, da hier der Darm noch sehr stabil ist. Oder – als zweite, sicherere Methode – man schneidet das Schwanzteil auf und legt den Darm frei, so daß er rückstandslos entfernt werden kann. Besonders »sauber« kann man das unter fließendem Wasser machen, dabei geht jedoch auch etwas Geschmack verloren.

Solche Prachtexemplare von Riesengarnelenschwänzen gelangen zu uns nur tiefgefroren und werden an- oder aufgetaut verkauft. Sie taugen also nur zum sofortigen Verbrauch und sollten keinesfalls erneut eingefroren werden.

Das richtige Schälen

Zumindest kleine Garnelen könnte man durchaus auch mit der Schale essen. In Südostasien werden sie beispielsweise oft nur im Wok mit einigen Tropfen Öl geröstet, da das Rösten in der Schale das Aroma steigert, und »mit Haut und Haaren« gegessen. In unseren Breiten werden allerdings auch die kleinen Garnelen »gepult«, wie bei den Nordseekrabben das Schälen genannt wird. Das geschieht ganz einfach zwischen den Fingern. Das Schwanzfleisch wird dabei aus dem dünnen Panzer herausgedrückt. Bei den Riesengarnelen kann eine Schere hilfreich sein, mit der man die Garnelen an der Unterseite aufschneidet. So lassen sich die oberen Schalenteile leicht abheben. Will man

GARNELENBEZEICHNUNGEN, WIE SIE IN DIESEM BUCH VERWENDET WERDEN	
In den Rezepten dieses Buches sind die Garnelen mit Größenangaben versehen. Sie geben an, wie viele Garnelen (pieces) auf ein englisches Pfund (pcs/lb) kommen, wie auf den Seiten 28/29 erläutert. Jene Garnelen, deren Bezeichnungen nicht mit denen der Warenkunde deckungsgleich sind, werden hier erklärt:	
Kaltwasser-Garnelen	Gemeint sind die Tiefseegarnelen der Familie Pandalidae, deren meiste Arten in den nördlichen Ozeanen gefischt werden. In Deutschland werden sie meist unter der Handelsbezeichnung »Grönland-Shrimps« angeboten, obwohl sie nicht nur von Grönland kommen. In Nordamerika wird für sie die Bezeichnung »spot shrimps« verwendet.
Riesengarnelen	Dieser Begriff wird meist als Übersetzung von »king prawns« gebraucht. Es handelt sich um besonders große Exemplare der Geißelgarnelen (Familie Penaeoidae), die oft auch als »Gambas« angeboten werden.

die »Schwanzfächer«, also die letzten Schalenteile belassen, muß man die Schalen an diesem letzten Segment abbrechen. Dann sehen die Garnelen nicht nur sehr dekorativ aus, sie lassen sich etwa beim Eintauchen in Backteig oder beim Essen auch gut festhalten.

Frische Scampi auf dem Markt. Sie verderben sehr schnell, wenn sie nicht kühl (+ 2 °C) gelagert werden. Am besten so frisch wie möglich verarbeiten.

Scampi ausbrechen:

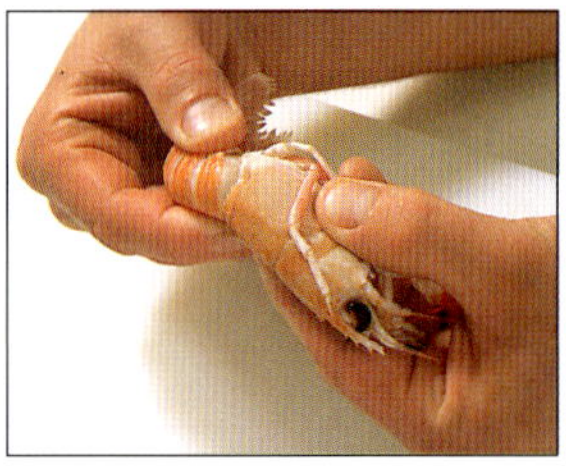

Den Scampo am Kopf- und Schwanzteil fassen und das Schwanzteil herausdrehen.

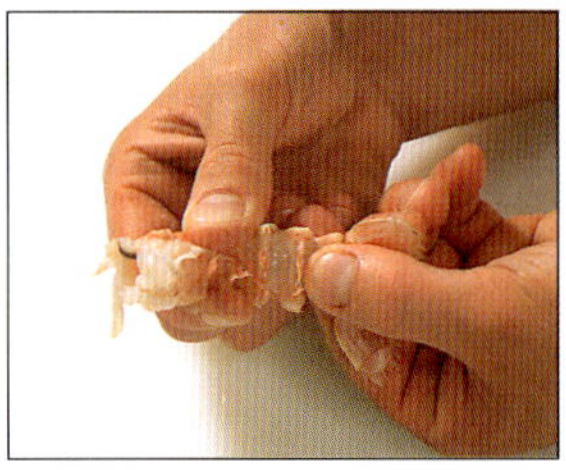

Den Panzer zwischen Daumen und Zeigefinger zusammendrücken, bis er zerspringt.

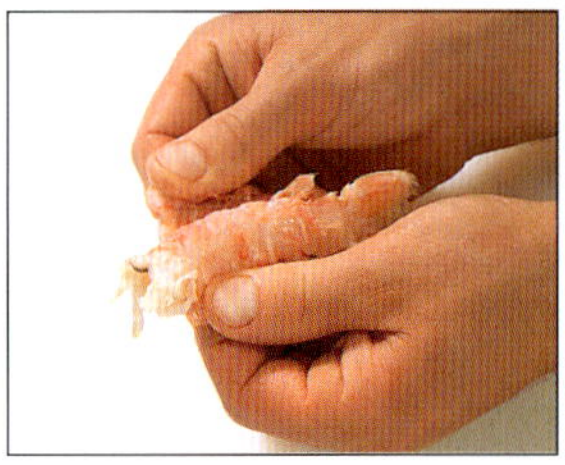

Mit beiden Händen die Panzerschalen auf der Unterseite ganz aufbrechen.

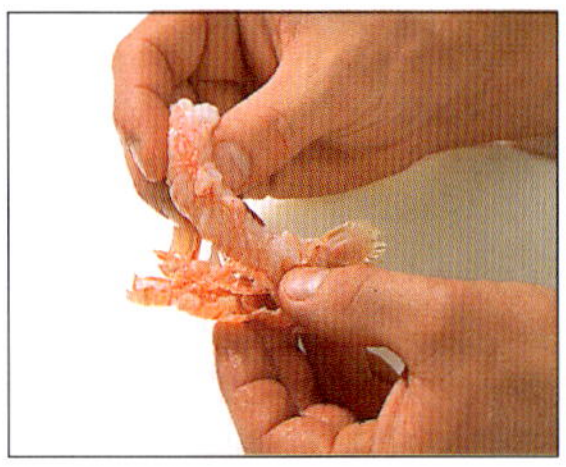

Nun kann das Scampofleisch mühelos aus der Schale genommen werden.

Den Darm mit den Fingern fassen und vorsichtig herausziehen, er darf nicht reißen.

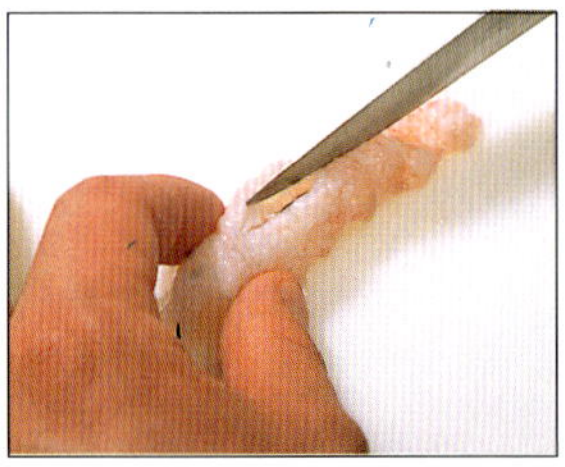

Oder: Auf der Rückenseite einschneiden, den Darm freilegen (nicht verletzen!).

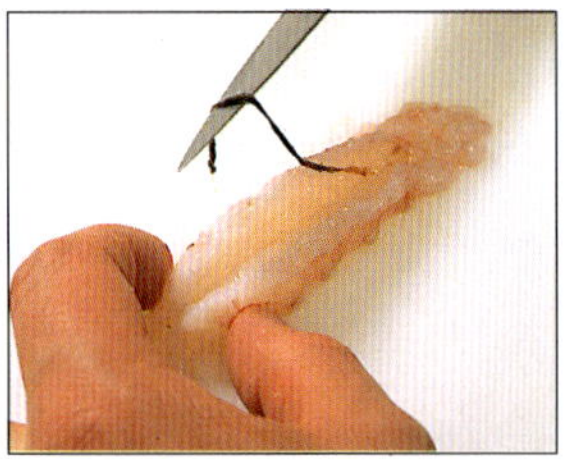

Mit der Messerspitze den Darm anheben und beidseitig vorsichtig herausziehen.

Der sauber ausgelöste Scampo, von der Unterseite (oben) und von der Rückenseite (unten).

SCAMPI VORBEREITEN

Die küchenpraktische Vorbereitung der Kaisergranate ähnelt jener der Garnelen.

Scampi werden auch in den Fischereigebieten selten lebend angeboten, so daß beim Kauf auf absolute Frische geachtet werden muß. Die rote Färbung muß eher ziegelrot als orange sein und die Muskulatur glasig. In Nordeuropa werden Scampi auch tiefgefroren angeboten. Diese sind im allgemeinen von hoher Qualität. Sie sollten langsam aufgetaut werden, dann schmecken sie besonders gut. Die Weiterverarbeitung erfolgt je nach Rezept entweder vorgekocht oder roh. Zum Auslösen des Schwanzfleisches geben die nebenstehenden Abbildungen eine Anleitung. Ansonsten werden die ganzen Tiere mit der Küchenschere längs gespalten oder im ganzen gekocht.

FLEISCHANTEILE

Wieviel Fleisch haben Krustentiere zu bieten?

Die Ausbeute an wirklich verwertbarem Fleisch ist bei den Krustentieren generell gering, wenn man sie in ein Verhältnis zum Lebendgewicht setzt. Beim Hummer macht das etwa ein Drittel aus. Dazu sollte man aber noch die Karkassen rechnen, die ja nicht nutzlos, sondern für die Zubereitung von Suppen und Saucen unverzichtbar sind.
Im Verhältnis von Lebendgewicht zu verwertbarem Fleisch schneiden bei den Hummerartigen die Scampi besonders schlecht ab. 1 kg Scampi mittlerer Größe ergibt 300 g Schwänze mit Schale und lediglich 210 g ausgelöstes, pures Schwanzfleisch. Noch schlechter sieht das Verhältnis beim Galathée rouge aus. Ganze 150 g Schwanzfleisch verbleiben von 1 kg dieser Springkrebse. Beim Bärenkrebs, der ebenfalls nur im Schwanzteil nennenswert verwertbares Fleisch hat, beträgt das Verhältnis 1:4, das heißt, das reine Fleischgewicht eines 400 g schweren Krebses beträgt 100 g. Die Languste, sehr große Exemplare ausgenommen, hat zwar auch in den Beinen ein bißchen Fleisch versteckt, ihr delikates Fleisch ist aber fast ausschließlich im Schwanzteil enthalten. Pro 1 kg Lebendgewicht liefert sie etwa 400 g Schwanz mit Schale und nur 280 g reines Schwanzfleisch. Ein Taschenkrebs von 1 kg hat

Halbiert vorbereiten:

Am Schwanzende des ungeschälten Scampo ansetzen, die Messerspitze nach unten drücken und in einem Zug durchschneiden.

Bei halbierten Scampischwänzen ist der Darm freigelegt und kann relativ mühelos mit Hilfe der Messerspitze entfernt werden.

VERWERTBARES FLEISCH EINES HUMMERS ▶	
1 Hummer	Lebendgewicht 1 kg
Schwanzfleisch	130 g
Scherenfleisch	135 g
Fleisch aus Kopfteil und Beinen	40 g
Leber	30 g
Corail (wenn vorhanden)	35 g
Verwertbare, ausgewaschene Karkassen	320 g
Verwertbare Teile insgesamt	690 g

▲ **Gekochtes Hummerfleisch** ohne seine schützende Hülle sollte schnellstens verbraucht werden, da es sehr empfindlich ist und leicht fremde Gerüche annimmt. Wenn es für kurze Zeit im Kühlschrank gelagert werden soll, dann unbedingt in einem gut verschlossenen Behälter oder sorgfältig in Folie eingewickelt. Das gilt natürlich auch für die Leber und den Corail.

Dieser kanadische Hummer bringt 6,25 kg auf die Waage, er dürfte aber auch das stattliche Alter von 80 Jahren erreicht haben. Jedenfalls ist der Fleischanteil dieses Tieres, gemessen an leichteren Hummern, relativ hoch und das Fleisch trotzdem von gleicher Qualität.

Nur aus dem rohen Hummer oder der Languste lassen sich der Corail und die Leber zur Weiterverarbeitung so mühelos und unverletzt herausheben. Natürlich muß das Krustentier zuvor im sprudelnd kochenden Wasser getötet werden. Leber und Corail sind für die Zubereitung von Saucen hervorragend geeignet, der Corail gibt ihnen den kräftigen Orange-Farbton.

an verwertbarem Fleisch aus Scheren und Körper nicht mehr als 180 g zu bieten. Dagegen ist der Hummer mit seinem Verhältnis von 1/3 pures Fleisch zu 2/3 Gesamtgewicht besonders ökonomisch.
Die in der Tabelle (oben) aufgeführten Gewichtsangaben beziehen sich auf einen Hummer von 1 kg Lebendgewicht und guter Qualität. Das heißt, daß das Tier frisch war, also nicht lange gehältert wurde beziehungsweise nicht längere Zeit ohne Futter war. Je nachdem, wie »fleischig« oder »mager« der Hummer war, kann sich das verwertbare Fleischgewicht um 10 bis 20 Prozent nach oben oder unten verändern.

▶ **Die Karkassen** sind in der Krustentierküche fast so wichtig wie das Fleisch selbst. Sie sind die Basis für Fonds, die dann wiederum für Suppen und Saucen weiterverwendet werden. Karkassen bieten übrigens die Gastronomie-Zulieferer im gefrorenen Zustand an.

FONDS, SUPPEN, SAUCEN UND VORSPEISEN

Das ist Basiskochkunst mit Krustentieren, deren Grundzubereitungen in der Gourmetküche stets vorrätig sein sollten.

Nicht ohne Grund beginnen die meisten Kochbücher mit diesem Kapitel, denn ohne die Basisrezepte für Fonds und Grundsaucen gibt es einfach keine feine Küche – und dies gilt, wie bei diesem Buch zu sehen, nicht nur für Fleisch, sondern auch für das gesamte Thema Seafood. Dafür sind nicht einmal wertvolle Zutaten nötig. Ähnlich wie beim Fleisch die Knochen, sind es bei den Krustentieren die Karkassen, also die Panzer, die den unverkennbaren Geschmack abgeben. Speziell für die feine Krustentierküche gehören Fonds und Saucen zur Grundausstattung, die ständig greifbar sein muß, und sei es aus der Tiefkühltruhe. Überall dort, wo mit Flüssigkeit aufgegossen werden soll und zusätzlicher Geschmack erwünscht ist, sind Fonds und Grundsaucen unverzichtbar. Sie können entweder »pur«, also nur aus einem Krustentier zubereitet werden – wie ein Krebs- oder Hummerfond oder eine Sauce aus Garnelen – oder als »Universalfond«, bei dem einfach alle in der Küche anfallenden Karkassen von Krustentieren zusammen zu einem Fond oder weiter zu einer Sauce gekocht werden. Und für die feinen Suppen aus Krustentieren, sei es die klare Consommé oder die cremige Bisque, ist wiederum der Fond die Basis für den guten Geschmack. Die Einlagen sind dann natürlich vom Feinsten: Garnelen, Scampi oder das Fleisch der »Gepanzerten«, vom Hummer bis zur Languste. Aber für Suppeneinlagen müssen es nicht immer die »Filetstücke« sein. Auch die weniger beachteten Krustentiere wie Taschenkrebs, Seespinne oder die vielen Arten von Schwimmkrabben haben beste Fleischqualitäten – zwar meist etwas zerzaust, aber durchaus tauglich als direkte Suppeneinlage oder zum Füllen von Ravioli oder für Klößchen.

FISCHFOND

Der »Fumet de poisson« ist für die Meeresfrüchte-Küche ebenso wichtig wie ein Kalbs- oder Geflügelfond für Fleisch- und Gemüsegerichte.

Das dezente Aroma des Fischfonds wird überall da gebraucht, wo Flüssigkeit nötig ist, also für Saucen, Suppen und Fonds zum Garziehen feiner Meeresfrüchte. Die Zubereitung braucht zwar etwas Zeit, aber es lohnt sich. Überzeugte Krustentier-Gourmets legen sich gern einen Vorrat an, zumal sich der Fond sehr gut einfrieren läßt. Zubereitet wird der Fond aus weißfleischigen Fischen, die viel Eiweiß, aber wenig Fett enthalten. Wenn der Fischfond dann noch dezent gewürzt wird, kann man ihn überall in der Meeresfrüchte-Küche einsetzen. Verzichtet man auf das Anbraten der Karkassen, wird der Fond noch etwas zarter im Geschmack. Soll er aber besonders kräftig werden, kann man ihn mit einem Fond aus Krustentieren, wie etwa Krebsen, Hummer oder Garnelen, mischen.

1 kg Karkassen (zum Beispiel Steinbutt, Scholle, Glattbutt, Seezunge, Zander, Petersfisch)
80 g Schalotten
200 g Lauch (nur das Weiße)
100 g Petersilienwurzel
80 g Stangensellerie, 3 EL Öl
1/2 l trockener, spritziger Weißwein
2 l kaltes Wasser, 1 Lorbeerblatt
2 bis 3 Zweige Thymian
1/2 TL weiße Pfefferkörner

Die Fischkarkassen – Gräten und Köpfe, Schwänze und Fleischabgänge – vorbereiten: Die Kiemen aus den Köpfen entfernen, sie würden den Fond bitter machen. Die Flossen oder Flossensäume (von Plattfischen) verwerfen, ihr hoher Fettanteil kann einen tranigen Geschmack des Fonds verursachen. Die Schalotten fein würfeln, das Gemüse putzen, den Lauch in feine Ringe schneiden, das restliche Gemüse grob würfeln. Den Fond, wie in der Bildfolge beschrieben, zubereiten. Nach dem Erkalten die Fettschicht von der Oberfläche abheben und wegwerfen.

Geliert, schön hell und transparent, so muß ein korrekt gekochter Fischfond nach dem Erkalten aussehen. Er läßt sich einige Tage im Kühlschrank aufbewahren oder auch einfrieren.

Fischfond zubereiten:

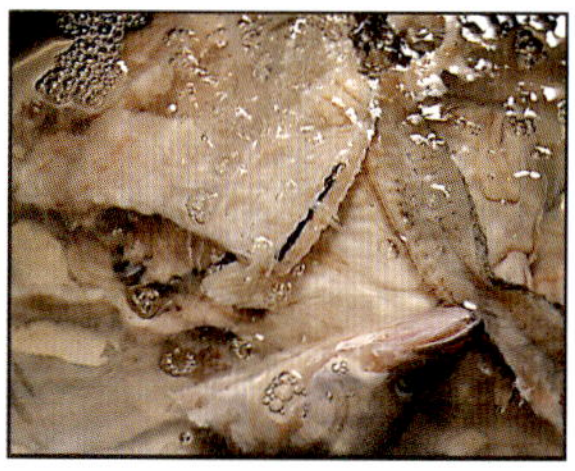

Die Karkassen grob zerkleinern und unter fließendem Wasser etwa 20 Minuten wässern, bis das Wasser klar und frei von Trübstoffen ist. Abtropfen lassen.

Das Öl in einem großen Topf erhitzen und die Karkassen unter ständigem Wenden darin 3 bis 4 Minuten hell angehen lassen.

Das vorbereitete Gemüse zugeben und unter häufigem Wenden leicht angehen lassen. Es wird bewußt auf Möhren verzichtet, um den Fond hell zu halten.

Sobald die Fisch-Gemüse-Mischung zu köcheln beginnt, den Wein angießen und langsam erhitzen, anschließend leicht eindampfen lassen.

Das Wasser aufgießen. Wichtig ist, daß sowohl Wein als auch Wasser kalt sind, da beim langsamen Erwärmen die Geschmacksstoffe aufgeschlossen werden.

Lorbeerblatt, Thymian und Pfefferkörner zugeben. Die Gewürze sind sehr sparsam dosiert, da sie den Eigengeschmack des Fonds nicht überdecken sollen.

Den Fond aufkochen lassen. Dabei bindet geronnenes Eiweiß Trüb- und Schwebstoffe und steigt als Schaum an die Oberfläche. Mehrmals sorgfältig abschöpfen.

Nach 20 bis 30 Minuten leisen Köchelns ein Spitzsieb mit einem Passiertuch auslegen und den Fond langsam durchseihen, ohne mit der Kelle nachzuhelfen.

KREBSFOND

Sein kräftiges Aroma ist ideal für cremige Saucen und, mit Eiweiß geklärt, wird er zur delikaten Consommé.

Voraussetzung für einen feinen Fond sind auch hier einwandfreie Karkassen. Vor allem die Krebsnasen (das Vorderteil mit Rückenpanzer) müssen unter fließendem klaren Wasser sorgfältig gewaschen werden, denn nur dann schmeckt der Fond wirklich frisch.

Für den Krebsfond:
500 g Krebskarkassen
200 g Möhren, 100 g Stangensellerie
50 g Lauch, 50 g Schalotten
2 Knoblauchzehen, 2 Tomaten
4 EL Öl, 2 cl Cognac, 1 Lorbeerblatt
1 Nelke, 3 zerdrückte Wacholderbeeren
je 1 Zweig Estragon und Thymian
1/2 TL Salz, frisch gemahlener weißer Pfeffer
50 g Tomatenmark
1 1/2 l Wasser
Für die Klarifikation:
250 g Filet von weißfleischigen Fischen
50 g Lauch, 50 g Stangensellerie
1 Tomate, 2 Schalotten, 1 Knoblauchzehe
3 gut gekühlte Eiweiße, 1 Nelke
1/2 Lorbeerblatt, 1 Zweig Thymian
1/2 TL Salz, 3 bis 4 Eiswürfel
1 1/2 l Krebsfond

Das Gemüse putzen und in Scheiben schneiden, die Tomaten vierteln. Den Krebsfond, wie in der Bildfolge beschrieben, zubereiten. Mit magerem Fleisch, Gewürzen und Eiweiß läßt sich der Fond zu einer glasklaren Flüssigkeit klären – zum Aufgießen für feine weiße Saucen oder als delikate Consommé. Für diesen Klärvorgang das Fischfilet durch die grobe Scheibe des Fleischwolfs drehen. Das Gemüse putzen, das Weiße des Lauchs in Ringe, den Stangensellerie in Würfel und die Tomaten in Stücke schneiden. Die Schalotten und die Knoblauchzehe fein würfeln. Die gut gekühlten Eiweiße leicht anschlagen.

Krebsfond zubereiten:

2 EL Öl in einem Topf erhitzen, die abgetropften Karkassen unter ständigem Rühren scharf anbraten; sie dürfen nicht zu dunkel geraten. Mit Cognac ablöschen und beiseite stellen.

Separat Gemüse, Kräuter, Gewürze, Tomatenmark in 2 EL Öl 5 Minuten braten. Hitze reduzieren, 2 Minuten ziehen lassen. Zu den Karkassen geben, mit kaltem Wasser bedecken, aufkochen.

45 Minuten köcheln lassen, mehrmals das geronnene Eiweiß abschöpfen. Nach und nach durch ein Passiertuch laufen lassen.

Die Enden des Tuches fassen und leicht zusammendrehen, so daß die Zutaten wie in einem Beutel verpackt sind. Mit mäßiger Kraft nachdrücken und so den verbleibenden Fond auffangen.

Das durchgedrehte Fischfilet, das kleingeschnittene Gemüse, das angeschlagene Eiweiß, die Gewürze und Kräuter mit den Eiswürfeln in eine Schüssel geben und miteinander vermengen.

Die Mischung in einen Topf füllen und mit etwa 1/4 l Krebsfond gut verrühren. Den restlichen Fond aufgießen. Mit einem Schneebesen verrühren und langsam erhitzen.

Aufkochen, dabei ständig mit dem Bratwender am Boden entlang schaben, damit das Eiweiß nicht anhängt. Steigt dichter Schaum auf, nicht mehr rühren. Hitze reduzieren, 45 Minuten köcheln.

Ein Spitzsieb mit einem Passiertuch auslegen, den Fond nach und nach durchlaufen lassen, ohne nachzudrücken. So gelangen keine Trübstoffe durch das Tuch, der Krebsfond bleibt klar.

HUMMERFOND UND HUMMERSAUCE

Der Hummerfond gehört zu den Basisrezepten der Meeresfrüchte-Küche. Die daraus gekochte Sauce ist eine begehrte Ergänzung für viele Gerichte mit Krustentieren und die Grundlage für eine delikate Hummersuppe.

HUMMERFOND

Die Zubereitung des Hummer- oder Langustenfonds ist praktisch identisch mit der des Krebsfonds der vorhergehenden Seite. Er ist auch ebenso zu verwenden, wenngleich sein Aroma doch deutlich anders ist. Da die Zubereitung dieser Fonds zeitaufwendig ist, empfiehlt es sich, sie auf Vorrat zuzubereiten und am besten in kleinen Portionen einzufrieren, um sie bei Bedarf schnell zur Verfügung zu haben.

1 gekochter Hummer (800 g bis 1 kg)
250 g Möhren
50 g Stangensellerie
50 g Lauch

Hummerfond zubereiten:

Den frisch gekochten Hummer fest auf die Unterlage drücken. Mit einem scharfen Messer, am Kopf beginnend, entlang der Mittelnaht teilen.

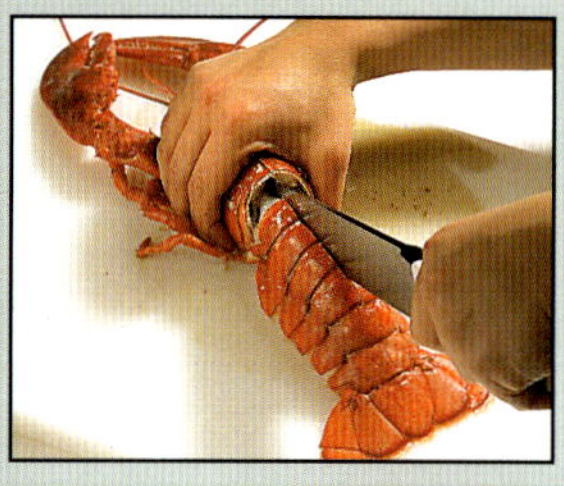

Den Magensack herausziehen. Die Leber und den Corail herausnehmen und zur weiteren Verwendung zur Seite legen.

Den Darm entfernen. Am Kopfende beginnen und zum Schwanzende hin, wo er festgewachsen ist, vorsichtig abziehen. Abschneiden.

Die beiden Schwanzhälften jeweils vom Kopfteil abdrehen, das Fleisch herausheben und beiseite legen. Es kann nach Belieben weiterverarbeitet werden.

Die Füße an beiden Hälften des Kopfteils mit einem scharfen Schlagmesser abtrennen. Alle Karkassenteile sorgfältig unter fließendem Wasser waschen.

Die Karkassen trocknen lassen. Mit dem Messer in kleine Stücke schneiden oder hacken, wenn nötig im Mörser zerstoßen.

Das Öl in einem Wok (oder einer Pfanne) erhitzen und die Karkassenteile portionsweise mit leichter Farbe angehen lassen. Mit dem Cognac ablöschen.

Die Butter in einem Topf erhitzen, das Gemüse darin anschwitzen. Gewürze und Kräuter zugeben, andünsten. Das Tomatenmark unterrühren, 2 Minuten ziehen lassen.

Die angebratenen Karkassen zum Gemüse geben. Mit so viel kaltem Wasser aufgießen, daß die Mischung gerade bedeckt ist. Aufkochen, dabei öfters umrühren.

Etwa 45 Minuten köcheln lassen, den aufsteigenden Schaum mehrmals vollständig abschöpfen, da geronnenes Eiweiß den Geschmack beeinträchtigen würde.

Ein Spitzsieb mit einem doppelt gefalteten Passiertuch auslegen und den Fond nach und nach durchlaufen lassen.

Die Enden des Tuches leicht zusammendrehen und mit mäßiger Kraft nachdrücken, um auch den restlichen Fond herauszupressen.

50 g Schalotten
2 Knoblauchzehen
2 Tomaten
2 EL Öl
2 cl Cognac
20 g Butter
1 Lorbeerblatt
1 Nelke
3 zerdrückte Wacholderbeeren
1 Zweig Estragon
1 Zweig Thymian
50 g Tomatenmark

Den Fond, wie in der Bildfolge auf der linken Seite beschrieben, zubereiten. Für ein gutes Gelingen ist es ganz besonders wichtig, die Hummerkarkassen sorgfältig zu waschen, am besten unter fließendem Wasser. Das Gemüse waschen, putzen und in Scheiben beziehungsweise Stücke schneiden, die Schalotten und Knoblauchzehen schälen und fein hacken. Die Tomaten achteln. Es empfiehlt sich, den Grundfond nicht zu salzen, um ihn beliebig reduzieren zu können und seine universelle Verwendung zu ermöglichen. Wer die Geschmacksreserven der Karkassen noch besser nutzen will, kann den Fond mit den Karkassen ein zweites Mal mit Wasser bedecken, aufkochen, 30 Minuten köcheln lassen und erst dann passieren.

HUMMERSAUCE

Die Basis ist der Fond von Hummer oder Languste, wie er auf der linken Seite gezeigt wird. Aus dem fertigen Fond kann man durch das Hinzufügen von Sahne eine schnelle und feine Hummersauce bereiten. Besser schmeckt sie aber noch, wenn man die Sahne – wer möchte, kann auch Crème double verwenden – mit Gemüse und Karkassen weitere 15 Minuten ziehen läßt.

Hummerfond (siehe linke Seite)
150 g Sahne oder Crème double
Salz, frisch gemahlener weißer Pfeffer

Die Hummersauce, wie rechts oben gezeigt, zubereiten. Die Sauce paßt natürlich zu allen Gerichten mit Hummer oder Languste – sie harmoniert aber auch ganz vorzüglich mit einer Kombination aus Teigwaren und Garnelen.

Hummersauce zubereiten:

Die Sahne oder Créme double unter die gekochte Mischung aus Gemüse und Karkassen rühren. Aufkochen und 15 Minuten ziehen lassen. Salzen und pfeffern.

Die Mischung portionsweise durch ein Spitzsieb passieren. Mit leichten Schlägen auf den Griff des Siebes nachhelfen, damit alle Flüssigkeit abfließen kann.

Das Ergebnis: eine orangebraune, cremige Sauce mit einem feinen, zarten Hummeraroma. Sie läßt sich übrigens, wie der Fond auch, in Portionen einfrieren.

BISQUE – CREMESUPPE VON KRUSTENTIEREN

Sie gehört neben der klaren Consommé zum Feinsten, was man aus den Karkassen der Krustentiere herausholen kann. Ein besonders feines Aroma haben die Flußkrebse, Hummer oder Langusten. Aber auch eine Mischung aus den Karkassen verschiedener Krustentiere ergibt einen delikaten Grundfond.

HUMMER-BISQUE

Die »Bisque de homard« gehört zum Standardrepertoire der internationalen Kochkunst. Ihre Grundzubereitung ist identisch mit dem Hummerfond auf Seite 72.

2 cl Olivenöl, 50 g Butter
450 bis 600 g grob zerteilte Hummerkarkassen
25 g Schalottenwürfel
200 g geviertelte Cocktailtomaten
je 70 g Zwiebel- und Lauchwürfel, 50 g Möhrenwürfel
60 g kleingehackter Stangensellerie
2 gehackte Knoblauchzehen
3 Zweige Estragon
1 EL doppelt konzentriertes Tomatenmark (oder 50 ml Tomatensauce, wenn vorhanden)
4 cl Cognac, 200 ml trockener Weißwein, 200 ml Noilly-Prat
1 Bouquet garni (Lauch, Petersilie, Stangensellerie, Lorbeerblatt)
1 l Fischfond (siehe Seite 70)
Leber und Corail des Hummers
1/2 EL Mehl
Cognac, 1/4 l Sahne

Das Öl mit der Butter in einem entsprechend großen Topf hellbraun aufschäumen. Die Karkassenstücke 10 Minuten unter Rühren anbraten, sie sollen schön Farbe nehmen. Das gesamte Gemüse und den Knoblauch dazugeben, unterrühren und weiterbraten. Nach weiteren 10 Minuten die Estragonzweige zugeben und immer wieder gut durchrühren. Wieder nach 10 Minuten das Tomatenmark einrühren und mitbraten, es soll der Bisque Farbe geben. Den Cognac eingießen und kurz flambieren. Mit dem Wein und Noilly-Prat ablöschen, das Bouquet garni einlegen und die Flüssigkeit etwa 1/2 Stunde fast ganz einkochen lassen. Den Fischfond dazugießen und 1 Stunde mehr ziehen als kõcheln lassen. Portionsweise durch ein Spitzsieb passieren, dabei die Zutaten kräftig durchpressen, am besten mit Hilfe eines Holzlöffels. Die Leber und den Corail des Hummers mit dem Mehl glattrühren und damit die Bisque binden. Einmal aufkochen lassen, die Bisque wird durch den Corail wunderschön rot. Mit Cognac abschmecken. Die Sahne leicht anschlagen und vor dem Servieren einrühren.

Ein Grundfond von Krustentieren ist in einer Küche wie in der von Eckart Witzigmann, hier mit seinem Koch Francis Reynard, obligatorisch, denn meist herrscht dort kein Mangel an Karkasssen, die Basis für einen soliden Fond. Überwiegend sind es die Schalenreste von nur einer Krustentierart, wie im obigen Rezept mit Hummer. Aber nach dieser Methode und mit exakt den gleichen Zutaten läßt sich auch eine Mischung verschiedener Krustentiere zu einem feinen Fond kochen, wie dieses Beispiel zeigt. Hier sind die Karkassen von Hummer, Languste, Taschenkrebs und Seespinne in einem Topf vereint. Das Ergebnis kann als Grundfond auf Vorrat gehalten oder nach Belieben zu einer Bisque weiterverarbeitet werden.

FENCHEL-CURRY-SUPPE MIT GARNELEN, IN DER SEESPINNE GRATINIERT

Eine optische und unterhaltsame Attraktion, denn nach dem Verzehr der Suppe kann man noch das delikate Fleisch aus den Beinen der Seespinne holen.

4 Seespinnen (je 600 g)
200 g gekochte Kaltwasser-Garnelen
Für die Suppe:
10 g Butter
20 g Schalottenwürfel
100 g geschnittene Fenchelknolle
1/2 TL Currypulver, 2 cl Noilly-Prat
2 cl trockener Weißwein
400 ml Fischfond (siehe Seite 70)
4 EL Sahne, 50 g kalte Butter
2 feingeschnittene Basilikumblätter
2 EL geschlagene Sahne, 2 Safranfäden
Salz, frisch gemahlener weißer Pfeffer
1 Prise Cayennepfeffer, 1 Spritzer Zitronensaft
Basilikumblätter für die Garnitur

Die Seespinnen, wie auf Seite 80 beschrieben, vorbereiten, etwa 18 bis 20 Minuten kochen und erkalten lassen. Aufbrechen, die Kiemen, den Magensack und den anhängenden Darm entfernen. Das Körperfleisch für die Suppe beiseite stellen. Die Karkassen sehr gründlich waschen. Für die Suppe die Butter in einem nicht zu großen Topf aufschäumen lassen, das Körperfleisch der Seespinne, die Schalottenwürfel und den geschnittenen Fenchel ohne Farbe darin anschwitzen. Das Currypulver einstreuen und kurz mitschwitzen. Mit dem Noilly-Prat und dem Weißwein ablöschen und einkochen lassen. Den Fischfond aufgießen, die Sahne einrühren und kurz durchkochen. Die Butter zugeben und die Suppe mit dem Mixstab aufmixen. Das Basilikum und die Schlagsahne einrühren, die Safranfäden zugeben und nach Geschmack mit Salz, Pfeffer, Cayennepfeffer und Zitronensaft abschmecken. Die Garnelen in die Karkasse füllen, die passierte Suppe darübergießen und unter dem Salamander oder dem Grill ganz leicht gratinieren. Mit Basilikum ausgarnieren und servieren.

EISKALT UND HEISS

Herzhafte Suppen auf der Basis von Fonds aus Fischen und Krustentieren lassen sich als Hauptgang oder komplette Mahlzeit auf den Tisch bringen. Die Variationsmöglichkeiten sind enorm und umfassen sowohl kalte als auch warme Zubereitungen. Dabei hat jede Landesküche eigene Beispiele.

GAZPACHO MIT SÄGEGARNELEN

Der spanische Gazpacho, die eisgekühlte Suppe aus Tomaten, Gurken und Paprika, harmoniert besonders gut mit Fisch und Krustentieren.

Für den Gazpacho:
1/4 l eiskalter Fischfond (siehe Seite 70)
4 Tomaten, 1/2 Salatgurke
je 1/2 rote, grüne und gelbe Paprikaschote, Samen und Scheidewände entfernt
1 Bund Basilikum, 1 EL Tomatenketchup, Salz
frisch gemahlener weißer Pfeffer, 1 Prise Cayennepfeffer
je 1 Spritzer Worcestersauce und Essig
Außerdem:
300 g Sägegarnelen, 1 bis 2 EL Butter
je 1 EL feingewürfelte Gurke und Paprika in 3 Farben
2 geviertelte Cocktailtomaten

Alle Zutaten für den Gazpacho in den Mixer geben und – bei Bedarf in mehreren Portionen – mixen, passieren, kalt stellen. Die Garnelenschwänze schälen. Die Butter in einer Pfanne aufschäumen lassen, die Garnelen (mit dem Kopf) einlegen und ganz kurz von beiden Seiten sautieren. Gemüsewürfel, Tomaten und Garnelen in Suppenteller anrichten und den Gazpacho einfüllen.

CHINESISCHE SUPPE MIT GARNELEN

Geschmacklich ausgezeichnet, leicht, vegetarisch – dieses Rezept ist einen Versuch wert. Die exotischen Zutaten garantieren ein überzeugendes Ergebnis.

12 Garnelen (Größe 41–50)
2 EL Butter
Für die Suppe:
1 l Fischfond (siehe Seite 70)
1/4 l Hummerfond (siehe Seite 72)
10 g getrockneter Tintenfisch (Prepared Cuttlefish; diese Zutat kann nach Belieben entfallen)
Meersalz
2 EL getrocknete Mu-Err-Pilze
je 1 rote, grüne und gelbe Spitzpaprika
100 g Zuckerschoten
je 3 Stangen grüner und weißer Spargel
100 g Shiitake-Pilze
1 cm Ingwerwurzel
100 g Sojasprossen
40 g Glasnudeln, 1 TL Sesamöl
2 bis 3 cl Reiswein
1/2 EL dunkle Sojasauce
Koriandergrün zum Garnieren

Die Garnelenschwänze ausbrechen, wie auf Seite 64/65 beschrieben, den Darm entfernen und die Garnelen beiseite stellen. Den Fisch- und Hummerfond mit dem getrockneten Tintenfisch und dem Meersalz in einen Topf geben, aufkochen und bei kleiner Hitze etwa 1 bis 2 Stunden ziehen lassen, damit der Tintenfisch seinen Geschmack entfalten kann. In der Zwischenzeit die Mu-Err-Pilze einweichen. Die Paprikaschoten waschen, die Samen und Scheidewände entfernen und das Fruchtfleisch in feine Streifchen schneiden. Die Zuckerschoten waschen und ebenfalls in ganz feine Streifen schneiden. Den Spargel schälen und in ganz dünne, schräge Scheiben, die Shiitake-Pilze in dünne, gerade Scheiben schneiden. Die Ingwerwurzel sehr fein aufschneiden, die Sojasprossen bleiben ganz. Die Glasnudeln in Salzwasser in 3 bis 5 Minuten kochen, abgießen und beiseite stellen. Das Sesamöl in einer weiten Sauteuse erhitzen und das gesamte Gemüse mit Ausnahme der Mu-Err-Pilze bei nicht zu starker Hitze unter ständigem Wenden anschwitzen. Mit dem Reiswein ablöschen und einkochen. Die Sojasauce einrühren, die abgetropften Mu-Err-Pilze zugeben und mit dem passierten Fond aufgießen. Die Glasnudeln in die Suppe geben. In einer Pfanne die Butter aufschäumen und die Garnelenschwänze auf jeder Seite 1 Minute braten. Die Suppe in Teller füllen, die Garnelenschwänze einlegen und mit Koriandergrün garnieren.

MINESTRONE MIT SÄGEGARNELEN

Die berühmte italienische Gemüsesuppe gibt es in vielen Varianten. Mit Garnelen erhält sie einen feinen Akzent und wird zum sättigenden Gericht.

Für die Minestrone:
je 60 g Erbsen, Zucchini, Stangensellerie, Möhren, Wirsing, Tomaten und Lauch
1/2 Knoblauchzehe, Salz
8 große Basilikumblätter, 3 EL Olivenöl
1 l Hummerfond (siehe Seite 72)
Außerdem:
160 g kleine Sägegarnelen mit Kopf , 1 EL Butter

Das gesamte Gemüse in kleine Würfel oder Rauten schneiden, die Knoblauchzehe fein schneiden. Separat in 2 Töpfen – Erbsen, Zucchini und Wirsing in einem, das restliche Gemüse im anderen Topf – in leichtem Salzwasser kochen und kurz in Eiswasser abschrecken. Die Basilikumblätter mit dem Öl pürieren. Den Hummerfond erhitzen, das Gemüse hineingeben und mit dem Basilikumpüree abbinden. Die Garnelenschwänze schälen. Die Butter in einer kleinen Pfanne erhitzen und die Garnelen mit dem Kopf ganz kurz von beiden Seiten in der Butter anziehen lassen. In Suppenteller anrichten.

BUTTER ZUM WÜRZEN

Würzbutter von Hummer, Krebsen, Langusten oder auch Garnelen ist konzentrierter Geschmack und in der Krustentierküche so unentbehrlich wie ein guter Fond.

Nur ein Stück davon reicht aus, um Suppen und Saucen, aber auch Ragouts und Eintöpfen eine ganz besondere Note zu geben. Doch es sind nicht nur Buttermischungen aus den Karkassen von Krustentieren, die Gourmets schätzen. Auch der Corail, also der Rogen des weiblichen Hummers, läßt sich zu einer wohlschmeckenden Butter verarbeiten. Er ist im (fast) rohen Zustand glänzend grünschwarz, wird aber durch den Garvorgang korallenrot und färbt dann – als Corailbutter – Speisen zartrosa.

Hummerbutter zubereiten: Das Öl in einer großen Pfanne oder einem Wok erhitzen, die Karkassen zugeben und – wenn nötig, in mehreren Etappen – unter ständigem Rühren braten. Das Gemüse und das Tomatenmark zugeben und ebenfalls unter ständigem Wenden anbraten.

Zwei Drittel der Butter zugeben und die Karkassen unter ständigem Wenden weiterbraten, bis die Butter geschmolzen ist. So wird das Karkassenaroma an die Butter abgegeben.

Das Wasser unter Rühren zugießen und gut durchkochen. Nach und nach die restliche Butter darin zergehen lassen. Bei geringer Hitze etwa 1 Stunde ziehen lassen.

Über Nacht zugedeckt im Kühlschrank durchkühlen lassen. Die Butter setzt sich auf der Brühe ab und kann mit einem Pfannenwender abgehoben werden (die Brühe zum Aufgießen verwenden).

Die aromatisierte Butter in einem Topf bei geringer Hitze schmelzen, durch ein sehr feines Sieb in ein rechteckiges Gefäß gießen. Zugedeckt im Kühlschrank erstarren lassen.

Die feste Hummerbutter auf ein Brett stürzen und mit einem scharfen Messer in beliebig große Portionen teilen. In extrastarker Alufolie luftdicht verpacken.

Oder die flüssige Butter in Gefrierdosen eingießen, erkalten lassen. Sie können wie die in Folie verpackten Stücke bis zu 4 Monate im Gefriergerät aufbewahrt werden.

HUMMERBUTTER

Ob wie hier vom Hummer, von Krebsen oder Garnelen, Würzbutter von Krustentieren ist stets eine Bereicherung der feinen Küche. Nach diesem Rezept kann Würzbutter von jedem Krustentier zubereitet werden.

750 g Hummerkarkassen
100 g Möhren
50 g Stangensellerie
50 g Lauch, 50 g Schalotten
2 Knoblauchzehen
750 g Butter
2 EL Sonnenblumenöl
1 EL Tomatenmark
1/4 l Wasser

Die Hummerkarkassen unter fließendem Wasser gründlich waschen und alle Eiweißreste entfernen, gut abtropfen lassen. Das Gemüse putzen und klein würfeln beziehungsweise fein schneiden, die Knoblauchzehen schälen und halbieren. Die Butter in Würfel schneiden. Wie in der Bildfolge links gezeigt, fortfahren.

Corailbutter zubereiten:

Den Panzer des eben getöteten Hummers einschneiden und aufbrechen. Die Leber entnehmen. Den Corail mit einem Teelöffel herausheben.

Den Corail abwiegen. Doppelt so viel weiche Butter wie Corail mit Hilfe einer Gabel mit dem Rogen geschmeidig und homogen verarbeiten.

Die fertige Würzbutter mit Hilfe von Alufolie rollen, locker und luftdicht darin verpacken und im Kühlschrank fest werden lassen.

KREBSE UND GEMÜSE IM SUD

Mit Hilfe von Würzbutter wird diese klare Nage (Bouillon) ganz einfach zu einer leicht gebundenen Suppe.

250 g Filet von mageren Weißfischen
50 g Lauch
1/2 Stangensellerie
1 Tomate
2 Schalotten
1 Knoblauchzehe
3 Eiweiße
1 Nelke
1/2 Lorbeerblatt
3 zerdrückte Wacholderbeeren
1 Zweig Thymian, Salz
3 bis 4 zerstoßene Eiswürfel
600 ml Krebsfond (siehe Seite 71)
Für die Einlage:
400 g Gemüse (zum Beispiel Lauch, Stangensellerie, Möhren und Spargelspitzen)
12 Krebsschwänze
8 bis 12 angeknackte Krebsscheren
nach Belieben 60 g Krebsbutter (siehe linke Seite)

Das Fischfilet parieren, waschen und durch die grobe Scheibe des Fleischwolfs drehen. Lauch und Sellerie putzen und fein würfeln, die Tomate waschen, halbieren, den Strunk herausschneiden und das Fruchtfleisch würfeln. Die Schalotten schälen und ebenfalls würfeln, die Knoblauchzehe halbieren. Die Eiweiße leicht anschlagen und mit allen vorbereiteten Zutaten, Gewürzen und den Eiswürfeln in einen Topf mit glattem Boden geben, gut vermischen. Den Krebsfond zugießen und unter ständigem Rühren mit den Zutaten vermengen. Bei starker Hitze aufkochen, dabei ständig mit einem Spatel am Topfboden rühren, damit das Eiweiß nicht ansetzt. Die Hitze reduzieren und etwa 75 Minuten leicht köcheln lassen, dabei gelegentlich umrühren. Den Fond durch ein mit einem Passiertuch ausgelegtes Sieb laufen lassen und abschmecken. Für die Einlage das Gemüse putzen und in etwa gleich große Stücke schneiden, jeweils separat in sprudelnd kochendem Salzwasser »al dente« kochen und sofort in Eiswasser abschrecken. Mit den Krebsschwänzen und -scheren in der Consommé erhitzen, in Teller anrichten und servieren. Wer statt der klaren Nage eine leicht gebundene Suppe bevorzugt, gibt vor dem Servieren die kalte, in Würfel geschnittene Krebsbutter zu und montiert die Suppe damit auf.

Seespinne tranchieren: Die gekochte Seespinne auf den Rücken legen. Den Hinterleib (Schwanzklappe) abheben und abnehmen. Mit einem Löffel den Panzer aufdrücken und die Karkasse aufklappen.

VORSPEISEN MIT KRUSTENTIEREN

Teils einfach, teils etwas komplizierter, in allen Fällen aber höchst delikat sind die folgenden Beispiele. Die Zutatenmengen sind für Vorspeisen ausgelegt, aber sie lassen sich durch Verdoppelung zu Hauptgerichten verwandeln.

SEESPINNE MIT GEMÜSE UND MUSCHELN

Seespinnen kommen bei uns selten auf den Markt. Sie haben eine sehr geringe Fleischausbeute, schmecken aber ganz vorzüglich. Ihre Karkasse taugt nicht nur gut für einen Fond, sondern ist auch ein außergewöhnliches Schaustück, wie dieses Rezept beweist.

4 Seespinnen (je 500 g)
1 Rezept Court-Bouillon (siehe Seite 87)
Für die Muscheln:
300 g Herzmuscheln
2 EL Olivenöl, 1 Zweig Thymian
1 gehackte Schalotte, 2 Spritzer Weißwein
Für die Sauce:
50 ml süßer Reisessig
3 EL Ketjap Manis (süße Sojasauce)
1 EL Sweet & Sour Sauce (süßsaure Chilisauce)
je 2 Messerspitzen gemahlener Koriander und Curry
1/2 TL frisch geriebener Ingwer
50 ml Sonnenblumenöl, 2 bis 3 Spritzer Sesamöl
Für das Gemüse:
je 1/2 rote, grüne und gelbe Paprikaschote
100 g Zuckerschoten, 8 Shiitake-Pilze, 16 Stockpilze
2 EL getrocknete Mu-Err-Pilze (eingeweicht)
1 Bund Frühlingszwiebeln
2 EL Sojasprossen, 2 EL Meeralgen
3 EL Sonnenblumenöl
1 EL feingeschnittenes Koriandergrün

Die Seespinnen unter fließendem kalten Wasser säubern. Die Court-Bouillon erhitzen und die Seespinnen in den kochenden Sud einlegen, einmal aufkochen lassen und in 18 bis 20 Minuten gar kochen. Herausheben und tranchieren, wie links beschrieben. Das Fleisch aus dem Brustpanzer, den Beinen und den Scheren auslösen. Die Muscheln gut waschen und die Bärte entfernen. Geöffnete Muscheln verwerfen. In einer Sauteuse das Olivenöl erhitzen, den Thymianzweig, die Schalotte und den Weißwein zugeben, die Muscheln einfüllen und sofort den Topf mit einem Deckel schließen. Durch den Dampf öffnen sich die Muscheln sehr schnell. Mit einer Schaumkelle herausheben und auf ein Sieb legen, aus den Schalen lösen, nicht geöffnete Exemplare verwerfen, sie könnten verdorben sein. Für die Sauce den Essig, die Soja- und die Chilisauce, Koriander, Curry und Ingwer vermischen, das Öl nach und nach unterrühren. Alles Gemüse putzen. Die Paprikaschoten schälen und von Samen und Scheidewänden befreien. Das Fruchtfleisch in Rauten schneiden, ebenso die Zuckerschoten. Die Shiitake-Pilze vierteln. Die Frühlingszwiebeln fein schneiden. Das Öl in einer Pfanne erhitzen. Zunächst alle Pilze und die Frühlingszwiebeln darin anbraten und an den Pfannenrand schieben. Alle anderen Gemüse mit den Sprossen und Algen in die Pfanne geben, unter Wenden garen. Anschließend den gesamten Pfanneninhalt vermischen und mit der Sauce ablöschen. Die Muscheln und das ausgelöste Seespinnenfleisch zugeben und kurz durchschwenken. Die Gemüsemischung in die Seespinnenkarkassen füllen, mit Koriandergrün garnieren und auf Teller anrichten.

RIESENGARNELEN IM SCHINKENMANTEL AUF CHILIBOHNEN

Für die Chilibohnen:

60 g Bauchspeck, 1 Schalotte, 1/2 Knoblauchzehe
2 EL Olivenöl, 1 Zweig Thymian, 1 Lorbeerblatt
1 EL Tomatenmark
150 g Chilibohnen, über Nacht eingeweicht
200 ml heller Geflügelfond, 100 ml Tomatensauce
je 1 rote, gelbe und grüne Spitzpaprika
Sambal Oelek, Salz, Zucker, Essig

Außerdem:

4 Garnelen (Größe 31–35)
4 Streifen Serrano-Schinken
8 kleine Maiskölbchen, 3 EL Olivenöl
1 EL feingeschnittene Petersilie
8 bis 12 Tortilla-Chips

Den Speck und die Schalotte würfeln, die Knoblauchzehe fein schneiden, in dem erhitzten Olivenöl anschwitzen. Den Thymianzweig, das Lorbeerblatt und das Tomatenmark einrühren und kurz durchrösten. Die abgetropften Bohnen zugeben, untermischen und den Geflügelfond sowie die Tomatensauce aufgießen. Den Topf schließen, in den auf 180 °C vorgeheizten Ofen schieben und in 1 1/2 Stunden garen. Bei Bedarf Flüssigkeit nachgießen. Die Paprikaschoten waschen, Samen und Scheidewände entfernen, das Fruchtfleisch in Würfel schneiden und 1/2 Stunde vor Ablauf der Garzeit zu den Bohnen geben. Mit den Gewürzen nach eigenem Belieben abschmecken. Von den Garnelen mit einer drehenden Bewegung den Schwanz ablösen, schälen (die Schale des letzten Segments und den Schwanzfächer nicht entfernen) und waschen. Mit den Schinkenstreifen umwickeln. Am vorderen Ende kurz einschneiden, damit sie sich beim Braten schön aufwellen. Die Maiskölbchen blanchieren und schräg aufschneiden. Das Öl in einer Pfanne erhitzen – nicht zu heiß – und die Garnelen langsam braten. Die Maiskölbchen zufügen und mitbraten, bis alles schön goldgelb ist. Die Petersilie einstreuen. Je 2 bis 3 Tortilla-Chips auf Teller anordnen. Die Bohnen darin anrichten und die Garnelen daraufsetzen. Mit dem Mais ausgarnieren.

SHRIMPS-HUMMER-MEDAILLONS IM SPECKMANTEL AUF ROTEN LINSEN

Für die roten Linsen:

100 g rote Linsen, 3 EL Olivenöl, 1 Schalotte
je 80 g Brunoise von Knollen- und Stangensellerie
300 ml klare Geflügelbrühe, 1 Zweig Thymian
Salz, frisch gemahlener weißer Pfeffer
1 Messerspitze Dijon-Senf

Für die Sauce hollandaise:

1/4 l trockener Weißwein
5 weiße Pfefferkörner
1 Lorbeerblatt, 1 Zweig Estragon
2 weiße Champignons, in Scheiben geschnitten
1 Schalotte, in Ringe geschnitten
1/8 l trockener Weißwein, 4 Eigelbe
125 g geklärte Butter

Außerdem:

4 Medaillons vom gekochten Hummer
4 Streifen Parmaschinken oder magerer Bauchspeck
150 g Kaltwasser-Shrimps, Schnittlauchspitzen

Die Linsen 2 Stunden kalt einweichen, abgießen und abtropfen lassen. Das Olivenöl in einem Topf erhitzen, die feingeschnittene Schalotte und die Selleriewürfel darin anschwitzen. Die abgetropften Linsen zugeben und die Brühe aufgießen, aufkochen lassen und den Thymianzweig einlegen. 15 bis 20 Minuten nur langsam kochen lassen, damit die Linsen nicht die Farbe verlieren. Mit Salz, Pfeffer und etwas Senf abschmecken. Für die Hollandaise in einem kleinen Topf die ersten 6 Zutaten zum Kochen bringen, auf 1/3 einkochen und auskühlen lassen, passieren. Den Weißwein und die Eigelbe zugeben und auf dem Wasserbad mit dem Schneebesen glänzend aufschlagen. Zuletzt die Butter löffelweise einrühren. Die Hummermedaillons mit dem Schinken umwickeln, 3 bis 5 Shrimps in den Speckmantel füllen, mit der Sauce hollandaise nappieren. In den auf 180 °C vorgeheizten Ofen schieben und bei starker Oberhitze ganz langsam gratinieren. Die Linsen auf Teller anrichten und darauf die Medaillons arrangieren. Mit Schnittlauchspitzen ausgarnieren.

GRATINIERTE SCAMPI IM RAND VON SCHWARZEN NUDELN

Die schwarzen Nudeln erhalten ihre Farbe und ihren »Meergeschmack« von der Sepiatinte. Geschmacklich harmonieren sie gut mit den Kaisergranaten (Scampi).

150 g schwarze Nudeln
12 Scampi mittlerer Größe
40 g Schalotten
1 Knoblauchzehe
80 g Zucchini
100 g Zuckerschoten
30 g Butter
12 Cocktailtomaten
Salz, frisch gemahlener weißer Pfeffer
1 TL gehackte Basilikumblätter
1/8 l Hummersauce (siehe Seite 73)
2 EL leicht angeschlagene Sahne

Die schwarzen Nudeln in Salzwasser »al dente« kochen und kurz mit kaltem Wasser abschrecken. Die Scampischwänze vom Kopfteil abdrehen, mit einem scharfen Messer längs halbieren und den Darm entfernen. Die Schalotten und die Knoblauchzehe sehr fein schneiden. Die Zucchini und Zuckerschoten waschen und in Rauten schneiden. Die Butter in einer entsprechend großen Pfanne erhitzen und die Scampischwänze darin in 1 bis 2 Minuten zuerst auf der Schnittseite anbraten, dann wenden und auf der Schalenseite weitere 1 bis 2 Minuten braten, herausnehmen und warm stellen. Im verbleibenden Fett Schalotten und Knoblauch hell anschwitzen, das Gemüse zugeben und ebenfalls anbraten. Zuletzt die halbierten Tomaten zufügen, kurz anbraten, die Nudeln zugeben, mit Salz, Pfeffer und Basilikum abschmecken und darin schwenken, bis sie heiß sind. Auf 4 Teller verteilen und die Scampischwänze darauf anrichten. Die etwas reduzierte Hummersauce mit der Sahne mischen und darübergießen.

NORDSEEKRABBEN MIT GURKEN AUF REISGALETTES

Eine eher nordische Geschmackskombination, diese einfache und zugleich raffinierte Würzung von Garnelen mit erntefrischem Dill und Crème fraîche.

140 g ausgepulte Nordseekrabben
Für die Reisgalettes:
20 g Butter
1 kleine Schalotte, in feine Würfel geschnitten
150 g Basmati-Reis
1/2 TL Curry
400 ml heller Geflügelfond
1 Eigelb, 1 EL Crème fraîche
Außerdem:
4 EL sehr feine Gurkenwürfelchen
6 EL Crème fraîche
1 EL feingeschnittener Dill, Dillspitzen

Für die Reisgalettes die Butter in einem Topf zergehen lassen, die Schalottenwürfel darin anschwitzen, den Reis und den Curry zugeben und unter Rühren glasig werden lassen. Nach und nach mit dem Geflügelfond aufgießen – immer nur so viel, daß der Reis gerade bedeckt ist –, einkochen lassen, dann erst nachgießen. Nach etwa 12 bis 15 Minuten ist der Reis gar und die Flüssigkeit vollständig aufgenommen. In den warmen Reis das Eigelb und die Crème fraîche einrühren und weiterrühren, bis das Eigelb bindet. Ein Blech mit Backpapier auslegen, Metallringe mit 5 bis 7 cm Durchmesser darauflegen und so viel Reis einfüllen und glattstreichen, daß etwa 3 bis 4 mm hohe Küchlein entstehen. Erkalten lassen. Die Reisgalettes auf Teller anrichten, die Gurkenwürfelchen daraufstreuen und die Nordseekrabben darüber verteilen. Die Crème fraîche mit dem feingeschnittenen Dill verrühren und über die Krabben verteilen. Mit einem zweiten Reisgalette bedecken und mit Dillspitzen garnieren.

GARNELEN MIT CURRYSAUCE AUF KLEBREIS

Angenehm scharf, erfrischend und zugleich vollmundig durch die Kokosmilch. Wer die Currygarnelen als Hauptgericht servieren will, verdoppelt die Zutaten.

200 g Garnelenschwänze (Größe 36–40)
50 g Zwiebeln
3 Knoblauchzehen
3 EL Erdnußöl
1 TL frisch geriebener Ingwer
je 1 Messerspitze Koriander- und Nelkenpulver
1/2 TL Kurkumapulver
1 EL Limettensaft
1/8 l Kokosnußmilch aus der Dose
1 kleine Chilischote
1/2 TL Salz
1 EL frische Korianderblätter

Die Garnelenschwänze ausbrechen und jeweils den Darm entfernen. Die Zwiebeln schälen und fein würfeln. Die Knoblauchzehen nur leicht andrücken, damit sie während des Garvorgangs das Aroma abgeben können, sie werden vor dem Servieren aus dem Gericht entfernt. Das Öl in einem Wok oder einer großen Pfanne erhitzen. Die Zwiebelwürfel und die Knoblauchzehen darin unter Rühren anschwitzen, den Ingwer zugeben und braten, bis die Zwiebeln etwas Farbe angenommen haben. Die Gewürze zugeben und mit dem Limettensaft und der Kokosnußmilch aufgießen. Etwa auf ein Drittel reduzieren, dann die Garnelenschwänze zugeben. Die Chilischote halbieren, von Samen und Scheidewänden befreien, das Fruchtfleisch sehr fein hacken und zu den Garnelen geben. Vorsichtig mit Salz abschmecken, da durch die Schärfe der Chillies nur wenig Salz nötig ist. Nach 3 bis 4 Minuten sind die Garnelen gar. Auf in Salzwasser gegartem Klebreis anrichten und mit Korianderblättern bestreuen.

MARINIERTE KALTWASSER-SHRIMPS AUF RÖSTI UND FENCHEL

Durch die delikate Marinade erhalten die Garnelen einen leicht säuerlichen Geschmack, der ausgezeichnet zu den Kartoffelröstis paßt.

150 g Kaltwasser-Shrimps
1 Fenchelknolle
Für die Marinade:
Saft von 3 Zitronen
3 EL Champagneressig
1 Spritzer Orangensaft
Salz, 50 ml Olivenöl
Außerdem:
2 Kartoffeln
Öl zum Ausbacken, Salz
8 TL Cocktailsauce
Dillspitzen

Die Shrimps waschen und gut abtropfen lassen. Die Fenchelknolle putzen und in feine Ringe schneiden. Für die Marinade den Zitronensaft mit dem Essig, dem Orangensaft und dem Salz gut verrühren, zuletzt das Olivenöl gleichmäßig untermischen. Die Fenchelringe und die Shrimps separat marinieren. Die Kartoffeln schälen und in ganz feine, lange Streifchen schneiden. In einer großen Pfanne das Öl nicht zu heiß werden lassen. Vier Häufchen Kartoffelstreifen einfüllen und zu ganz flachen Röstis von etwa 8 cm Durchmesser auseinanderziehen. Schön knusprig braten und auf Teller anrichten. Mit dem marinierten Fenchel belegen, die Shrimps daraufgeben und mit Cocktailsauce nappieren. Mit Dillspitzen ausgarnieren.

KOCHEN UND DÄMPFEN

Garmethoden, die Krustentieren generell gut bekommen, besonders aber den »Gepanzerten« wie Hummer, Languste, Flußkrebs und Krabbe.

»Homard nature«, sozusagen ein Hummer ohne alles, nur auf den Punkt gekocht, ist wohl der Inbegriff des feinen Krustentiers überhaupt und galt – bis auf wenige Ausnahmen – immer schon als elitäres Essen. Dennoch war man ständig bemüht, ihn mit Saucen und Garnituren zu verfeinern. Zumindest in Europa wurde er auf diese Weise zum Symbol für »fein und teuer«. Ganz anders in den USA und Kanada, wo der Hummer, wenn auch in der Zwischenzeit nicht mehr ganz so günstig, immer noch als Volksnahrungsmittel gilt und völlig unkonventionell auf Papptellern mit Mayo und Pommes in den Hafenrestaurants der Ostküste konsumiert wird.
Auch gekochte Flußkrebse waren einstmals billig, ein echtes »Arme-Leute-Essen« in den Binnenländern Europas. Wenn sie auch inzwischen aufgrund von Überfischung und Krebspest selten und teuer geworden sind, in Skandinavien hat sich die Tradition der hochsommerlichen Krebsessen gehalten, doch kommen statt des europäischen Edel-

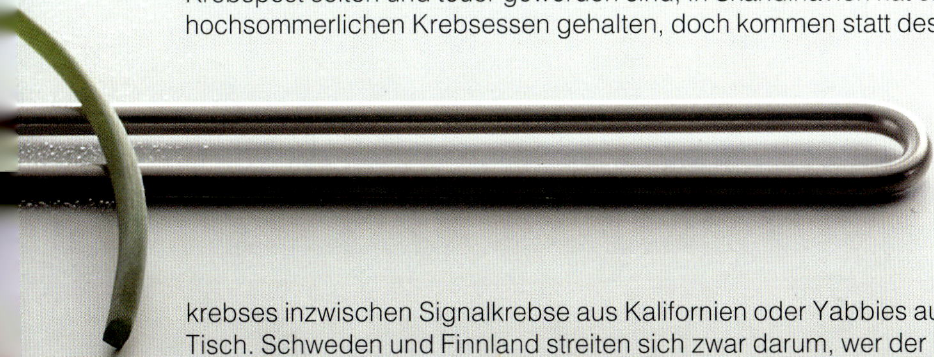

krebses inzwischen Signalkrebse aus Kalifornien oder Yabbies aus Australien auf den Tisch. Schweden und Finnland streiten sich zwar darum, wer der Urheber dieser vergnüglichen Mahlzeiten ist, doch die Prozedur ist dieselbe. Gut gesalzenes Wasser wird mit reichlich frischem Dill – vor allem Dillkronen gehören dazu – gewürzt, und dann wird ein Krebs nach dem anderen in den sprudelnd kochenden Sud geworfen und je nach Größe 6 bis 8 Minuten gekocht. Nur geröstetes Weißbrot gibt es dazu und – da sind sich Finnen und Schweden wieder einig – begonnen wird die Mahlzeit mit einem Glas Wodka, gefolgt von einem kräftigen Schluck Bier nach jedem Krebs. Daß mit diesem Zeremoniell das an sich mühsame Ausbrechen der Tiere leichter von der Hand geht und dabei die Stimmung steigt, ist verständlich.

KRUSTENTIERE KOCHEN

Kochen ist in der Krustentierküche die wichtigste aller Garmethoden.

Die wichtigste deshalb, weil gekochte Garnelen und Langusten, Hummer oder Krebse an sich schon ein komplettes und delikates Essen darstellen, aber auch häufig zu unzähligen Gerichten weiterverarbeitet werden. Wer die Tiere nicht selbst kochen möchte – was ja meist auch das Töten beinhaltet –, dem bietet der Markt vorgekochte Krustentiere aller Art: von der Garnele bis hin zum Bärenkrebs, und dies teilweise in bester Qualität, weil die Tiere sofort nach dem Fang oder der Anlandung, also topfrisch, verarbeitet werden. Wenn dann noch die Kühlkette bis zum Verbraucher stimmt, hat man ein gutes Produkt auf dem Tisch, ohne sich mit den Problemen beschäftigen zu müssen, die das Kochen von lebenden oder bereits toten Tieren mit sich bringt. Für eine ganze Reihe anderer Zubereitungsarten, wie etwa das Braten oder Grillen, müssen die Krustentiere zuerst getötet werden. Dies geschieht in den meisten Ländern bei Hummer und Langusten mit einem gezielten Stich in den Kopf. Bei uns ist dies nicht erlaubt, sondern es wird das Töten in kochendem Wasser vorgeschrieben. Es ist müßig, darüber zu diskutieren, welche Methode die humanere und daher bessere ist, jedenfalls müssen auch bei Rezepturen, die rohe Krustentiere vorsehen, diese erst in kochendem Wasser getötet werden. Damit dies so schnell wie möglich geschieht, muß das Wasser unbedingt sprudelnd kochen und der Topf sofort nach dem Einlegen des Tieres – mit dem Kopf voran – mit dem Deckel geschlossen werden. Sollen mehrere Krustentiere getötet beziehungsweise gekocht werden, muß man nach dem Einlegen des ersten Tieres warten, bis das Wasser erneut sprudelnd kocht, erst dann wird das nächste Tier hineingegeben. So lauten bislang die Empfehlungen zum Töten von Hummer, Langusten und Krebsen. Daß es dazu auch konträre Meinungen gibt, zeigt eine inzwischen vom AID publizierte Methode, die das Einlegen mit den Beinen nach oben und mit schräg abwärts gerichtetem Schwanz voran in das kochende Wasser propagiert, wodurch die in den Kiemenhöhlen

Nur frische Zutaten sind für die Court-Bouillon gerade gut genug, denn davon hängt letztlich die Qualität der gekochten Krustentiere ab. Dasselbe gilt auch für den Wein. Er soll mindestens so gut sein wie der, der schließlich auf den Tisch kommt.

befindliche Luft beim Hineingleiten ins Wasser entweichen kann und die Kiemen sofort von kochendem Wasser umspült werden, was zu einem schnelleren Tod führt. Diese Gründe klingen einleuchtend, doch es gibt offensichtlich noch keinen Beweis dafür, welches nun die schonendere Methode ist.

Meerwasser, der beste Sud

Dies ist leider nur Theorie, denn wer kann heute schon sauberes Wasser aus den Meeren schöpfen, abgesehen von einigen glücklichen Schiffsköchen. Aber tatsächlich wäre Meerwasser in seiner Zusammensetzung der ideale Sud für Krustentiere. So bekommt man den einfachsten Sud, indem man Meerwasser »imitiert« (etwa 2 EL Meersalz pro Liter Wasser) und dieses zusätzlich mit Kümmel oder Dill und einigen Pfefferkörnern würzt. Wer seinen Hummer, die Krebse oder die Languste pur genießen will, der darf natürlich auch am Sud nicht sparen. Und es gibt Gourmets, die auf einen »fumet de poisson«, also einen Fischfond, schwören, in welchem sie die Krustentiere zuerst kochen und dann sanft garziehen lassen.

COURT-BOUILLON

Würze gibt beim Kochen auch die klassische Court-Bouillon, die in ihrer einfachen Zusammensetzung aus Wurzelgemüse, Salz und etwas Essig als Säure bestehen kann. Sie kann aber auch opulenter sein, wie hier Eckart Witzigmann vorschlägt.

4 l Wasser, 4,5 g Meersalz
200 g Möhren, in Scheiben geschnitten
150 g Lauch, in Ringe geschnitten
200 g Stangensellerie, in Scheiben geschnitten, die Sellerieblätter grob gezupft
je 2 mittelgroße rote und weiße Zwiebeln, in Ringe geschnitten
1 leicht angedrückte Knoblauchzehe
2 Flaschen trockener Weißwein
2 bis 3 Zweige Thymian
2 Lorbeerblätter, 2 Limettenblätter
1 Zitrone, geschält und in Scheiben geschnitten
1 Bund Petersilienstiele (ohne Blätter)

Das Wasser salzen und das gesamte Gemüse darin etwa 20 Minuten langsam kochen, damit es entsprechend viel Geschmack an das Wasser abgibt. Dann erst den Wein und die Gewürze zugeben und weitere 15 Minuten leise köcheln. Die Garzeiten, in welchem Sud auch immer, sollten stets so kalkuliert sein, daß das Krustentier vollständig durchgegart ist. Glasiges Hummerfleisch ist in der heutigen Gourmet-Küche nicht nur unpopulär, sondern es entwickelt auch nicht so viel Geschmack wie das durchgegarte Fleisch; darüber hinaus gilt es als bakteriologisch bedenklich. Nachdem das Krustentier in der sprudelnd kochenden Flüssigkeit getötet wurde, sollte man die Temperatur herunterschalten und es nur ganz leicht köchelnd garziehen lassen.

Die Garzeiten:

Für Hummer errechnet sie sich aus deren Gewicht. Nach dem Töten in kochendem Wasser die Hitze reduzieren: 12 Minuten Garzeit für die ersten 500 g, 10 Minuten für die zweiten 500 g, für alle weiteren 500 g Gewicht 5 Minuten. Ein 1 1/2 kg schwerer Hummer gart demnach in 27 Minuten.

Für Langusten gilt dasselbe wie für Hummer. Nach dem Töten die Hitze reduzieren: 12 Minuten Garzeit für die ersten 500 g, 10 Minuten für die zweiten 500 g, für alle weiteren 500 g muß die Languste noch je 5 Minuten garen. Eine 1 kg schwere Languste gart demnach in 22 Minuten.

Für Garnelen – kleine, frische Sägegarnelen – werden etwa 4 Minuten Garzeit gerechnet, ausgehend vom Zeitpunkt des erneuten Kochbeginns. Für große Geißelgarnelen mit 50 g Gewicht ist eine Garzeit von 6 Minuten nötig.

Für Flußkrebse (Edel-, Sumpf- und Signalkrebse) mit einem Gewicht von 70 g gelten etwa 6 Minuten Garzeit. Yabbies von 120 g benötigen etwa 10 bis 12 Minuten und große Marrons von 200 g etwa 18 bis 20 Minuten.

GEKOCHTER HUMMER

Es ist leichter, einen Hummer zu kochen, als an sein Fleisch heranzukommen. Doch gewußt wie – und mit den entsprechenden Werkzeugen – ist auch das Zerlegen kein Problem. In einem großen, hohen Topf, in dem der Hummer mit Flüssigkeit vollständig bedeckt sein wird, die Court-Bouillon zum Kochen bringen. Erst wenn sie sprudelnd kocht, den Hummer mit dem Kopf voran hinein geben und sofort mit dem Deckel verschließen. Die Hitze tötet sofort. Für die Berechnung der Garzeit orientiert man sich am Gewicht des Hummers. Üblich ist, daß ein Hummer bei reduzierter Hitze 12 Minuten für die ersten 500 g gart, 10 Minuten für die weiteren 500 g und 5 Minuten für alle weiteren 500 g, die er wiegt. Ein Hummer von 1 kg Gewicht braucht demzufolge 22 Minuten Garzeit. Wer den Hummer in seiner Garflüssigkeit abkühlen läßt, muß von der Garzeit 15 Prozent abziehen, da er in der heißen Flüssigkeit noch nachgart. Dies gilt übrigens auch für Langusten. Einen Hummer kann man auf verschiedene Arten zerteilen. In der nebenstehenden Bildfolge wird gezeigt, wie der gekochte Hummer der Länge nach geteilt und dann ausgelöst wird. Man kann jedoch den Schwanz auch quer zu Medaillons schneiden. In Amerika ist es üblich, den Hummer in Scheren, Schwanz und Beine zu zerlegen und den Körper als Ganzes aufzubrechen.

Gekochten Hummer tranchieren:

Den gekochten Hummer am Brustpanzer festhalten und die Scheren nacheinander mit drehenden Bewegungen vom Rumpf trennen.

Mit einem großen Messer in die Vertiefung zwischen Kopf und Rumpf stechen und den Hummer entlang der Mittelnaht durchtrennen.

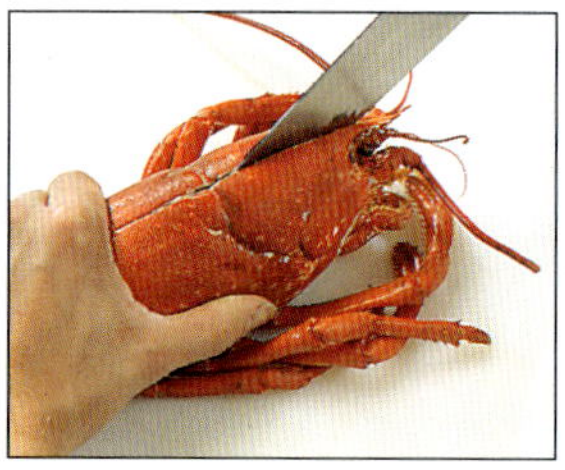

Den Kopf mit einem klaren Schnitt durchtrennen. Dafür den Hummer in die andere Richtung drehen und fest auf die Arbeitsfläche drücken.

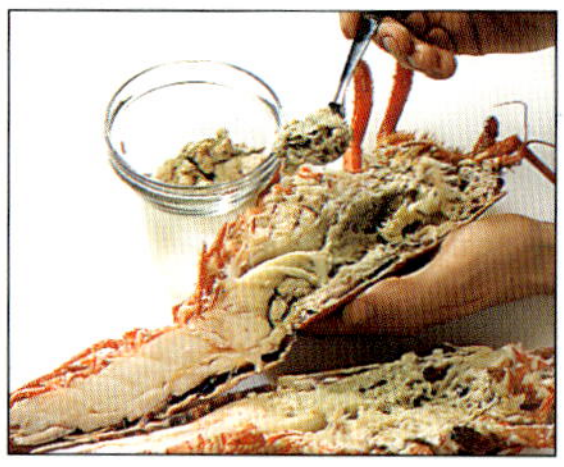

Mit einem Löffel die grünliche Leber aus dem Panzer herausnehmen und beiseite stellen. Anschließend die Antennen entfernen.

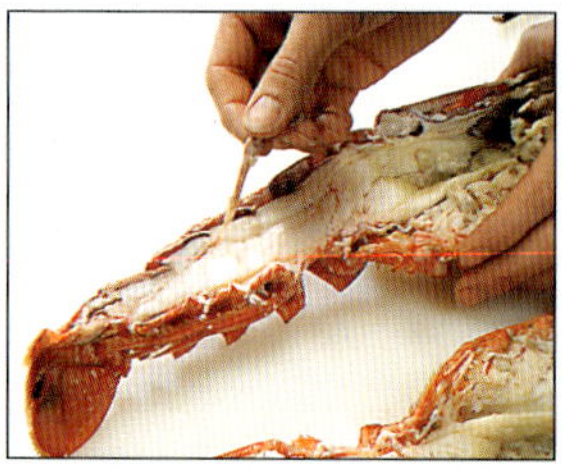

Mit den Fingern den Darm vorsichtig aus dem nun offenliegenden Kanal entfernen. Die dünnen Beine vom Körper abdrehen.

Die Beine mit dem Messerrücken ganz leicht anschlagen und mit einer Hummergabel das zarte Fleisch herausziehen.

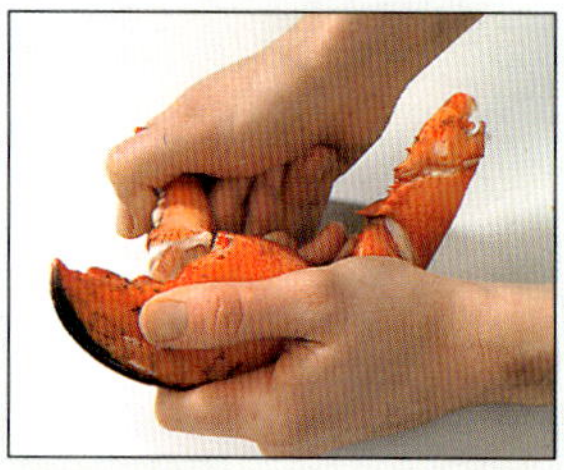

Die Schere an der gebogenen Seite anfassen und die kleinen beweglichen Scherenfinger mit kräftigem Zug nach oben wegbiegen.

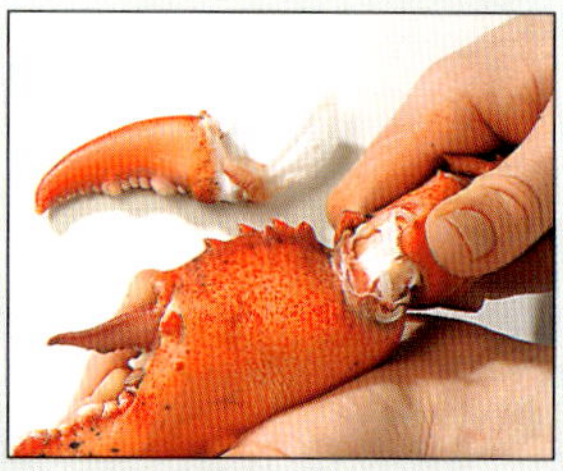

Die Schere vom unteren Glied trennen. Dafür das Glied dort, wo es angewachsen ist, durch eine drehende Bewegung befreien.

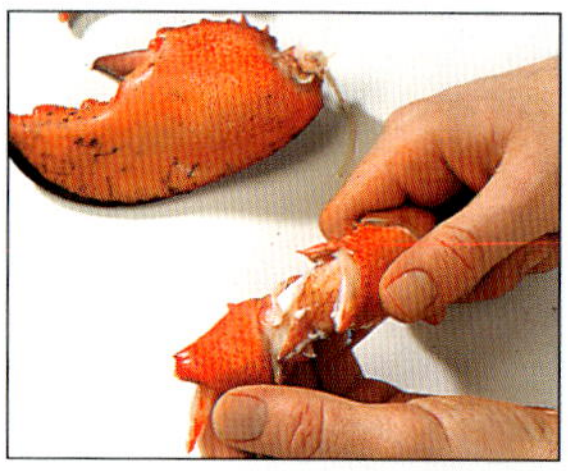

Das Gelenk in die Hand nehmen und aus dem weichen Panzer locker auseinanderziehen. Darunter steckt gutes Fleisch.

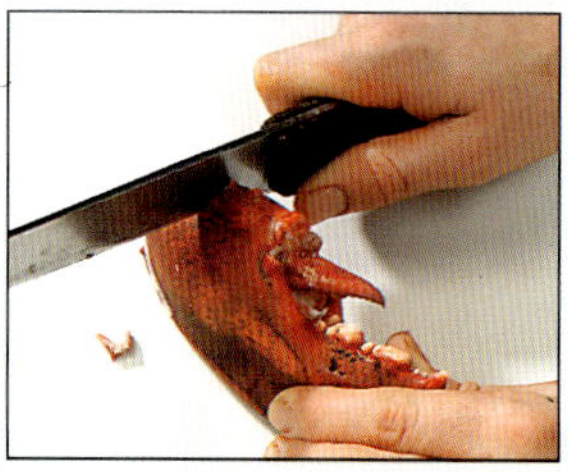

Das große Scherenstück hochkant legen, mit dem Messer so auf das dicke Ende schlagen, daß es einen Sprung bekommt.

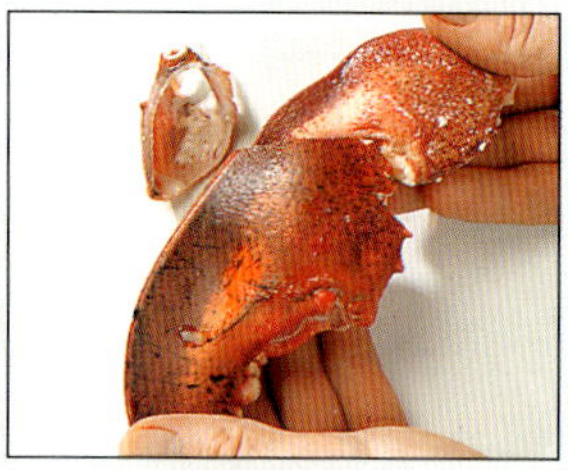

Das angeschlagene Panzerstück wegbrechen. Das Scherenfleisch vorsichtig herausziehen, dabei etwas hin und her bewegen.

Die Schalen der Hummerschere – der große und der kleine Teil und das Gelenk – zeigen, wie die Schere zusammengesetzt war.

GEKOCHTE KREBSE

Flußkrebse benötigen, ebenso wie Hummer und Langusten, einen genügend großen Topf, damit sie beim Kochen vollkommen mit Flüssigkeit bedeckt sind. Ob es ein würziger Fischfond, eine Court-Bouillon oder frisches Meerwasser ist, man sollte immer sicher gehen, daß die Tiere in sprudelnd kochende Flüssigkeit kommen, damit sie sofort getötet werden. Die Garzeiten hängen davon ab, wie man die Krebse weiterverwenden möchte. Sollen sie weiterverarbeitet werden, beträgt die Garzeit 3 bis 4 Minuten. Zum Sofortessen ist eine Garzeit von 4 bis 6 Minuten nötig, wobei jede Portion in ihrer Kochflüssigkeit auskühlen sollte. Wie Flußkrebse ausgelöst werden, zeigt die nebenstehende Bildfolge. Große Krebse, wie etwa der Marron, werden wie Hummer zerlegt. Daß alle Krebse während des Kochens »krebsrot« werden, hängt damit zusammen, daß nur die rote Farbkomponente in ihrem Panzer hitzebeständig ist und somit erhalten bleibt.

Ein Krebsessen, wie es in Skandinavien eine lange Tradition hat, ist heute mit unseren heimischen Edelkrebsen nur selten möglich, weil sie rar und entsprechend teuer sind. Da muß man schon auf Signalkrebse (wie auf dem Bild) oder die australischen Yabbies ausweichen, die aber fast ebensogut schmecken.

Gekochte Krebse ausbrechen:

Den Krebsschwanz mit einer drehenden Bewegung vom Körper abziehen, dabei soll das Schwanzfleisch unversehrt bleiben.

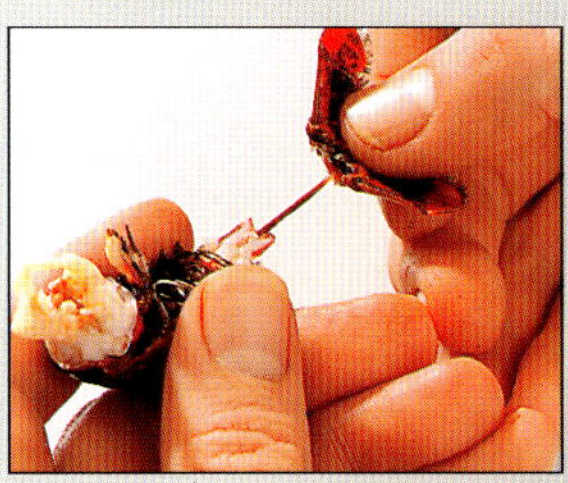

Den Schwanzfächer mit Daumen und Zeigefinger greifen, vom Körper drehen und den anhängenden Darm vorsichtig herausziehen.

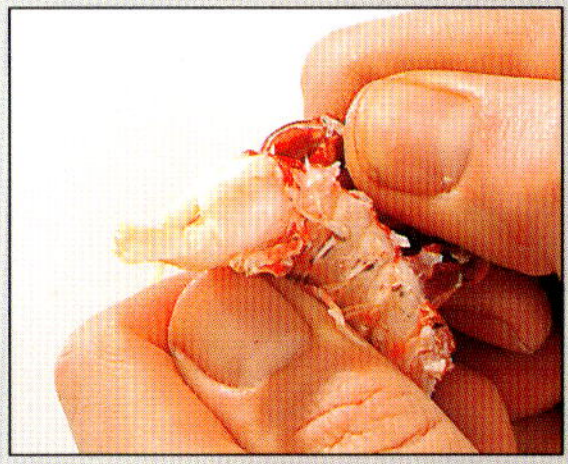

Den Panzer mit Daumen und Zeigefinger so aufbiegen, daß die dünnere Unterseite zerreißt und das Schwanzfleisch herausfällt.

Den Brustpanzer fassen und das gesamte Unterteil mit den Kiemen und Innereien abheben, so daß Schild (Nase) und Scheren noch zusammenhängen.

Den Brustpanzer fassen, mit Daumen und Zeigefinger die Scheren fassen und mit einer leicht drehenden Bewegung vom Schild trennen.

Der zerteilte Krebs: Nur das vorn liegende Krebsfleisch und das der Scheren wird verwendet. Der Panzer dient als Garnitur, die Karkasse als Grundlage für Fonds.

Das richtige Gerät gehört zum Tranchieren großer Krustentiere, zumindest ist es sehr hilfreich. Ein schweres Messer zum Durchschneiden des Panzers und zum Knacken der Scheren. Eine Hummerzange zum Aufbrechen der Gelenke bei Scheren und Füßen und eine Hummergabel (auf Seite 90/91), um das Fleisch aus den Beinen zu holen.

Ein Krebsbesteck kann beim Essen der kleinen Krustentiere recht hilfreich sein. Mit Hilfe des Lochs in der Klinge des Messers lassen sich die Spitzen der Krebsscheren mühelos abbrechen und so das Fleisch leichter herausheben.

Gekochte Languste tranchieren:

Fachgerecht zeigt es Maître Gesumino Pireddu vom Restaurant Aubergine in München. Zwischen Kopf und Schwanz bis unten einstechen.

Die Languste zum Schwanz hin der Länge nach halbieren, dabei mit dem Messer mehr drücken als ziehen.

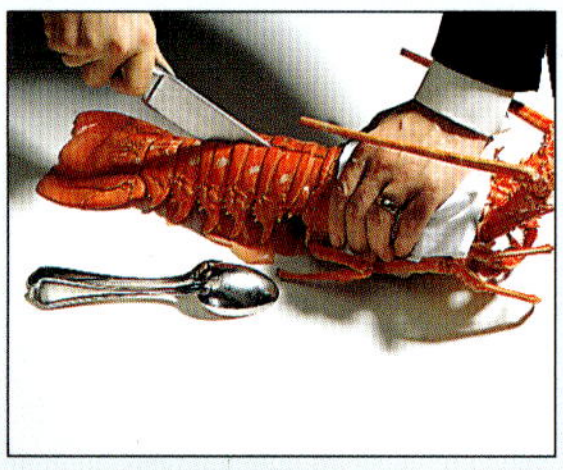

Auch den Schwanz durchschneiden, so daß der gesamte hintere Teil der Languste durchgetrennt wird.

Die Languste um 180 Grad drehen. Erneut senkrecht bis unten in die Panzermitte einstechen.

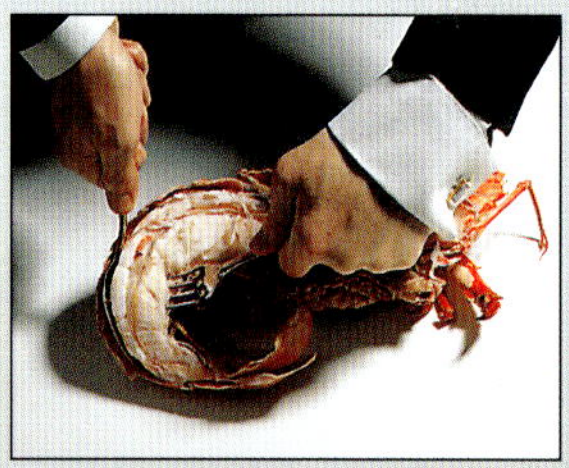

Zum Kopf hin der Länge nach halbieren – zwischen den Augen und den Stirnhörnern durchschneiden.

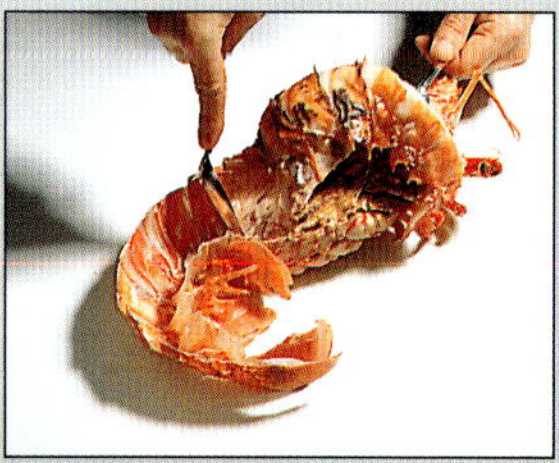

Die beiden Langustenhälften sind tranchiert. Jetzt kann das Fleisch ausgelöst werden.

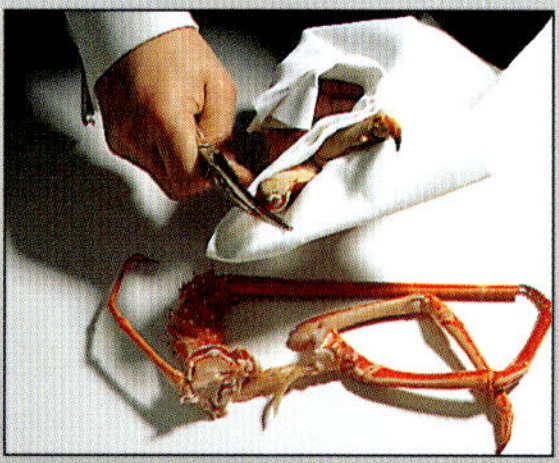

Die Antennen abtrennen: Zwischen Antennengrundglied und Rückenpanzer einen Schnitt anbringen und sie abbrechen.

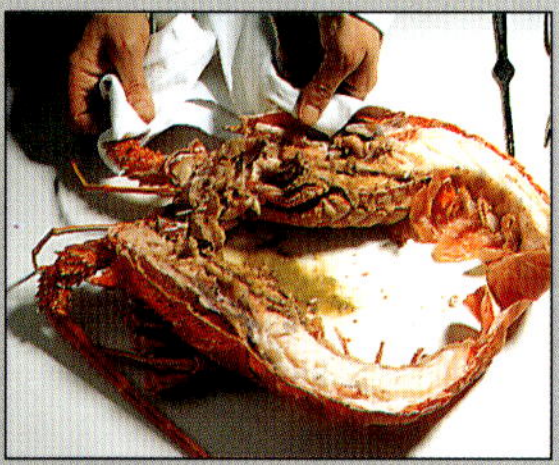

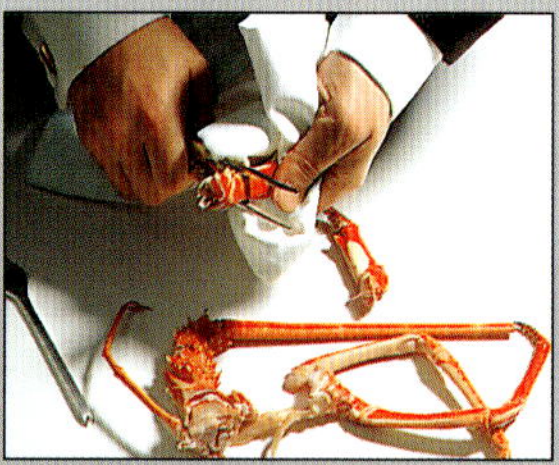

Die Beine, auch die mit den Scheinscheren, fassen und mit einer drehenden Bewegung herausziehen.

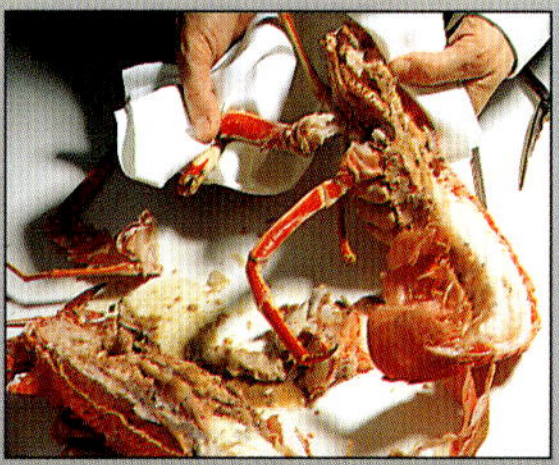

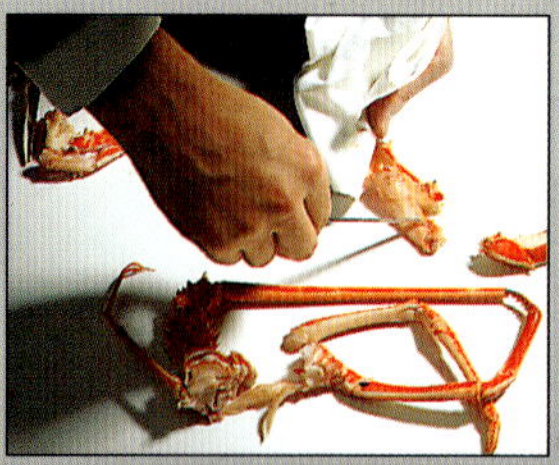

GEKOCHTE LANGUSTE MIT FEINEN SAUCEN

Wie der gekochte Hummer, so ist auch die gekochte Languste ein eigenständiges, fertig konsumierbares Gericht. Ebenso ist sie Zutat für eine Unmenge weiterer Gerichte – ob warm oder kalt.

Wird eine größere gekochte Languste (meist für 2 Portionen) vom Oberkellner tranchiert und vorgelegt, dann läuft es in etwa nach dem Muster der nebenstehenden Bildfolge ab. Bei Portionslangusten von etwa 500 bis 600 g ist oft der Gast gefordert, das Tier selbst zu tranchieren und auszulösen. Die Prozedur ist die gleiche, nur hat man die Freiheit, auch Hände und Zähne zu gebrauchen, wenn es darum geht, das feine Fleisch aus den Beinen zu holen. Welche Sauce zur Languste

Einen Löffel zwischen Karkasse und Schwanzfleisch führen, das Fleisch mit einer Gabel lösen.

Das Schwanzfleisch zur Mitte der Karkasse hin auslösen und von der Karkasse abheben.

Um die Beine auslösen zu können, müssen zunächst die vorderen Gelenke abgedreht werden.

Die Schalen mit der Hummerzange aufbrechen, gegebenenfalls ein Stück mit dem Messer aufschneiden.

Mit der Hummergabel in die Schale hineinfahren und das Fleisch herausziehen.

serviert wird, bleibt jedem selbst überlassen. Das kann eine kräftige Rouille oder Aïoli sein, aber auch eine ganz zarte »Beurre blanc«.

1 Languste (etwa 1,5 kg)
1 Rezept Court-Bouillon (siehe Seite 87)
Für die Buttersauce:
2 EL feingehackte Schalotten
120 ml Weißweinessig, 300 ml trockener Weißwein
1/3 TL Salz, frisch gemahlener weißer Pfeffer
100 g sehr kalte Butter

Die Languste unter fließendem kalten Wasser säubern, wenn nötig mit einer Bürste schrubben. Die Court-Bouillon zum Kochen bringen. Die Languste in den sprudelnd kochenden Sud legen, 2 Minuten kochen, die Hitze reduzieren und in 30 Minuten garziehen lassen. Herausheben und, wie links gezeigt, tranchieren und auslösen. Für die Buttersauce die Schalotten mit dem Essig und der Hälfte des Weins in einen Topf geben, salzen und pfeffern. Die Flüssigkeit sirupartig einkochen lassen. Den restichen Wein zugießen, erneut zum Kochen bringen und die Butter in kleinen Stücken nach und nach kräftig hineinschlagen, die Sauce soll dickcremig sein. Bevor das letzte Stück Butter in der Sauce geschmolzen ist, den Topf beiseite ziehen und die Sauce neben dem Herd weiterschlagen.

▲◀ **Das Auslösen von Hummerfleisch** ist eine leichte Aufgabe, sofern das richtige Besteck benutzt wird. Dabei leistet die Gabel die gröbere, die schmale, kurzzackige Hummergabel die feinere Arbeit.

LANGUSTE MIT WEISSKOHL UND EIGENER SAUCE

Die Langustensauce kann man aus den Karkassen nach dem Rezept der Hummersauce auf Seite 73 zubereiten oder bereits fertige Langusten- oder Hummersauce verwenden.

2 gekochte Langustenschwänze von je 400 g oder entsprechend mehr Langustenschwänze geringeren Gewichts
Für das Gemüse:
50 g durchwachsener Räucherspeck
1 EL Öl, 2 EL feingehackte Schalotten
400 g Weißkohl (die inneren Blätter)
1/2 TL Salz, frisch gemahlener weißer Pfeffer
1/2 TL gehackter Kümmel
1 EL gehackte Petersilie, 3 bis 4 EL Sahne
Für die Sauce:
1/4 l Langusten- oder Hummersauce
4 EL geschlagene Sahne

Die Langustenschwänze aufbrechen, das Fleisch sorgfältig herauslösen, wie in der nebenstehenden Bildfolge an einem Hummerschwanz demonstriert. Den Darm am Schwanzende lösen und von der anderen Seite herausziehen. Die Schwänze in gleichmäßig starke Scheiben schneiden und, wenn nötig, über Dampf nochmals erhitzen. Für das Gemüse den Räucherspeck ganz fein würfeln, mit dem Öl in einer Pfanne anlaufen lassen und die Schalottenwürfel darin anschwitzen. Die Weißkohlblätter in Stücke schneiden – die starken Rippen entfernen – und in die Pfanne geben. Mit Salz und den Gewürzen abschmecken. Bei schwacher Hitze weich schmoren und zum Schluß die Petersilie und die Sahne unterrühren. Die Sauce erhitzen, etwa um 1/4 reduzieren und vor dem Servieren die Schlagsahne unterrühren. Den Kohl auf 4 Teller verteilen, die Langustenscheiben anrichten und mit der Sauce übergießen.

Einen gekochten Hummer- oder Langustenschwanz ganz auslösen: Das Tier am Brustpanzer packen und den Schwanz drehend herausziehen. Den Panzer durch Drücken anknacken, von der Unterseite her aufbrechen und das Fleisch auslösen.

Der derbe Weißkohl erweist sich bei diesem Rezept als idealer Begleiter zur feinen Languste, geschmacklich zusammengehalten durch die kräftige Langustensauce.

Garnelenwurst zubereiten: Die vorbereiteten Garnelenschwänze in Stücke schneiden und in 2 bis 3 Portionen in der Küchenmaschine zerkleinern. Dabei die Eiweiße nach und nach zugeben.

GARNELENWÜRSTCHEN MIT HUMMEREINLAGE

Wenn Krustentiere in solch ungewöhnlicher Form serviert werden, wie hier die Garnelenwürstchen mit Hummereinlage, wird auch ein kulinarisches Erlebnis erwartet – und in diesem Fall garantiert. Die Farce kann man natürlich auch aus dem rohen Fleisch anderer Krustentiere zubereiten, sie ist mit Garnelen aber etwas preiswerter und harmoniert mit der Einlage aus gekochtem Hummer aufs beste.

Die Garnelenfarce durch ein möglichst feinmaschiges Sieb streichen. Gut durchkühlen lassen, salzen und pfeffern.

Die Farce in einer Schüssel noch einmal glattrühren und die Crème fraîche nach und nach löffelweise unterrühren.

Die vorbereiteten Einlagen (Hummerstücke, Pistazien und Trüffel) zur Farce geben und vorsichtig untermischen.

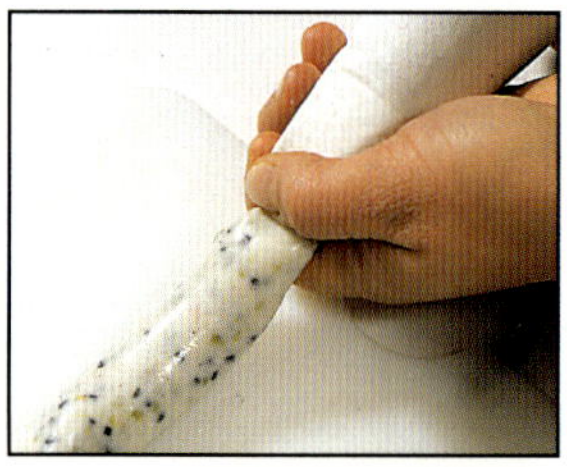

Die Farce mit einem Spritzbeutel ohne Tülle in den gewässerten Darm füllen. Mit der Hand von außen verteilen.

Mit einem Baumwollfaden (Wurstgarn) den gefüllten Darm alle 6 bis 7 cm abbinden und gut verknoten.

Die Würste in Salzwasser oder Fischfond knapp unter dem Siedepunkt in 4 bis 6 Minuten garziehen lassen.

Dieses außergewöhnliche Rezept ist einen Versuch wert. Die Zutaten ergeben etwa 12 Würstchen.

Für die Garnelenwürstchen:
600 g Garnelenschwänze (ergeben 400 g ohne Schale und Darm)
200 g gekochtes Hummerfleisch
3 Eiweiße, 1/2 TL Salz
frisch gemahlener weißer Pfeffer, 80 g Crème fraîche
50 g geschälte und gehackte Pistazien
30 g feingewürfelte schwarze Trüffel
etwa 1 m Naturdarm, Salzwasser oder Fischfond
Für die Beilage:
3 EL Olivenöl, 120 g Glasschmalz (Salzkraut)
100 g gewürfelte Tomaten
Salz, frisch gemahlener weißer Pfeffer
1/4 TL Thymian
1/4 l Hummersauce (siehe Seite 73)

Die Garnelenschwänze auftauen, trockentupfen, die Schalen und den Darm entfernen, wie auf Seite 64/65 beschrieben. Das Hummerfleisch fein würfeln, einige Scherenstücke für die Garnitur beiseite legen. Die Wurstmasse zubereiten, wie in der Bildfolge links beschrieben, in den gut gewässerten Naturdarm füllen und garen. Zur Sicherheit an einer Wurst prüfen, ob sie auch wirklich gar ist. Für die Beilage das Öl in einer großen Pfanne erhitzen und das Glasschmalz darin 2 bis 3 Minuten dünsten. Die Tomatenwürfel zugeben, würzen und zusammen mit den Würsten auf Teller anrichten. Mit der heißen Hummersauce übergießen und mit dem erwärmten Hummerfleisch garnieren.

GARNELEN AUF STEINBUTTFILET, MIT SAUCE AU VIN BLANC GRATINIERT

Fische und Krustentiere ergänzen sich geschmacklich aufs beste und ganz besonders, wenn sie von einer zarten Sauce, in diesem Fall einer »Sauce au vin blanc«, zusammengehalten werden.

4 Steinbuttfilets (je 80 g), 1/2 l Fischfond (siehe Seite 70)
20 g Butter, Salz, frisch gemahlener weißer Pfeffer
200 g Kaltwasser-Garnelen, 80 g Möhrenjulienne

Für die Sauce:
20 g Butter, 40 g kleingeschnittene Schalotten
100 ml trockener Weißwein, 400 ml Fischfond
150 g Crème double
Salz, frisch gemahlener weißer Pfeffer
2 EL geschlagene Sahne, Kerbel zum Garnieren

Die Steinbuttfilets im heißen Fischfond so lange ziehen lassen, bis sie die Farbe gewechselt haben und fest geworden sind. Dies dauert höchstens 2 Minuten. 4 Teller mit Butter bestreichen und mit etwas Salz und Pfeffer bestreuen. Die Filets darauflegen, die Garnelen und die Möhrenjulienne darüberstreuen. Für die Sauce die Butter erhitzen, die Schalotten darin hell angehen lassen und mit dem Weißwein ablöschen. So weit reduzieren, daß die Schalotten gerade noch gut feucht sind. Den Fischfond angießen und das Ganze auf etwa ein Drittel einkochen lassen. Die Crème double unterrühren und nochmals etwa 5 Minuten leicht köcheln lassen. Salzen, pfeffern, durch ein Spitzsieb passieren und zuletzt die Schlagsahne unterrühren. Die Sauce auf die vorbereiteten Teller verteilen und sofort unter dem Grill oder Salamander goldgelb gratinieren und mit Kerbelblättchen garnieren. Mit gekochtem Reis oder nur mit etwas frischem Weißbrot sowie trockenem Weißwein servieren.

Der Reiz dieses Gerichts liegt in der Kombination: Durch das Gratinieren bekommt es eine leichte Kruste, das Filet und die Garnelen darunter bleiben saftig und weich.

SHRIMPS CREOLE

Diese »Garnelen in scharfer Tomatensauce« gehören in den Südstaaten der USA, speziell in Louisiana, zum Küchenalltag, und die Zubereitung wird somit auch entsprechend häufig variiert. Doch wenn ein Rezept das Wort »creole« im Namen führt, darf man zumindest davon ausgehen, daß neben Tomaten auch Paprikaschoten und reichlich Chillies enthalten sind. Die Schärfe dieser Schoten beeinträchtigt das feine Aroma der Shrimps aber in keiner Weise.

750 g Garnelenschwänze (Größe 41-50)
400 g vollreife Tomaten
2 Knoblauchzehen, 120 g Zwiebeln
50 g Stangensellerie
250 g grüne und gelbe Paprikaschoten
4 EL Öl
je 1/2 TL Salz und Zucker
1 Lorbeerblatt
1 Zweig Thymian
2 EL gehackte Sellerieblätter
2 bis 4 kleine scharfe Chillies

Die Garnelenschwänze von der Schale befreien, an der Rückseite aufschneiden und den Darm entfernen. Die Tomaten kurz mit kochendem Wasser überbrühen, abschrecken und die Haut abziehen. Über einem Sieb halbieren, die Samen mit dem Löffel herausholen und den Saft auffangen. Das Fruchtfleisch in Würfel schneiden. Die Knoblauchzehen und die Zwiebeln schälen und fein schneiden. Den Stangensellerie würfeln, die Paprikaschoten halbieren, Samen und Scheidewände entfernen und das Fruchtfleisch würfeln. Das Öl in einem entsprechend großen Topf erhitzen, Knoblauch- und Zwiebelwürfel darin hell anschwitzen, Tomaten, Sellerie und Paprika zugeben und ebenfalls angehen lassen. Mit Salz, Zucker, Lorbeer, Thymian und Sellerieblättern würzen und etwa 15 bis 20 Minuten leise köcheln lassen. In der Zwischenzeit die Chillies halbieren, Samen und Scheidewände entfernen und das Fruchtfleisch fein hacken. Die Sauce nach und nach mit den Chillies würzen, immer wieder probieren, damit sie nicht zu scharf wird, denn die Schärfe von Chillies kann sehr variieren. Die Garnelen zugeben, gut unterrühren und das Gericht noch 4 bis 5 Minuten köcheln lassen. Dazu wird traditionell Reis gereicht, aber auch Nudeln jeder Art passen gut dazu.

Wer möchte, kann dieses Rezept mit Langusten zu »Lobster creole« variieren. Anstelle der Garnelenschwänze werden 2 Langusten von etwa je 1 kg nacheinander in sprudelnd kochendem Wasser getötet. Aus dem Wasser nehmen, längs halbieren, Magensack und Darm herausziehen. In heißem Öl von beiden Seiten braten. Vor dem Servieren in die »Sauce creole« einlegen und noch einige Minuten darin ziehen lassen.

DÄMPFEN

Diese äußerst schonende Garmethode bekommt Scampi mit ihrem zarten Geschmack besonders gut. Ihr natürliches Aroma bleibt voll erhalten, ihr Fleisch gart ohne Zugabe von Fett und Wasser.

Diese gedämpfte Languste mit Gemüse im gebutterten Sud, kreiert von Eckart Witzigmann, ist ebenfalls ein gutes Beispiel dafür, wie zartes Krustentierfleisch bei vollem Erhalt des Eigengeschmacks gegart werden kann. Eine Bereicherung der anspruchsvollen Diätküche!

GEDÄMPFTE SCAMPI MIT GEMÜSE UND INGWERSCHEIBEN

Dieses Gericht wird ganz nach asiatischer Methode im Bambuskörbchen gedämpft, serviert und daraus gegessen. Dazu verschiedene asiatische Saucen reichen.

Für die glacierten Ingwerscheiben:
100 g Ingwerwurzel, 5 EL Zucker
2 bis 3 EL Reisessig, Wasser, 100 ml Reisessig
200 ml Wasser, Salz
Für das Gemüse:
4 Stengel Zitronengras
je 2 gelbe und rote Spitzpaprika
8 Okraschoten
2 Bund Lauchzwiebeln
1 mittelgroßer Chinakohl, 100 g Braunkappen
Salz, 1 Messerspitze gemahlener Koriander
Außerdem:
10 Scampi
Salz, 1 Messerspitze gemahlener Koriander
einige Blätter Koriandergrün
einige Stengel Nira (asiatischer Schnittknoblauch)

Die Ingwerwurzel schälen und der Länge nach in dünne Scheiben schneiden. 1 EL Zucker in einer Pfanne schmelzen, die Ingwerscheiben einlegen, mit 2 bis 3 EL Reisessig ablöschen und ständig wenden. So viel Wasser angießen, daß der Ingwer nicht anhängt. In etwa 5 Minuten unter ständigem Wenden garen. In einer zweiten Pfanne den restlichen Zucker schmelzen, mit der zweiten Menge Reisessig ablöschen, das Wasser aufgießen und leicht salzen. Die Ingwerscheiben in einen tiefen Teller legen, mit der heißen Marinade übergießen und darin auskühlen lassen. Über Nacht durchziehen lassen. Für das Gemüse das Zitronengras der Länge nach und einmal quer halbieren. Von den Paprikaschoten den Stielansatz kreisförmig herausschneiden, die Samen und Scheidewände sorgfältig herauskratzen, das Fruchtfleisch in Ringe schneiden. Die Okraschoten längs halbieren und die Samen entfernen. Die Lauchzwiebeln mit dem Grün in schräge Stücke schneiden. Die Blätter des Chinakohls ablösen. Die Pilze putzen. Einen Dämpfkorb aus Bambus mit den Kohlblättern auskleiden, darauf alle anderen Gemüse in Schichten dekorativ einfüllen, salzen und mit Koriander würzen. In einen entsprechend großen Topf oder Wok so viel Wasser gießen, daß der äußere Ring des Dämpfkorbs 2 bis 3 cm tief darin steht, die Gitterfläche selbst jedoch nicht mit dem Wasser in Berührung kommt. Das Wasser bis kurz vor dem Kochen erhitzen. Den Dämpfkorb mit einem Bambusdeckel schließen, in das siedende Wasser stellen und das Gemüse 2 Minuten dämpfen. Den Korb öffnen, die halbierten Scampi einschichten, salzen und mit Koriander würzen, erneut schließen und weitere 1 1/2 bis 2 Minuten dämpfen. Mit Korianderblättern und Nira ausgarnieren und servieren. Diese Art der Zubereitung eignet sich aber nicht nur für Scampi, sondern kann auch auf Hummer oder Garnelen angewandt werden. Dafür den Hummer in sprudelnd kochendem Wasser töten, anschließend sofort herausheben und den Schwanz quer zu Medaillons schneiden beziehungsweise die Garnelenschwänze von der Schale befreien, halbieren und den Darm entfernen. Die Medaillons oder Garnelenhälften wie die Scampi auf das Gemüse schichten und garen.

BRATEN, GRILLEN, BACKEN

Garen durch Strahlungshitze, könnte man vereinfacht sagen, gibt Krustentieren mehr Geschmack.

Dabei ist es eigentlich gleichgültig, ob sie als »Kontakthitze« von unten kommt, wie es beim Braten in der Pfanne geschieht, von oben und unten wie im konventionellen Ofen oder nur von oben, wenn das Gericht unter der Grillschlange der direkten Strahlungshitze ausgesetzt ist. Dazwischen liegt noch das Grillen auf dem Rost, bei dem das Krustentier sowohl »Kontakt« mit dem heißen Grillrost hat als auch durch die »Strahlung« der Holzkohle gart.
Mehr Geschmack durch diese Garmethoden? Darüber ließe sich streiten, denn für wen der gekochte Hummer das Höchste an Genuß bedeutet, der wird das »Mehr« an Geschmack beim gebratenen nicht vermissen. Doch ganz objektiv betrachtet, bekommt das Krustentier, von der Garnele bis zur Languste, durch die direkte Strahlungshitze deutlich mehr Geschmack. Ein Grund dafür ist die Kruste, die sich auf dem Fleisch bildet – das trifft für die geschälte Garnele ebenso zu wie für die Schnittfläche eines geteilten Lobstertails. Der erfahrene Koch wird versuchen, den Geschmack durch das Begießen mit Butter noch zu erhöhen. Was sich aus der Kombination von »Krustentierfleisch mit Butter – frisch gebraten« ergibt, ist fast nicht steigerungsfähig, jedenfalls dann nicht, wenn das Tier in der eigenen Schale gebraten oder gegrillt wird. Denn hier kommt noch das Aroma dazu, das die Karkassen durch das Rösten an das Fleisch abgeben – und welches von der Hummer- oder Krebssauce bereits bekannt ist. Beim Braten und besonders beim Grillen mischt es sich mit dem Geschmack des Krustentierfleisches. Das ist der einfache Grund, warum eine richtig gebratene oder gegrillte Languste zum kulinarischen Ereignis werden kann.

Wenn er wählen kann, entscheidet sich Eckart Witzigmann für den Europäischen Hummer. Leider ist er am Markt rar geworden, und dementsprechend verhält sich auch sein Preis, er steigt beständig.

HUMMER AUS DER PFANNE

Bei diesem Krustentier, besonders wenn es der Europäische Hummer ist, läßt sich Eckart Witzigmann Außergewöhnliches einfallen – zum Beispiel mit Orangen und Zwiebeln oder mit Steinpilzen. Das sind Kombinationen, die gewagt erscheinen, geschmacklich aber überzeugen.

GEBRATENER HUMMER MIT FENCHEL, ROTEN ZWIEBELN UND ORANGEN

Hier ist die geschmackliche Überraschung die Harmonie der Aromen von Orangen und Zwiebeln einerseits und dem Röstgeschmack des Hummers andererseits. Die Zutaten sind für 2 Portionen berechnet.

1 Europäischer Hummer (etwa 600 g)
1 große rote Zwiebel, 1/2 kleine Fenchelknolle
1 große Orange mit unbehandelter Schale
1 Knoblauchzehe, 3 bis 4 EL Olivenöl
Salz, frisch gemahlener weißer Pfeffer
1 Messerspitze Curry, 2 Zweige Estragon
je 1 cl Grand Marnier und Cognac

Den Hummer in sprudelnd kochendem Wasser töten. Die Scheren abtrennen und anklopfen, wie auf Seite 88 gezeigt. Den Körper längs halbieren, den Magensack und den Darm entfernen. Die Zwiebel halbieren und in feine Streifen schneiden. Den Fenchel ebenfalls in feine Streifen schneiden. Von der Orangenschale etwa 1 EL Zesten abreiben. 1/2 Orange filetieren, die Filets häuten, den Saft auffangen, die andere Orangenhälfte entsaften. Die Knoblauchzehe längs ganz fein aufschneiden. Das Olivenöl in einer ausreichend großen, ovalen Pfanne erhitzen. Die Hummerhälften mit der Schnittfläche nach unten einlegen und langsam braten, dabei die Karkasse häufig mit dem heißen Öl beschöpfen. Nach 3 Minuten wenden, salzen, einige Umdrehungen Pfeffer darübermahlen und in eine Hälfte der Pfanne schieben. In der freien Hälfte zunächst den Fenchel anschwitzen. Die Zwiebel dazugeben und mitschwitzen, anschließend den Knoblauch angehen lassen. Das Gemüse soll nur knapp gar sein. Salzen, pfeffern, mit Curry bestreuen, gut vermischen und auf die Hummerhälften verteilen. Die Scheren in die Pfanne geben, unter mehrmaligem Wenden braten und zur Seite schieben. Die beiden Estragonzweige in die Pfanne geben und unter häufigem Wenden angehen lassen. Während dessen die Orangenfilets auf dem Gemüse anrichten, die Estragonzweige darauflegen. Den Orangensaft in der Pfanne erhitzen, Grand Marnier und Cognac dazugeben, flambieren und über die Hummerhälften verteilen. Den Hummer in der Pfanne dekorativ arrangieren und mit Orangenzesten ausgarnieren.

GEBRATENER HUMMER MIT STEINPILZEN UND TOMATEN

Zwei höchst edle Produkte kommen hier zusammen – Hummer und Steinpilze – und werden mit dem frischen Aroma der Tomaten kombiniert, unterstützt durch einen Hauch von Knoblauch.

(für 2 Portionen)
1 Europäischer Hummer (etwa 600 g)
2 große oder 4 kleinere Steinpilze (etwa 200 g)
1 Eigelb
1 EL Semmelbrösel
200 g Tomaten
1 Schalotte
1/2 Knoblauchzehe
5 bis 6 EL Olivenöl
Salz
frisch gemahlener weißer Pfeffer
2 Stengel glatte Petersilie
1 EL Butter
2 bis 3 EL Kalbsfond
Für die Kartoffelchips:
2 Bamberger Hörnle (spitzovale Kartoffeln)
Olivenöl, Salz

Den Hummer in kochendem Wasser töten, wie auf Seite 86/87 beschrieben. Herausheben, die Scheren abtrennen und anklopfen, wie auf der Seite 88 gezeigt. Den Körper der Länge nach halbieren, den Magensack und den Darm entfernen. Die Pilze putzen, eine flache Kappe vom Hut abschneiden, schon jetzt in Eigelb und Semmelbröseln wenden und beiseite stellen, den Rest der Pilze in feine Scheiben schneiden. Die Tomaten halbieren, die Kerne entfernen, das Fruchtfleisch in grobe Stücke schneiden. Die Schalotte und die Knoblauchzehe fein hacken. Die Zubereitung erfolgt nun gleichzeitig in zwei Pfannen, doch ganz ohne Hektik, wenn alle Zutaten, sorgfältig vorbereitet, parat stehen. 3 EL Olivenöl in einer großen, ovalen Pfanne erhitzen, die Hummerhälften auf der Karkassenseite kurz anbraten, sofort wenden und auf der Schnittfläche braten, zwischendurch immer wieder mit dem heißen Öl beschöpfen. Parallel dazu das restliche Öl in einer kleineren Pfanne erhitzen, Schalotte und Knoblauch darin anschwitzen, die Tomaten zugeben und kurz angehen lassen. Die Hälfte der Steinpilze zu den Tomaten geben und mitschwitzen. Die andere Hälfte in die Hummerpfanne geben und von beiden Seiten braten, gleichzeitig auch die Hummerscheren einlegen und unter Wenden braten. Die Hummerhälften und die Pilze salzen, mit Pfeffer übermahlen, die Pilze auf die Hummerhälften verteilen. Die Petersilienstengel in die Hummerpfanne geben, unter Wenden braten und auf die Pilze legen. Die panierten Pilzkappen in der Butter braten und als Garnitur aufsetzen. Die Tomaten mit Salz und Pfeffer würzen, mit dem Kalbsfond ablöschen und über die Hummerhälften verteilen. Für die Kartoffelchips – am besten ist es, sie bereits nach der Vorbereitung aller Zutaten zuzubereiten – die Kartoffeln waschen, schälen, der Länge nach gleichmäßig zurechtschneiden und in hauchdünne Scheiben (2 cm breit und volle Länge) aufschneiden. Beidseitig in heißem Olivenöl ausbacken, auf Küchenpapier entfetten, salzen und auf dem Hummer mit anrichten.

MIT NUDELN UND BEEF

Aber nicht einfach nur Nudeln, sondern mit einer Sauce, die Eckart Witzigmann der klassischen Sauce à l'armoricaine nachempfunden hat. Wer Schärfe liebt, dem sei der gebratene Hummer mit dem kräftig gewürzten Rindfleisch empfohlen. Dem Hummer bekommt diese Schärfe übrigens gut. Beide Rezepte sind für 2 Portionen.

GEBRATENER HUMMER MIT SAUCE A L'ARMORICAINE

Für das Originalgericht gleichen Namens wird der Hummer in Stücke geschnitten, angebraten, mit Fond aufgegossen und geschmort. Eckart Witzigmann hat den Hummer für dieses Rezept gesondert gebraten und aus Karkassen eine Sauce kreiert, die dem Original in nichts nachsteht. Der Name der Sauce stammt übrigens von der alten Bezeichnung für die Bretagne, »Armorique« oder »Armorica« ab. Im Laufe der Zeit wurde aus praktischen und sprachlich naheliegenden Gründen die bretonische Sauce zu einer amerikanischen (häufig Sauce americaine).

1 Hummer (etwa 650 g)
2 EL Öl, 1 EL Butter
Für die Spaghettini:
100 g Spaghettini, 1 EL Butter
1 bis 2 EL feingeschnittenes Basilikum
Außerdem:
1 fritiertes Rucolablatt
Für die Sauce à l'armoricaine:
2 cl Olivenöl, 50 g Butter
600 g grob zerteilte Hummerkarkassen
200 g geviertelte Tomaten, 100 g Zwiebelwürfel
70 g Lauch in Scheiben, 50 g Möhrenwürfel
60 g kleingehackter Stangensellerie
2 gehackte Knoblauchzehen
3 Zweige Estragon
1 EL Tomatenmark, 4 cl Cognac
200 ml trockener Weißwein
50 ml Noilly-Prat
1 Lorbeerblatt, 1 Petersilienstengel
1/2 l Fischfond (siehe Seite 70) oder Court-Bouillon vom gekochten Hummer (siehe Seite 87)
1/2 l Kalbsfond
Leber und Corail des Hummers, 1/2 EL Mehl
kalte Butter und Sahne nach Belieben

Zunächst die Sauce à l'armoricaine zubereiten (wie die Hummersauce auf Seite 73). Den Hummer im sprudelnd kochenden Wasser töten, herausheben und zerteilen, wie auf Seite 88 beschrieben. Das Öl in einer großen Pfanne erhitzen, die Hummerstücke mit der Schnittfläche nach unten anbraten und unter Wenden in etwa 5 bis 6 Minuten gar braten. Die Butter zugeben und die Hummerstücke damit beschöpfen. Gleichzeitig die Spaghettini in Salzwasser »al dente« kochen, abgießen und mit der Butter und dem Basilikum durchschwenken. Die gebratenen Hummerteile auf einer großen, ovalen Platte dekorativ anrichten. Die Spaghettini mit einer Fleischgabel aufrollen und dazu dressieren. Mit dem fritierten Rucolablatt garnieren und zuletzt die Sauce à l'armoricaine dazugeben.

GEBRATENER HUMMER AUF CHILI CON CARNE

Rindfleisch und Hummer, eine Kombination, die auf den ersten Blick gewagt erscheint. Obwohl sie in den USA auch Vorbilder hat, ist diese Variante, die sich auf jeden Fall nachzuvollziehen lohnt, »typisch Witzigmann«.

Für das Chili con carne:
200 g rote Kidneybohnen
500 g Rindfleisch aus der Schulter
40 g rote Chillies, zum Beispiel Peperoni
2 rote und je 1/2 gelbe und grüne Paprikaschote
1 EL Pflanzenöl, 30 g Butter, 200 g Zwiebeln
1 bis 2 zerdrückte Knoblauchzehen
1 EL Tomatenmark, 1 EL Olivenöl
1 EL Tomatenketchup, 150 g passierte Dosentomaten
1/2 TL brauner Zucker, 1/2 Bund Basilikum, 1 Lorbeerblatt
Meersalz, frisch gemahlener weißer Pfeffer
1/2 l heller Rinderfond

Für den Hummer:
2 Hummer (je 650 g), 2 EL Öl, 3 EL Butter
250 g Kartoffelwürfel von 1 cm Kantenlänge
Öl zum Braten, 100 g in Stücke geschnittene Zuckerschoten
Salz, frisch gemahlener weißer Pfeffer

Für das Chili con carne die Bohnen über Nacht in kaltem Wasser einweichen. Das Rindfleisch in kleine Würfel schneiden. Die Chillies von Samen und Scheidewänden befreien und sehr fein hacken. Eine rote und die beiden halben Paprikaschoten häuten, von Samen und Scheidewänden befreien und in kleine Stücke schneiden. Die restliche rote Schote im Mixer pürieren, passieren und den Saft beiseite stellen. Das Öl und die Hälfte der Butter in einer Pfanne erhitzen und die Fleischwürfel darin anbraten. In der restlichen Butter in einem Schmortopf die grobgeschnittenen Zwiebeln anschwitzen, die Knoblauchzehen 2 bis 3 Minuten mitschwitzen. Das Tomatenmark, in dem Olivenöl separat erhitzt, zusammen mit dem Ketchup zu den Zwiebeln geben. Nun die passierten Tomaten, die Chillies, alle Gewürze und das angebratene Fleisch einrühren, mit dem Rinderfond aufgießen und den offenen Topf für 1 Stunde in den auf 200 °C vorgeheizten Ofen schieben. Inzwischen die Bohnen abgießen. 1/4 Stunde vor Ende der Garzeit die Bohnen und die Paprikastücke zugeben. Zuletzt den frischen Paprikasaft einrühren. Die Hummer in sprudelnd kochendem Wasser töten, herausheben und längs halbieren. Öl und Butter in der Pfanne erhitzen, die Hummerhälften mit der Schnittfläche nach unten einlegen und langsam hellbraun braten, wenden und fertigbraten. Die Kartoffelwürfel in einer separaten Pfanne in reichlich heißem Öl knusprig braun braten und herausnehmen. Die Zuckerschoten im gleichen Öl kurz anbraten. Das Chili con carne auf 4 Teller verteilen, die Kartoffelwürfel und Zuckerschoten dazugeben und jeweils 1/2 gebratenen Hummer daraufsetzen. Mit Salz und Pfeffer abschmecken und servieren.

Die Bärenkrebs-Spieße mit dem Gemüse anrichten. Das Gemüse mit einer wohlgewürzten Vinaigrette beträufeln, die Spieße mit Beurre noisette nappieren.

BRATEN ODER GRILLEN

Krustentiere sind begehrt und teuer – das trifft zumindest für Hummer und Langusten zu. Deshalb lohnt es sich schon, über die ideale Garmethode nachzudenken, denn ein gekochter oder zart gedämpfter Hummer ist nicht jedermanns Geschmack. Das Aroma des Panzers wird durch das Braten und Grillen an das Fleisch abgegeben. Das wirkt sich besonders bei halbierten Krustentieren aus, aber auch wenn nur der Schwanz allein gegrillt wird.

MEDAILLONS VOM BÄRENKREBS AM SPIESS

Diese für Bärenkrebse extravagante Anrichteweise ist technisch nicht ganz leicht. Es braucht Kraft und Geschick, den Spieß gerade durch den Panzer zu stechen. Aber gerade das ist Voraussetzung, damit das Krebsfleisch flach auf dem Pfannenboden aufliegt und dadurch gleichmäßig garen kann.

4 Bärenkrebse (je 250 g)
3 EL Olivenöl, 4 EL Beurre noisette
Für das Gemüse:
je 1 rote, grüne und gelbe Spitzpaprika
100 g Zuckerschoten, 100 g Shiitake-Pilze
100 g Sojasprossen, 1 bis 2 EL Butter

Für das Gemüse die Paprikaschoten waschen, längs aufschneiden, die Samen und Scheidewände entfernen. Das Fruchtfleisch und die Zuckerschoten in Rauten, die Pilze in Scheibchen schneiden. Die Bärenkrebse in sprudelnd kochendem Wasser töten, die Schwänze ausbrechen und samt dem Panzer in den natürlichen Gelenken mit dem Messer durchschneiden. Die Segmente auf Spieße stecken. Das Öl in einer großen Pfanne erhitzen, die Spieße einlegen und bei milder Hitze auf jeder Seite etwa 2 bis 3 Minuten braten. Nebenher in einer Sauteuse die Butter aufschäumen, das vorbereitete Gemüse und die Sprossen zugeben und unter ständigem Wenden oder Schwenken knapp garen. Auf Teller anrichten und fertigstellen, wie auf dem nebenstehenden Bild gezeigt.

GEBRATENE LANGUSTE

Dies ist die verbreitetste Art, eine Languste oder einen Hummer zu servieren, vor allem in den südlichen Ländern. Das Braten mit der Karkasse »entlockt« der Languste ihren allerbesten Geschmack.

1 Languste (etwa 1 kg), in kochendem Wasser getötet, der Länge nach halbiert, Magensack und Darm entfernt
4 EL Olivenöl, 4 EL Butter
Salz, frisch gemahlener weißer Pfeffer

In einer ausreichend großen, ovalen Pfanne das Olivenöl erhitzen. Die Langustenhälften mit der Schnittfläche nach unten in die Pfanne einlegen und bei milder Hitze langsam braten. Zwischendurch immer wieder mit dem Öl nappieren, die Karkasse gibt dabei Geschmack ab. Nach 20 Minuten ist die Languste gar. In der Pfanne wenden, salzen und pfeffern. Die Butter in die Pfanne geben, aufschäumen lassen und nun das Langustenfleisch mit einem Löffel ständig mit der Butter begießen. Wenn es schön goldbraun ist, auf Teller anrichten und mit einer Sauce béarnaise servieren.

HUMMER VOM HOLZKOHLENGRILL, MIT OCHSENMARK GRATINIERT

Diese Zubereitung kann für Hummer und Langusten gleichermaßen angewendet werden. Hummer vom Grill sind besonders aromatisch, weil durch das Rösten der Panzer viel Geschmack an das Fleisch abgegeben wird. Für 1 Portion rechnet man ein Rohgewicht von 500 bis 600 g, sowohl bei Hummer als auch bei Langusten. Es gibt zwar Tiere mit diesem »Idealgewicht«, doch diese kleinen Exemplare, die laut Gesetz gerade noch verkauft werden dürfen, sind gar nicht so ideal, da ihr relativer Fleischanteil gering ist. Hummer und Langusten von etwa 1 bis 1,2 kg, die für 2 Portionen ausreichen, sind da viel ergiebiger und letztlich auch preiswerter. Die angegebenen Zutaten für die Füllung sind für 1 Portion berechnet.

1 Hummer (Rohgewicht 500 bis 600 g)
Für die Füllung:
100 g Ochsenmark
je 20 g feingeschnittene Schalotten und Petersilie
1 Scheibe Toastbrot
20 g Butter
1/4 TL Salz, frisch gemahlener weißer Pfeffer

Den Hummer in sprudelnd kochendem Wasser töten und 2 bis 4 Minuten im kochenden Wasser belassen. Herausnehmen und mit einem großem Messer halbieren, dabei die Scheren anschlagen, damit die Hitze beim Grillen schneller zum Scherenfleisch vordringen und dieses ebenso schnell wie das Fleisch des Körpers garen kann. Die Hummerhälften mit der Fleischseite nach unten auf den Grill legen und leicht rösten. Die Hälften umdrehen und auf der Panzerseite fertiggaren. Für die Füllung das Ochsenmark durch ein Sieb streichen, schaumig rühren und mit den Schalotten und der Petersilie vermischen. Das Toastbrot in feine Würfel schneiden. Die Butter in einer Pfanne aufschäumen lassen, die Brotwürfel darin goldgelb braten, mit Salz und Pfeffer würzen und unter die Markmischung heben. Die Hummerhälften füllen und unter dem vorgeheizten Grill oder Salamander gratinieren. Mit einer feinen Sauce servieren. Für den Hummer eignen sich die klassischen Saucen wie Sauce béarnaise, Sauce hollandaise oder Sauce Chantilly ebenso wie eine feine Dillmayonnaise oder eine Remoulade.

Langusten werden nach den gleichen Regeln gegrillt und können ebenfalls in der Schale serviert werden. Im Restaurant werden sie in der Regel – wie auf Seite 90 gezeigt – aus dem Panzer gelöst und angerichtet. Puristen lehnen übrigens außer frischer, schäumender Nußbutter jede weitere Beigabe zu einer frisch gegrillten Languste ab, knuspriges Weißbrot und einen frischen, trockenen Weißwein ausgenommen.

Mindestens 1 Stunde sollten die Garnelenschwänze in der Marinade liegen. Diese dann aber sehr gut ablaufen lassen, damit möglichst wenig Öl in die Glut tropft.

GARNELEN VOM GRILL

Vom Holzkohlengrill schmecken sie einfach am besten, denn das ist eine Garmethode, die allen Krustentieren gut bekommt und ganz besonders den Garnelen, mit oder ohne Schalen.

Da ist eigentlich jede Würzung überflüssig, denn das Röstaroma und der Eigengeschmack frischer Garnelen gehen eine einmalige Verbindung ein. So ganz pur werden sie in fast allen Ländern rund um das Mittelmeer zubereitet. Aber trotzdem sollte man das eine oder andere exotische Rezept ausprobieren, zum Beispiel aus Asien oder Lateinamerika. Da wird manchmal sehr kräftig gewürzt, zum Beispiel mit viel feurigen Chillies oder reichlich Knoblauch. Das Erstaunliche dabei ist, daß diese doch recht dominanten Gewürze das zarte Aroma der Garnelen überhaupt nicht erdrücken, sondern teilweise sogar noch fördern.

MARINIERTE GARNELEN VOM GRILL

Nach dieser Methode werden sie in Südostasien zubereitet. In Indonesien heißen sie »Saté Udang«.

600 g Garnelenschwänze (Größe 16–20), bis auf den Schwanzfächer geschält, ohne Darm

Bambusspießchen

Für die Marinade:

40 g Frühlingszwiebeln, 1 Knoblauchzehe

1/4 TL Salz, 2 EL dunkle Sojasauce, 2 EL Limettensaft

1 TL Palmensirup oder Zuckersirup

2 bis 3 kleine, scharfe Chilischoten

2 EL Erdnußöl

etwas grobgemahlener weißer Pfeffer

Für die Marinade die Frühlingszwiebeln und die Knoblauchzehe ganz fein hacken. Mit Salz, Sojasauce, Limettensaft und Sirup verrühren. Die Chilischoten längs halbieren, die Samen entfernen, das Fruchtfleisch ganz fein hacken. Mit dem Öl zur Marinade geben, verrühren, pfeffern. Die Garnelen darin 1 bis 2 Stunden marinieren. Die Bambusspießchen 1/2 Stunde in Wasser einweichen, damit sie beim Grillen nicht verbrennen. Je 2 Garnelen auf 2 Spießchen stechen und auf dem Holzkohlengrill garen. Man kann sie einfach mit einem Stück Weißbrot essen oder, wie auf dem Bild zu sehen, mit Safranreis und Tomatengemüse servieren und mit Thai-Basilikum garnieren.

Die aufgespießten Garnelen in einem entsprechend großen Gefäß nebeneinander aufreihen und mit der Marinade übergießen. Zwischendurch wenden, damit diese von beiden Seiten gut einwirken kann.

SATE UDANG AUF SPIESSEN VON LEMONGRAS

Das ist eine besonders würzige Variante der gegrillten Garnelen von der gegenüberliegenden Seite. Statt auf Bambusspießchen werden sie auf längs halbierte Stengel von Lemongras (*Cymbopogon citratus*) – ein tropisches Gewächs mit zitronenartigem Geschmack, das vornehmlich in Südostasien verwendet wird – gesteckt, die während des Grillvorgangs ihr frisches Aroma an die Garnelen abgeben.

16 Garnelen (Größe 16–20)
4 Stengel Zitronengras (Lemongras)
Für die Marinade:
30 g Schalotten
2 Knoblauchzehen
2 bis 3 mittelscharfe Chilischoten
1 eingelegte Ingwerpflaume
1/4 TL zerdrückte Korianderkörner
1/4 TL frisch gemahlener weißer Pfeffer
1 EL dunkle Sojasauce
3 EL Erdnußöl

Für die Marinade die Schalotten und Knoblauchzehen schälen und so fein wie möglich hacken. Die Chilischoten von Samen und Scheidewänden befreien und zerkleinern. Von der Ingwerpflaume den Sirup ablaufen lassen und den Ingwer fein würfeln. Diese Zutaten mit den Gewürzen, der Sojasauce und dem Öl zu einer Marinade verrühren. Die Garnelen bis zum letzten Schwanzglied schälen und den Darm jeweils herausziehen. Die Lemongrasstengel längs durchschneiden. Die Garnelen mit einem spitzen Messer einstechen und auf das Lemongras spießen. Mindestens 1 Stunde marinieren, ablaufen lassen und auf dem Holzkohlengrill von beiden Seiten garen.

CAMARONES AL MOJO DE AJO

In Mexiko liebt man Garnelen mit viel Knoblauch.

(ohne Abbildung)
600 g Garnelenschwänze oder 1 kg Garnelen (Größe 16–20)
Für die Marinade:
4 bis 6 Knoblauchzehen, 1/4 TL Salz
frisch gemahlener weißer Pfeffer
2 TL Limettensaft, 4 EL Öl

Den Knoblauch schälen, fein hacken und mit Salz, Pfeffer, Limettensaft und Öl gut vermischen. Die Garnelen mit der Schale längs teilen, mit der Schnittfläche nach oben in ein entsprechend großes Gefäß legen und mit der Knoblauchmarinade beträufeln. Etwas einwirken lassen und dann mit der Schalenseite nach unten auf den Grill legen und garen.

Als dekoratives und ungewöhnliches Behältnis für die gratinierten Shrimps macht sich die Karkasse der Schwimmkrabbe gut.

SHRIMPS-GRATIN IN DER SCHWIMMKRABBE

Viel Fleisch haben Schwimmkrabben nicht zu bieten, aber das wenige (aus Beinen und Scheren) schmeckt vorzüglich.

4 Schwimmkrabben

Salzwasser oder Court-Bouillon (siehe Seite 87)

200 g ausgelöste Kaltwasser-Shrimps

beliebige Krustentier-Bisque (siehe Seite 74/75)

Blätter vom Stangensellerie

Die Krabben in die sprudelnd kochende Flüssigkeit geben und 3 Minuten kochen. Die Beine abbrechen. Den Panzer öffnen (wie bei der Seespinne auf Seite 80), ausleeren und mit einer Bürste sehr sauber putzen. Die Karkasse auf einen Teller legen und die Beine wieder anlegen, sie können bei Tisch ausgesogen werden. Die Shrimps in die Karkasse füllen, mit einer beliebigen Krustentier-Bisque überziehen. Den Ofen auf 180 °C vorheizen und die Shrimps bei starker Oberhitze gratinieren. Mit Sellerieblättern garnieren.

Variante: Dieses Gratin kann anstatt in einer Karkasse natürlich auch in großen Champignonköpfen oder Parasolpilzen, auf Muschelschalen (Jakobsmuscheln) oder auf Pasta, zum Beispiel Farfalle, serviert werden.

GARNELEN MIT KNOBLAUCH UND KRÄUTERN

Die mediterrane Kombination von Knoblauch, Kräutern und Tomaten bringt den feinen Geschmack der Garnelen erst so richtig gut zur Geltung.

600 g Garnelenschwänze mit Schwanzfächer (Größe 16–20)

60 g Butter

2 Knoblauchzehen

2 EL feingeschnittene Kräuter (Petersilie, Salbei, Majoran)

4 kleine Tomaten

Salz, frisch gemahlener weißer Pfeffer

2 Rosmarinzweige

Aus den Garnelenschwänzen den Darm heraustrennen, wie auf Seite 64/65 beschrieben. Die Butter in einer Pfanne zerlaufen lassen und die Garnelenschwänze darin von allen Seiten kurz anbraten. In eine feuerfeste Form geben. Die Knoblauchzehen schälen, fein hacken und zusammen mit den Kräutern über die Garnelenschwänze streuen. Die Tomaten waschen und, ganz oder halbiert, dazugeben. Salzen und pfeffern. Die Rosmarinzweige auflegen. Die Form in den auf 200 °C vorgeheizten Ofen geben und in 8 bis 10 Minuten garen. Zwischendurch mit der Butter beschöpfen. Mit frischem Weißbrot servieren.

MIT KÄSE ÜBERBACKEN

Ein leicht schmelzender Hartkäse mit ausgeprägtem Eigengeschmack, zum Beispiel Emmentaler oder Gruyère, paßt hervorragend und bringt eine schöne Kruste.

GRATIN VON KRUSTENTIEREN MIT GEMÜSE

Eine delikate Kombination von Krustentieren – in diesem Fall Garnelen und Langusten – mit gebratenem Gemüse, die mit einer »Sauce au vin blanc« und geriebenem Käse gratiniert wird.

50 g Zwiebeln, 1 Knoblauchzehe
150 g Zucchini, 100 g Zuckerschoten, 50 g Möhren
50 g durchwachsener Räucherspeck
1/2 TL Salz, frisch gemahlener weißer Pfeffer
3 EL Öl, 400 g Garnelenschwänze (Größe 26–30)
1 gekochter Langustenschwanz (etwa 400 g)
Für die Sauce:
3 Schalotten, 30 g Butter
5 cl Noilly-Prat, 100 ml trockener Weißwein
1/2 l Fischfond (siehe Seite 70)
200 ml Crème double
2 EL halbsteif geschlagene Sahne
eventuell Salz
100 g geriebener Gruyère-Käse
2 TL feingeschnittene Salbeiblätter

Die Zwiebeln und den Knoblauch schälen und fein hacken. Zucchini, Zuckerschoten und Möhren waschen, putzen und in Würfel beziehungsweise Streifen schneiden. Den Speck fein würfeln, im Wok oder einer Pfanne auslassen. Zwiebeln und Knoblauch zugeben und hell anschwitzen. Das Gemüse hinzufügen und 2 bis 3 Minuten unter Rühren braten. Würzen, herausnehmen und in eine Auflaufform geben. Das Öl im Wok erhitzen. Die Garnelen schälen, den Darm entfernen, in dem Öl kurz von allen Seiten anbraten und über das Gemüse in der Form verteilen. Den Langustenschwanz mit der Schale in Scheiben schneiden und dazugeben. Für die Sauce die Schalotten fein würfeln. Die Butter in einem Topf erhitzen und die Zwiebelwürfel unter Rühren in etwa 5 Minuten hell angehen lassen. Mit dem Noilly-Prat ablöschen und etwa 10 Minuten reduzieren lassen. Den Wein und den Fond zugießen, bei mittlerer Hitze auf ein Drittel einkochen lassen. Die Crème double einrühren und 5 Minuten leise köcheln lassen. Ein mit einem Mulltuch ausgelegtes Spitzsieb über einen Topf halten und die Sauce portionsweise eingießen, dabei mit der Schöpfkelle leicht nachdrücken. Die Sahne unter die Sauce rühren, wenn nötig salzen, über den Inhalt der Form verteilen und den geriebenen Käse darüberstreuen. Bei 220 °C im vorgeheizten Ofen in etwa 15 Minuten hellbraun überbacken. Mit dem Salbei bestreuen und servieren.

TEMPURA

Diese fritierten Happen stammen wahrscheinlich von den fettgebackenen Speisen ab, die portugiesische oder spanische Missionare nach Japan brachten.

500 g Garnelenschwänze (Größe 16–20)

Für den Teig:

1 Ei, 1/2 TL Salz, 400 ml Eiswasser

100 g Reismehl, 100 g Weizenmehl, Öl zum Ausbacken

Für die Dip-Sauce:

200 ml Gemüsebrühe, 4 EL dunkle Sojasauce

4 EL Mirin, 5 g Bonitoflocken

Würzende Beilagen:

frisch geriebener Rettich, frisch geriebener Ingwer

Die Garnelen schälen, das letzte Schwanzglied belassen, damit man sie sowohl beim Fritieren als auch beim Essen bequem anfassen kann. Von der Rückenseite her so aufschneiden, daß sie unten noch zusammenhängen. Den Darm entfernen. Will man sogenannte »Schmetterlinge« haben, müssen die Garnelen ganz durchgeschnitten werden, sie rollen sich beim Fritieren dekorativ auf. Den Teig, wie in der nebenstehenden Bildfolge erklärt, zubereiten und quellen lassen. Das restliche Eiswasser einrühren. Die Garnelen, wie unten gezeigt, mit dem Teig überziehen und fritieren. Für die Dip-Sauce die Gemüsebrühe, die Sojasauce und das Mirin zum Kochen bringen. Die Bonitoflocken zugeben und sofort vom Herd nehmen, durch ein Sieb streichen. Die in Tempura ausgebackenen Garnelen mit der Dip-Sauce, dem Rettich und dem Ingwer servieren.

Für den Tempurateig
Ei, Salz und die Hälfte des Eiswassers mit 1 EL Reismehl verrühren. Nach und nach das restliche Mehl unterrühren. Mindestens 1 Stunde quellen lassen.

In Tempurateig ausbacken:

Die Garnelen einzeln nacheinander in Mehl wälzen, kurz in den Tempurateig tauchen und etwas ablaufen lassen.

Das Fritieröl auf 180 °C erhitzen und die einzelnen Garnelen darin fritieren. Herausnehmen, auf Küchenpapier abtropfen, servieren.

GEFÜLLTE GARNELEN IM TEIG

Runde oder, wenn diese nicht zu haben sind, rundgeschnittene Frühlingsrollenblätter sind die ideale Hülle für die raffiniert gefüllten Garnelen.

24 Garnelenschwänze (Größe 16–20), 1 EL Öl

1 TL feingehackter Ingwer, 2 feingehackte Knoblauchzehen

150 g feingehacktes Schweinefleisch

80 g Frühlingszwiebeln, in feine Scheiben geschnitten

Salz, frisch gemahlener weißer Pfeffer

80 g Bohnensprossen, blanchiert und in 2 cm lange Stücke geschnitten

2 EL gehackte Minze

12 runde Frühlingsrollenblätter (20 cm Durchmesser)

1 Eiweiß, leicht verschlagen, Öl zum Ausbacken

Die Garnelen schälen und den Darm entfernen. Davon 16 zu Schmetterlingen aufschneiden, wie auf Seite 64/65 gezeigt, den Rest klein hacken. Das Öl leicht erhitzen, Ingwer und Knoblauch darin anschwitzen. Fleisch und Zwiebeln zugeben und anbraten. Die gehackten Garnelen zugeben und rosa braten. Mit Salz und Pfeffer abschmecken. Abkühlen lassen. Bohnensprossen und Minze einrühren. Die Garnelen in die Teigblätter einrollen, wie in der Bildfolge gezeigt. Zum Ausbacken das Öl in einem Wok oder einer Fritierpfanne auf 180 °C erhitzen. Die eingepackten Garnelen in je 3 Minuten schwimmend darin ausbacken, auf Küchenpapier abtropfen lassen. Am besten ißt man diese Dreiecks-Frühlingsrollen, indem man zunächst eine Seite anbeißt und dann das angesammelte Fett auslaufen läßt.

In Teigblätter einrollen:

Die Teigblätter halbieren, die Kanten mit Eiweiß bestreichen. Garnele links auflegen, der Schwanz schaut unten heraus. Füllung daraufgeben.

Von links her wie eine Tüte aufrollen. Die oben offenen Teigränder zuklappen. Mit einem feuchten Tuch bedeckt bis zum Fritieren kalt stellen.

IN TEIG GEHÜLLT UND FRITIERT

Die asiatische Kochkunst kennt eine ganze Reihe guter Beispiele, wie Garnelen im Teigmantel zubereitet und fritiert werden.

Mit dem Terminus »Snacks« sind diese kleinen Delikatessen treffend bezeichnet, denn sie sind geradezu ideal als kleine Mahlzeit so »zwischendurch«. Nur eine Serviette und ein gutes Glas Wein sind nötig, will man sie genießen, aber mit Muße, denn als »fast food« verkannt, würde man ihrer Qualität nicht gerecht.

FRÜHLINGSROLLEN MIT GARNELEN

Die Teigblätter für Frühlingsrollen kann man heutzutage tiefgefroren kaufen. So hauchdünn, wie sie die Spezialisten in Asien produzieren, könnte man sie ohnehin nie oder erst nach langem Training selbst fertigbringen.

20 Teigblätter für Frühlingsrollen, 20 x 20 cm
50 g lauwarm eingeweichte Glasnudeln (15 Minuten)
2 Knoblauchzehen, 2 Frühlingszwiebeln
300 g kleinere Garnelenschwänze
2 EL Erdnußöl
50 g feingewürfelte Möhren
50 g Stangensellerie in hauchdünnen Streifen
1/2 TL Salz
2 EL Fischsauce, 1 EL Austernsauce
1/2 TL gehackte Chilischoten
1 TL gehacktes Koriandergrün (Cilantro)
1 Eiweiß, leicht verschlagen, Öl zum Ausbacken

Die Frühlingsrollenblätter auftauen lassen. Die Glasnudeln in 5 cm lange Stücke schneiden. Den Knoblauch fein hacken und die Frühlingszwiebeln in dünne Scheiben schneiden. Die Garnelenschwänze schälen, wie auf Seite 64/65 beschrieben, und in Stücke schneiden. Im Wok die Hälfte des Öls erhitzen und das Gemüse darin bei starker Hitze unter ständigem Rühren etwa 2 bis 3 Minuten braten, herausnehmen und warm stellen. Das restliche Öl im Wok erhitzen und die Garnelen ganz schnell – es darf höchstens 1 Minute dauern – unter Rühren anbraten, bis sie die Farbe wechseln. Mit dem Gemüse und den Glasnudeln vermischen und mit dem Salz, den Saucen, den Chillies und dem Koriandergrün abschmecken. Die Teigblätter auf einer Arbeitsfläche auslegen, je 2 EL Füllung in die Mitte setzen, eine Teigecke weit über die Füllung legen, die Seiten rechts und links nach innen über die Füllung schlagen – dabei sollen etwa 7 cm lange Rollen entstehen –, dann den Rest aufrollen. Das Ende jeder Rolle mit Eiweiß bestreichen und fest andrücken. Die Frühlingsrollen im heißen Öl portionsweise in etwa 3 Minuten goldgelb fritieren und auf Küchenpapier entfetten. Nur mit einer milden Sojasauce oder einer süßsauren Sauce als Würze servieren.

Sehr aufwendig ist die Zubereitung der dünnen Teigfladen für Frühlingsrollen. Daher werden sie weltweit – auch in China – fertig angeboten; die Herstellung bleibt Spezialisten überlassen.

MIT SHRIMPS PIKANT GEBACKEN

Vor allem die kleinen Garnelen sind ideal zum Füllen von pikantem Gebäck, wie die beiden Beispiele auf dieser Seite – feine Pastetchen und kleine Quiches – zeigen.

GARNELEN-PASTETCHEN

Ein ganz einfacher Quarkteig, der aber manchem Blätterteig den Rang streitig machen dürfte. Sein leicht säuerlicher Geschmack paßt sehr gut zur Shrimpsfüllung.

(für 16 Pastetchen)
Für den Quarkteig:
250 g Mehl, 250 g trockener Quark
250 g kalte Butter, 1/2 TL Salz
1/4 TL frisch gemahlener weißer Pfeffer
etwas geriebene Muskatnuß

Für die Füllung:
3 EL Öl
50 g feingeschnittene Frühlingszwiebeln
1 feingehackte Knoblauchzehe
80 g kleingewürfelte Zucchini
100 g feingewürfelte Paprikaschoten
1/2 kleingehackte Chilischote
1/2 TL Salz, frisch gemahlener weißer Pfeffer
2 TL süße Sojasauce, 250 g Kaltwasser-Garnelen
Außerdem:
1 Eigelb zum Bestreichen, Sesamsamen zum Bestreuen

Das Mehl auf eine Arbeitsfläche sieben und in die Mitte eine Vertiefung drücken. Den Quark, die in grobe Würfel geschnittene Butter und die Gewürze zugeben. Mit einem großen Messer alle Zutaten fein hacken und dann mit den Händen zu einem Teig zusammenkneten. Kleine Butterstückchen dürfen durchaus sichtbar sein. 1 bis 2 Stunden gut durchkühlen lassen. Auf einer bemehlten Arbeitsfläche etwa 4 mm dick ausrollen und ausstechen, wie unten beschrieben. Für die Füllung das Öl in einer entsprechend großen Pfanne erhitzen, Zwiebeln und Knoblauch hell darin angehen lassen. Das vorbereitete Gemüse zugeben und 2 bis 3 Minuten unter Rühren kräftig braten. Mit Salz, Pfeffer und Sojasauce würzen und die Garnelen zugeben. 1 bis 2 Minuten langsam erhitzen, durchrühren, beiseite ziehen und abkühlen lassen. Die Füllung auf die Teigplatten verteilen und die Pastetchen, wie unten beschrieben, vollenden. Das Eigelb mit 1 EL Wasser verrühren, die Oberflächen damit bestreichen und mit Sesam bestreuen. Bei 190 °C im vorgeheizten Ofen etwa 12 Minuten schön braun backen und noch heiß servieren.

Pasteten füllen:

Gezackte Kreise von etwa 9 cm Durchmesser ausstechen und auf die Hälfte der Kreise je 1 Eßlöffel der Füllung setzen.

Die Teigränder mit verquirltem Eigelb bestreichen, mit den restlichen Teigkreisen abdecken und die Ränder gut andrücken.

Auf ein Backblech setzen und mit einer Gabel die Ränder einkerben. Das gibt ein schönes Muster, und die Teighülle hält dicht.

KLEINE LAUCHQUICHES MIT GARNELEN

Daß sich der feine Geschmack der Garnelen auch in einer pikanten Umgebung behaupten kann, beweist dieses Rezept. Die Törtchen sind eine ideale warme Vorspeise, sie können aber auch ganz einfach zu einem Glas Wein serviert werden.

Für den gesalzenen Mürbeteig:
250 g Mehl
125 g gewürfelte Butter, 1 Eigelb
1/2 TL Salz
1 bis 2 EL Wasser
Für die Füllung:
40 g Zwiebeln
1 Knoblauchzehe
100 g Lauch
100 g durchwachsener Räucherspeck
200 g Garnelen ohne Darm (Größe 61-70)
Für den Sahne-Eierguß (Royale):
200 ml Sahne
2 EL frisch gehackte Kräuter (Petersilie, Schnittlauch, Basilikum und Kerbel)
3 Eier
1/2 TL Salz, frisch gemahlener weißer Pfeffer
80 g geriebener Käse (Gruyère)

Den gesalzenen Mürbeteig nach der Bildanleitung herstellen und 30 Minuten durchkühlen lassen. Für die Füllung die Zwiebeln und den Knoblauch schälen und fein hacken. Den Lauch gründlich waschen und in Ringe scheiden. Den durchwachsenen Räucherspeck in feine Würfel schneiden und in einer entsprechend großen Pfanne ausbraten lassen. Die Zwiebeln, den Knoblauch und die Lauchringe zugeben, hell anschwitzen und abkühlen lassen. Für die Royale die Sahne mit den Kräutern und den Eiern glattrühren. Mit Salz und Pfeffer abschmecken und den geriebenen Käse unterheben. Den gut gekühlten Teig dünn ausrollen und die gefetteten Förmchen damit auslegen. Mit einer Gabel den Boden mehrmals einstechen. Die Füllung darin verteilen, die Garnelen daraufgeben, wie unten beschrieben, und zum Schluß mit der Royale übergießen. Im vorgeheizten Ofen bei 200 °C auf der mittleren Schiene in etwa 20 bis 25 Minuten knusprig hellbraun backen. Noch lauwarm servieren.

Quiches füllen:

Die Gemüse-Speck-Mischung in die mit Teig ausgelegten Förmchen füllen. Die Garnelen gleichmäßig darauf verteilen.

Zuletzt die Royale über die Füllung gießen – immer nur so viel, daß alle Zutaten der Füllung verbunden sind.

Mürbeteig zubereiten: In das Mehl eine Mulde drücken, Butter, Eigelb und Salz zugeben und hacken. Mit dem Wasser zu einem glatten Teig verkneten, eine Kugel formen. In Folie gewickelt kühl stellen.

MIT GEMÜSE, REIS UND NUDELN

Gemüse gehört traditionell zur guten Krustentier-Küche, und dafür hat die »klassische Kochkunst« auch viele Beispiele parat. Mit Reis und Nudeln hingegen kennt die feine Küche im Gegensatz zur regional-volkstümlichen leider nur wenige Kombinationen.

Die heute so beliebte »Pasta-Kochkunst«, die sich die Bistros erobert hat und mit Garnelen und Lobster so großzügig umgeht wie mit Spaghetti, stammt zum einen aus der einfachen regionalen Küche des Mittelmeerraumes, zum anderen sind es Kreationen aus unseren Tagen. Überwiegend aber sind es Mischungen, deren Wurzeln zwar nicht mehr nachvollziehbar sind, die aber überzeugend schmecken. Diese Kombinationen können oft beschämend einfach sein. Man denke nur an »Spaghetti con aglio, olio e scampi«, ein Gericht, das aus der Cucina povera, der »Arme-Leute-Küche« Italiens stammt und das trotz weniger Zutaten geschmacklich kaum zu überbieten ist – vorausgesetzt, die leicht verderblichen Scampi sind wirklich topfrisch.
Daß sich die heutigen Köche der Pastaküche so intensiv angenommen haben, ist nicht verwunderlich, läßt sich doch mit keinem anderen Produkt kreativer umgehen als mit Nudelteig. Kombinationen mit Krustentieren bieten sich geradezu an, und das können die preiswerteren Garnelen ebenso sein wie Langusten oder Bärenkrebse für eine »Elite-Pasta«. Besonders phantasiereich lassen sich Ravioli, Tortellini oder Cannelloni mit Krustentieren füllen und mit entsprechenden Saucen kombinieren.
Nicht ganz so vielfältig, aber ebenso harmonisch passen Krustentiere zu Reis. Angefangen vom typisch italienischen Risotto bis hin zu Kreationen mit deutlich asiatischem Einschlag, wie es gebratener Reis ist, der mit Krustentieren aller Art gemischt wird.

Das Krebsfleisch in Suppenteller anrichten, darauf die Gurkenstücke verteilen und das Ganze mit dem Dillsud übergießen.

GURKEN, SPARGEL UND ZUCCHINI

Gemüse, das mit Flußkrebsen und Garnelen gut harmoniert, da sich der Geschmack neben den Krustentieren gut behaupten kann.

FLUSSKREBSE MIT SCHMORGURKEN IM DILLSUD

Ein einfaches, aber besonders delikates Krebsgericht, das sich als Vorspeise oder Zwischengericht anbietet.

24 lebende Flußkrebse (von je 140 g)
Salzwasser oder Court-Bouillon (siehe Seite 87)
300 g frische Schmorgurken
1/2 l gewürzter Krebsfond (siehe Seite 71)
1 EL gehackter Dill
30 g frische Butter

Die Krebse in 3 bis 4 Portionen in sprudelnd kochender Flüssigkeit etwa 4 Minuten kochen, dabei darauf achten, daß die Tiere ganz mit Flüssigkeit bedeckt sind. Herausheben und die Schwänze und Scheren ausbrechen, die Därme herausziehen, wie auf Seite 89 beschrieben. Die Schmorgurken schälen und das Fruchtfleisch in gleichmäßige Stücke schneiden oder tournieren. Den Krebsfond erhitzen, die Gurkenstücke zugeben und 2 bis 3 Minuten ziehen lassen, bis sie glasig sind. Herausheben und warm stellen. Den Fond etwa auf die Hälfte reduzieren und den gehackten Dill zugeben. Die kalte Butter mit einem Schneebesen untermontieren. Servieren, wie links beschrieben.

RAGOUT VON KREBSEN UND SPARGEL

Eine geradezu klassische Kombination, besonders wenn Erbsen und Morcheln dabei sind.

24 lebende Flußkrebse (von je 140 g)
Salzwasser
Für die Sauce:
1/2 l Fischfond (siehe Seite 70), 150 g Butter
1 halbierte Knoblauchzehe, Salz
20 g grobgewürfelter Stangensellerie
20 g grobgewürfelter Lauch
60 g gewürfelte Tomaten
50 g halbierte Schalotten
2 cl Cognac, 4 cl süßer Portwein
3 cl trockener Weißwein
1 EL Tomatenmark, 1/2 l flüssige Sahne
Für die Gemüseeinlage:
600 g Stangenspargel
1/2 TL Salz, 1/2 TL Zucker, 2 Scheiben Zitrone
200 g frische Gartenerbsen
12 junge Möhren
12 kleine eingeweichte Morcheln (von etwa 20 g)

Die Krebse in 3 bis 4 Etappen in sprudelnd kochendem Salzwasser jeweils 3 bis 4 Minuten garen. Wichtig ist, daß so viel Salzwasser verwendet wird, daß die Tiere damit vollkommen bedeckt sind, sobald sie in den Topf gegeben wurden. Nur so werden sie sofort getötet. Herausnehmen und, wie auf Seite 89 beschrieben, die Schwänze und Scheren ausbrechen, die Därme entfernen; die Nasen gut auswaschen und für die Sauce beiseite stellen. Für die Sauce knapp die Hälfte des Fischfonds zum Kochen bringen, die Butter zugeben und leicht einkochen lassen, anschließend mit dem Mixstab aufschlagen. Die Krebsnasen (Kopfteil) und die Knoblauchzehe zugeben, leicht salzen und etwa 10 Minuten köcheln lassen. Das Gemüse zugeben und nochmals etwa 10 Minuten köcheln. Mit Cognac, Portwein und Weißwein ablöschen, das Tomatenmark zugeben, kurz aufkochen und schließlich den restlichen Fischfond zugießen. Auf ein Viertel reduzieren, die Sahne zugeben und weitere 20 Minuten köcheln lassen. Passieren und im Mixer aufschlagen. Für die Gemüseeinlage den Spargel schälen, das holzige Ende abschneiden und die Stangen in etwa 4 cm lange Stücke schneiden. Reichlich Salzwasser zum Kochen bringen, den Zucker und die Zitronenscheiben zufügen und die Spargelstücke darin weich kochen. Die Erbsen auspalen, die Möhren schälen, die Morcheln abgießen und das Gemüse zusammen in etwas Salzwasser bißfest garen. Die fertige Sauce mit den Krebsschwänzen in einem Topf erwärmen und mit dem Gemüse auf Teller anrichten. Nach Belieben mit Kerbel und je einer Krebsschere garnieren.

ZUCCHINIGEMÜSE MIT GARNELEN

Die Zucchini lassen sich vorzüglich mit Garnelen kombinieren, wenn die Würzung zurückhaltend ist und die Garnelen quantitativ überwiegen.

500 g kleine Zucchini
400 g Garnelenschwänze (Größe 31–35)
30 g Schalotten, 1 Knoblauchzehe, 50 g Möhren
150 g Tomaten, 5 EL Öl, 20 kleine schwarze Oliven
1/2 TL Salz, frisch gemahlener weißer Pfeffer
1 EL gehackte Petersilie, 1 EL Zitronensaft

Die Zucchini in feine Streifen schneiden und in Salzwasser ganz kurz blanchieren. Die Garnelenschwänze schälen und den Darm jeweils herausziehen. Die Schalotten und die Knoblauchzehe sehr fein hacken, die Möhren fein würfeln. Die Tomaten überbrühen, häuten, vierteln, Strunk und Samen entfernen und das Fruchtfleisch fein würfeln. Die Hälfte des Öls in einer großen Pfanne oder einem Wok erhitzen und die Garnelen darin unter ständigem Wenden kurz anbraten, bis sie die Farbe völlig gewechselt haben. Herausnehmen und warm stellen. Das restliche Öl in der Pfanne erhitzen, die Schalotten- und Knoblauchwürfel darin angehen lassen, die Möhrenwürfel zugeben und 2 Minuten mitbraten. Zuletzt die Tomaten und die Oliven hinzufügen. Mit Salz, Pfeffer, Petersilie und Zitronensaft würzen. Die Garnelen zugeben, alles zusammen nochmals kurz erhitzen, auf Teller anrichten und servieren.

NUDELN IN ATTRAKTIVER OPTIK

Angenehm für Auge und Gaumen sind diese raffinierten Zubereitungen, die sich jedoch in bezug auf ihre Kosten enorm unterscheiden können.

RAGOUT VON GARNELEN UND GEMÜSE IM NUDELKÖRBCHEN

In den knusprig fritierten Nudelkörbchen schmeckt dieses Garnelenragout mit seinem fernöstlichen Touch ganz besonders gut. Das folgende Rezept ist für 8 Körbchen berechnet.

150 g chinesische Eiernudeln, 10 g Mu-Err-Pilze
1 Knoblauchzehe, 50 g Frühlingszwiebeln
50 g Möhren, 50 g Stangensellerie
100 g gelbe Paprikaschoten, 50 g Zuckerschoten
100 g Tomaten, 1 Chilischote
3 EL Erdnußöl, 1/4 TL Salz
250 g Garnelenschwänze (Größe 16–20), bis auf das letzte Segment geschält und ohne Darm
frisch gemahlener weißer Pfeffer
1 EL gehackte Sellerieblätter
1 TL gehacktes Koriandergrün (Cilantro)
1 EL dunkle Sojasauce, Öl zum Fritieren

Die Nudeln in Salzwasser in 4 bis 5 Minuten nicht zu weich kochen, abseihen und etwas abkühlen lassen, jedoch nicht mit Wasser abbrausen. Die Mu-Err-Pilze in kaltem Wasser etwa 1 Stunde einweichen und dann gut ausdrücken. Die Knoblauchzehe fein hacken. Die Frühlingszwiebeln in Scheiben schneiden, die Möhren und den Sellerie in Streifen. Die Paprikaschoten von Samen und Scheidewänden befreien und zu Rauten schneiden, die Zuckerschoten dritteln und das Tomatenfleisch würfeln. Die Chilischote in Ringe schneiden und die Samen entfernen. Das Öl im Wok erhitzen und zuerst den Knoblauch und die Zwiebeln kurz anlaufen lassen. Dann das übrige Gemüse und die Chilischote zugeben und unter Rühren 2 bis 3 Minuten braten. Herausnehmen, das Öl dabei ablaufen lassen, warm stellen. In dem restlichen Öl die Garnelen kurz bei starker Hitze anbraten. Das Gemüse, die Pilze, Salz, Pfeffer und die Kräuter zugeben, nochmals unter Rühren alles erhitzen und mit der Sojasauce würzen. Die Nudeln in Fritierkörbchen ausformen und 3 bis 4 Minuten im heißen Öl fritieren. Das Ragout einfüllen und sofort servieren.

HUMMER UND TRENETTE MIT FEINER SAUCE

Der Geschmack dieser luxuriösen Zusammenstellung ist einfach und raffiniert zugleich. Frisch sollten alle Zutaten sein, die Nudeln am besten hausgemacht.

Für die Nudeln:
250 g Weizenmehl (Type 405)
50 g Hartweizengrieß
3 Eier, 2 EL Olivenöl, 10 g Salz
Für die Sauce:
100 ml Weißwein, 2 cl Noilly-Prat
20 g Schalottenwürfel, 1/2 l Fischfond (siehe Seite 70)
200 g kalte Butter, 10 kleine Basilikumblätter
Salz, frisch gemahlener weißer Pfeffer
einige Tropfen Zitronensaft
Für den Hummer:
4 Hummer (je 600 g), 1 Möhre, 1 Stück Lauch
1 Stück Stangensellerie
1 geschälte Knoblauchzehe, Salz
Außerdem:
20 g Schalotten, 30 g Stangensellerie
30 g Butter, feingehackte Petersilie

Für den Nudelteig Mehl und Gries miteinander vermischen, auf eine Arbeitsfläche sieben, in die Mitte eine Mulde drücken und die Eier, das Olivenöl und das Salz hineingeben. Von der Mitte aus alle Zutaten miteinander vermischen, bis das Mehl ganz eingearbeitet ist. Den Teig kneten, bis er glatt und elastisch ist, nach Bedarf noch Mehl oder Wasser zufügen. In Folie wickeln und 1 Stunde ruhen lassen. Den entspannten Teig dünn ausrollen und in feine Streifen schneiden. Erneut 1/2 Stunde antrocknen lassen. Für die Sauce den Weißwein und den Noilly-Prat mit den Schalottenwürfeln erhitzen, ein wenig einkochen lassen und mit dem Fischfond auffüllen. Die Flüssigkeit auf die Hälfte einreduzieren. Die kalte Butter zugeben. Die Sauce in einen Mixer geben und aufschlagen. Die Basilikumblätter fein schneiden, zur Sauce geben und gut durchziehen lassen. Salzen, pfeffern und nach Bedarf mit Zitronensaft abschmecken. Zum Schluß durch ein feinmaschiges Sieb passieren. Für den Hummer in einem hohen Topf reichlich Wasser mit dem Gemüse und Salz zum Kochen bringen. Nacheinander die 4 Hummer einlegen – darauf achten, daß die Flüssigkeit vor dem neuen Einlegen wieder sprudelnd kocht – und jeden Hummer mindestens 15 Minuten kochen. Danach noch 6 Minuten am Herdrand ziehen lassen. Herausnehmen, die Schwänze und Scheren ausbrechen und die Därme entfernen, wie auf Seite 88 beschrieben. Das Schwanzfleisch in Scheiben schneiden. Die Schalotten und den Stangensellerie ganz fein hacken und in der Butter angehen lassen. Etwas feingehackte Petersilie zugeben und die Hummerscheiben kurz darin wenden. In der Zwischenzeit die Nudeln in kochendem Salzwasser in etwa 2 bis 3 Minuten garen, abgießen und gut abtropfen lassen. Mit den Hummerscheiben mischen, in die gesäuberten Karkassen der Hummerschwänze füllen und mit der Sauce übergießen.

HUMMERRAVIOLI

Eine höchst delikate Füllung, die, in Nudelteig verpackt, besonders fein schmeckt, zumal sie von Morcheln und einer kräftigen Hummersauce abgerundet wird.

Das folgende Rezept ergibt 24 Ravioli, die für 4 Portionen als Hauptgericht oder für 8 Portionen als Vorspeise ausreichend sind.

Für den grünen Nudelteig:
200 g Spinatblätter, 2 bis 3 EL Wasser
200 g Mehl, 1 Ei, 1 Eigelb
1 bis 2 EL Olivenöl, 1/2 TL Salz
Für die Füllung:
1 gekochter Hummer (800 g)
50 g feingehackte Schalotten
50 g feingehackter Stangensellerie
50 g feingehackte Möhren, 30 g Butter
4 EL trockener Weißwein, 1/2 Knoblauchzehe
1/2 TL Salz, frisch gemahlener weißer Pfeffer
1 kleine, kleingehackte Peperoni
Außerdem:
Eiweiß zum Bestreichen
80 g frische Morcheln, 30 g Butter
Salz, frisch gemahlener weißer Pfeffer
1/8 l Hummersauce (siehe Seite 73)
frisch geriebener Parmesan

Die Spinatblätter portionsweise mit dem Wasser im Mixer fein pürieren. Das Püree in ein Passiertuch geben. Den Saft durch entgegengesetztes Zusammendrehen des Tuches auspressen und auffangen. In einen Topf füllen und auf etwa 65 °C erhitzen, er darf jedoch nicht kochen.

Hummerravioli zubereiten:

Schalotten, Sellerie und Möhren in der heißen Butter hell anschwitzen. Wein, Gewürze, Peperoni und das Hummerfleisch zugeben, kurz erhitzen.

Den Nudelteig sehr dünn ausrollen, gezackte Kreise von 7 cm Durchmesser ausstechen und die Füllung darauf verteilen. Die Ränder mit Eiweiß bestreichen.

Die Ravioli zusammenklappen, die Ränder fest zusammendrücken. Darauf achten, daß die Füllung vollständig vom Teig umhüllt ist.

Mit Käse gratiniert, ergibt sich eine besonders feine Variante. Das Gericht wird dafür zusätzlich mit reichlich Parmesan und etwas geriebenem Weißbrot bestreut, mit einigen Butterflöckchen besetzt und überbacken.

Die Bestandteile, die sich auf der Oberfläche absetzen (»Spinatmatte«), mit einem Teesieb abschöpfen und abtropfen lassen. Das Mehl auf eine Arbeitsfläche sieben und eine Vertiefung hineindrücken. Das Ei, das Eigelb, das Öl und das Salz in die Vertiefung geben. Die »Spinatmatte« durch das Sieb dazustreichen. Einen glatten, geschmeidigen Nudelteig kneten, wenn nötig, je nach Festigkeit noch etwas Wasser oder Mehl zugeben. Den fertigen Teig in Folie wickeln und mindestens 1 Stunde ruhen lassen. Den gekochten Hummer aufbrechen, wie auf Seite 88 beschrieben, und das gesamte Fleisch – auch das der Scheren – in kleine Würfel schneiden. Wer möchte, kann die Leber auch dazugeben. Wie in der Bildfolge oben links beschrieben, die Füllung zubereiten und die Ravioli füllen. Die fertigen Ravioli in kochendes Salzwasser einlegen, die Temperatur reduzieren und knapp unter dem Siedepunkt in 10 bis 12 Minuten garziehen lassen. Die Morcheln in der Butter schmoren, salzen und pfeffern. Die Ravioli mit den Morcheln und der Hummersauce auf Teller anrichten und mit hauchdünn gehobeltem Parmesan bestreuen und servieren.

TAGLIATELLE MIT HUMMER UND TOMATEN

Eine Kombination, die vielfältig variiert werden kann, denn Nudeln und Krustentiere passen bekanntlich bestens zusammen, besonders, wenn sie eine Hummersauce verbindet. Wer möchte, kann auch sautierte Scampi oder Garnelen verwenden.

Für den Nudelteig:
300 g Mehl, 3 Eier, 2 EL Olivenöl, 1/3 TL Salz
Für das Ragout:
1 gekochter Hummer (600 g), 200 g Tomaten
2 EL Olivenöl, 30 g feingehackte Schalotten
1/2 Knoblauchzehe, 1/2 TL Thymianblättchen
Salz, frisch gemahlener weißer Pfeffer
8 EL Hummersauce (siehe Seite 73)

Aus den Zutaten einen glatten Nudelteig kneten und, in Folie gewickelt, mindestens 1 Stunde ruhen lassen. Dünn ausrollen und zu breiten Nudeln schneiden, auseinanderrollen und auf einem bemehlten Tuch etwas antrocknen lassen. Den gekochten Hummer aufbrechen, wie auf Seite 88 beschrieben. Entweder das gesamte Hummerfleisch in Würfel schneiden oder aber die Scheren und Schwanzstücke zurückhalten und als Garnitur verwenden. Die Tomaten in kochendem Wasser kurz blanchieren, die Haut abziehen, die Kerne entfernen und das Fruchtfleisch würfeln. Das Öl in einer Pfanne erhitzen und zuerst die Schalotten und den Knoblauch hell anschwitzen. Die Tomaten zugeben, salzen und pfeffern und 2 bis 3 Minuten mitschwitzen. Das gewürfelte Hummerfleisch, den Thymian und die Gewürze zugeben und 1 bis 2 Minuten durchwärmen. Inzwischen die Nudeln in reichlich sprudelndem Salzwasser »al dente« kochen. Auf 4 Teller verteilen, das Ragout darübergeben und jeweils mit 2 EL Hummersauce übergießen. Nach eigenem Gusto über die Tagliatelle noch hauchdünn gehobelten Parmesan streuen oder gar schwarze oder weiße Trüffel hobeln.

Ein guter Fond von Krustentieren sollte in jeder Küche auf Vorrat gehalten werden, zumindest tiefgekühlt. Bei Eckart Witzigmann wird auf die Qualität dieses Basisprodukts besonders geachtet.

PASTA UND SEAFOOD

Ob mit Spaghetti, Gnocchi oder mit Lasagneblättern, der Geschmack der Krustentiere kommt bei dieser Kombination nie zu kurz. Was die Einsatzmöglichkeiten von Krustentieren anbelangt, sind dem Koch ebenfalls keine Grenzen gesetzt. Die Bandbreite kann ganz nach Lust und Laune von »einfachen« Shrimps bis hin zu edlen Kombinationen von Scampi und Kaviar reichen.

GARNELEN MIT NUDELN, CHAMPIGNONS UND GEMÜSE

Dafür eignen sich die gekochten Kaltwasser-Garnelen ganz hervorragend, und zubereiten läßt sich dieses Gericht am besten in einem Wok.

250 g Capellini (dünne Spaghetti)
60 g Zwiebeln, 1 Knoblauchzehe
100 g Zucchini, 60 g Möhren
100 g grüne Paprikaschoten
200 g weiße oder braune Champignons, 3 bis 4 EL Öl
1/2 TL Thymianblättchen, 1 TL gehackte Salbeiblätter
2 TL gehackte Petersilie, 1/2 TL Salz
frisch gemahlener weißer Pfeffer
250 g gekochte Kaltwasser-Garnelen
6 bis 8 EL Hummersauce (siehe Seite 73)
4 bis 8 Cocktailtomaten zum Garnieren

Die Nudeln in Salzwasser »al dente« kochen – bei diesen dünnen Spaghetti dauert das höchstens 4 bis 5 Minuten – und sofort abseihen. Die Zwiebeln und die Knoblauchzehe schälen und ganz fein hacken. Die Zucchini unter fließendem Wasser abbürsten und längs in Streifen schneiden. Die Möhren fein würfeln und die Paprikaschoten je nach Größe und Form in Streifen oder Ringe schneiden, die Samen und Scheidewände dabei entfernen. Die Champignons waschen, trocknen und in Scheiben schneiden. Das Öl in einem Wok erhitzen und die Zwiebel- und Knoblauchwürfel darin anlaufen lassen. Die Möhrenwürfel und die Paprikastücke zugeben und unter Rühren 2 Minuten braten. Die Zucchinistreifen und die Champignonscheiben zugeben, mit den Kräutern bestreuen und 2 Minuten weitergaren. Salzen und pfeffern. Die Garnelen und die Nudeln untermischen. Alles nochmals kräftig erwärmen, auf 4 Teller verteilen und mit etwas Hummersauce begießen. Mit halbierten gebratenen Cocktailtomaten garnieren.

SHRIMPS MIT GNOCCHI UND GEMÜSE

Ein optisch schönes und ganz einfach nachvollziehbares Gericht, das in die Sommermonate paßt.

250 g Kaltwasser-Garnelen
Für die Gnocchi:
500 g frisch gekochte, pürierte Kartoffeln
100 g Kartoffelstärke, 3 Eigelbe
50 g Beurre noisette, frisch geriebene Muskatnuß
Salz, frisch gemahlener weißer Pfeffer
Für das Gemüse:
200 g weißer Spargel, 150 g grüner Spargel
100 g junge Möhren, 100 g Zuckerschoten
80 g frische Erbsen
Außerdem:
100 ml Fischfond (siehe Seite 70)
1 EL kalte Butter
1 EL feingeschnittener Kerbel

Die Gnocchizutaten zu einem homogenen Teig verarbeiten und ruhen lassen. Inzwischen alle Gemüse putzen. Aus dem Gnocchiteig Rollen formen, kleine Stücke abschneiden, zu Kugeln formen, über den Zinken einer Gabel abrollen und in Salzwasser 5 Minuten vorgaren. Den Fond in einer Sauteuse erhitzen, die gewaschenen Garnelen, das Gemüse und die Gnocchi zugeben und schwenken. Nach 3 bis 5 Minuten mit der kalten Butter abbinden, den Kerbel unterrühren und anrichten.

SCAMPI ZWISCHEN LASAGNEBLÄTTERN

Natürlich können auch mehrere Lagen Scampi und Lasagneblätter übereinandergeschichtet werden.

8 grüne, runde Lasagneblätter, 16 Scampi
Für die Champagnersauce:
1/4 l Fischfond (siehe Seite 70)
1 Schalotte, in Scheiben geschnitten und blanchiert
2 bis 3 Petersilienstiele, 1 Estragonstiel
2 bis 3 weiße Pfefferkörner, 1/4 l Sahne
1/8 l Champagner, 1 bis 2 Butterwürfel
1 Spritzer Zitronensaft, 1 Messerspitze Cayennepfeffer, Salz
Außerdem:
2 bis 3 EL Butter, 4 EL Kaviar

Die Lasagneblätter etwa 2 Minuten kochen und auf Tüchern ausbreiten. Frische Scampi ausbrechen, wie auf Seite 66 beschrieben. Für die Champagnersauce aus Fischfond, Schalotte, den Kräuterstielen und den Pfefferkörnern zunächst eine Reduktion kochen, etwa 2 EL Flüssigkeit sollen verbleiben. Die Sahne zugießen und leicht köcheln lassen. Anschließend den Champagner hineingießen und ebenfalls leicht köcheln lassen. Die Sauce passieren, mit dem Stabmixer aufmixen und mit der Butter aufmontieren. Mit den Gewürzen abschmecken. Die Butter in einer Pfanne aufschäumen, die Scampi unter Wenden 2 bis 3 Minuten darin braten und zwischen je 2 Lasagneblätter verteilen. Mit Kaviar garnieren und mit der Champagnersauce übergießen.

RISOTTO

Daß sich Krustentiere mit diesen deftigen italienischen Reisgerichten gut vertragen, ist bekannt. Zum Beispiel beim »Risotto alla certosina«, der mit Pilzen und Flußkrebsen oder Garnelen zubereitet wird und kräftig nach Knoblauch duftet.

SCHWARZ-GELB MIT SCAMPI UND LANGUSTEN

Dies ist eine Kombination von »Risotto alla milanese« und »Risotto nero«, der mit der Tinte des Tintenfischs zubereitet wird, die übrigens auch getrocknet in Tütchen erhältlich ist. Dazu schmecken alle Arten von Krustentieren, besonders aber Scampi und Langusten.

Risotto-Grundzubereitung:

Die Butter in einem weiten Topf erhitzen und die Zwiebel und den Knoblauch darin ohne Farbe anschwitzen.

Den Reis auf einmal dazuschütten und bei starker Hitze unter ständigem Rühren angehen lassen.

Ständig in Bewegung halten, bis der Reis glasig ist. Keine der Zutaten darf dabei braun werden.

Mit dem Wein ablöschen. Ebenfalls auf einmal hineingießen und unter Rühren reduzieren.

Die Fleischbrühe nach und nach zugießen, dabei ständig rühren, damit der Reis nicht anhängt.

Den Risotto in 12 bis 15 Minuten fertigkochen und salzen. Nach Bedarf noch etwas Brühe zugießen.

Für den gelben und schwarzen Risotto:

30 g Rindermark, 70 g Butter
1 mittelgroße, feingehackte Zwiebel
1/2 zerdrückte Knoblauchzehe, 400 g Arborio-Reis
150 ml Weißwein, 1 bis 1,2 l Fleischbrühe
1/4 TL Safranfäden, 10 g Sepiatinte
50 g geriebener Parmesan, Salz

Außerdem:

8 Scampi, 2 Langustenschwänze (je 150 g)
2 EL Öl, 20 g Butter
Salz, frisch gemahlener weißer Pfeffer

Für die Risotti das gut gewässerte Rindermark in kleine Würfel schneiden und mit 30 g Butter auslassen. Die Zwiebelwürfel und den Knoblauch zugeben und fortfahren, wie in der Grundzubereitung links beschrieben. Für das Aufgießen der Brühe gilt: Die zugegebene Flüssigkeit soll vom Reis aufgenommen sein, bevor die nächste Menge dazugegossen wird. Nach etwa 5 Minuten Garzeit die Hälfte des Risottos in einen zweiten Topf geben. Einen Teil mit den Safranfäden, den anderen Teil mit der Sepiatinte färben, und die beiden Risotti unter mehrmaligem Rühren weitere 12 bis 15 Minuten garen, bis der Reis weich ist. Unter den Safranrisotto den Käse rühren, beide Risotti salzen. Inzwischen die Scampischwänze abdrehen und längs halbieren, die Langustenschwänze quer in Medaillons schneiden. Öl und Butter in einer Pfanne erhitzen und darin die Krustentierstücke von allen Seiten goldbraun braten, würzen. Die beiden Risotti auf Teller geben und die Krustentiere darauf anrichten.

GARNELENRISOTTO MIT WIRSING

Eine ungewöhnliche Zusammenstellung, aber mit einem überraschend positiven Ergebnis. Schon der geräucherte Speck ist in einem Risotto unüblich, noch mehr aber das Kohlgemüse – wie der starkschmeckende Wirsing. Trotzdem harmoniert letztlich alles mit den Garnelen, die geschmacklich allerdings nicht mehr dominieren.

Für den Risotto:
40 g Butter
50 g feingehackte Zwiebeln
300 g Arborio-Reis
100 ml trockener Weißwein
1 l feine Fleischbrühe
1/2 TL Salz
frisch gemahlener weißer Pfeffer
Außerdem:
80 g durchwachsener Räucherspeck
50 g feingehackte Zwiebeln
1 zerdrückte Knoblauchzehe
180 g Wirsingblätter, in Stücke geschnitten
300 g Kaltwasser-Garnelen
Salz
frisch gemahlener weißer Pfeffer
60 g gehobelter Pecorino

Den Risotto zubereiten, wie in der Bildfolge links beschrieben. Für das Kohlgemüse den Speck fein würfeln und in einer Pfanne zusammen mit den Zwiebeln und dem Knoblauch einige Minuten anlaufen lassen. Den Wirsing zugeben, etwa 6 Minuten unter häufigem Wenden garen und zum Schluß die Garnelen zugeben. Mit Salz und Pfeffer würzen und unter den fast fertigen Risotto geben. Weitere 5 Minuten kochen und zuletzt den Käse unterrühren.

REIS UND KRUSTENTIERE

Eine Kombination mit vielen Variationsmöglichkeiten, die in allen Reisanbauländern der Erde zu Hause ist. Dabei reicht die Bandbreite von den preiswerteren Shrimps bis hin zur wertvollen Languste.

GARNELENREIS AUS INDONESIEN

Eine Art »Nasi goreng«, aber bei dieser Spezialität dominieren ganz eindeutig die Shrimps, und die gibt es reichlich rund um die vielen Inseln dieses Landes.

200 g Langkornreis, 1/2 TL Kurkuma
6 Schalotten, 3 Knoblauchzehen
150 g Hähnchenfleisch
250 g Garnelenschwänze (Größe 36-40)
1 TL Speisestärke, 4 Eier, 6 EL Öl
200 g geraspelter Wirsing
90 g gehäutete Tomaten, grob gewürfelt, 2 EL Salz
1 TL in Scheiben geschnittene Vogelaugenchillies
je 3 Stengel glatte Petersilie und Schnittlauch

Den Reis unter Zugabe von Kurkuma bißfest kochen. Durch das Gewürz nimmt er den typischen Geschmack und eine gelbliche Farbe an. Die Schalotten schälen, der Länge nach halbieren und in Scheiben schneiden. Die Knoblauchzehen schälen und ebenfalls in feine Scheiben schneiden. Das Hähnchenfleisch klein schneiden und zusammen mit den geschälten Garnelen in der Speisestärke wenden. Die Eier in einer Schüssel verquirlen. Das Öl in einem Wok oder einer schweren Eisenpfanne stark erhitzen. Die Schalotten und den Knoblauch darin 1 Minute goldgelb anbraten. Das Hähnchenfleisch zugeben und 1 Minute mitbraten, herausnehmen, warm stellen und die Garnelen ebenfalls ganz kurz anbraten. Das Fleisch wieder dazugeben, den Wirsing hinzufügen und ebenfalls 1 Minute anbraten. Die Tomatenwürfel zugeben und gut mit den restlichen Zutaten vermischen. Die verquirlten Eier darübergießen und 30 Sekunden lang umrühren. Den Reis zugeben und mit Salz abschmecken. Die Hitze extrem hochschalten, 3 Minuten lang braten und dabei ständig umrühren. Die Chillies und die kleingeschnittenen Kräuter unterrühren. Mit gebratenen Schalotten und Basilikumblättern garnieren und sofort servieren.

Als wohlschmeckene Garnitur bieten sich kleingeschnittene, in etwas Butter angebratene Schalotten sowie feingeschnittenes Basilikum an.

JAMBALAYA

Inzwischen gehört dieser kreolische Reiseintopf zu den bekanntesten Gerichten der Vereinigten Staaten, und ihn gibt es sowohl tiefgefroren als auch aus der Dose. Mit frischen Zutaten bereitet, ist er aber nach wie vor wahrhaft eine Delikatesse, vor allem wenn man dafür eine Languste nimmt. Aber er schmeckt auch sehr fein mit Garnelen jeder Größe.

1 küchenfertige Poularde (etwa 1 kg)
1 Languste (etwa 1 kg)
20 g Butter, 400 g Tomaten
2 kleine Chilischoten
80 g durchwachsener Räucherspeck
2 EL Pflanzenöl
60 g gewürfelte Zwiebeln, 1 Knoblauchzehe
250 g gekochter Schinken
150 g Langkornreis, 1/2 l heller Hühnerfond
einige Safranfäden, 1 TL Salz, 1/2 TL Thymian
1 EL Limettensaft
je 1 EL Basilikum und Petersilie

Die Poularde unter fließendem Wasser innen und außen waschen, trockentupfen und in 12 Teile zerlegen. Die Languste in sprudelnd kochendem Wasser 3 Minuten kochen (siehe Seite 86/87) und in Eiswasser abschrecken. Den Schwanz abdrehen und mit einem scharfen, großen Messer mit dem Panzer in dickere Scheiben zerteilen. Jeweils den Darm herausziehen. Den Kopfteil längs teilen und den Corail herausnehmen, in der heißen Butter anbraten und beiseite stellen. Die Tomaten kurz blanchieren, die Haut abziehen, die Kerne entfernen und das Fruchtfleisch würfeln. Die Chilischoten längs halbieren, die Samen und Scheidewände sorgfältig entfernen und das Fruchtfleisch in feine Längsstreifen schneiden. Den Räucherspeck würfeln. Das Öl erhitzen und den Speck darin kräftig anbraten. Die Zwiebelwürfel und die zerdrückte Knoblauchzehe zugeben und 2 bis 3 Minuten mitbraten. Die Hähnchenteile und den in Streifen geschnittenen Schinken zufügen und rundum anbraten. Den Reis hinzugeben und unter ständigem Rühren anbraten, bis die Körner glasig sind. Die Tomaten unterrühren, mit dem Geflügelfond aufgießen und die Safranfäden zugeben. Das Gericht mit den Chilischoten, Salz, Thymian und Limettensaft würzen und bei geringer Hitze garen, bis der Reis und das Fleisch weich sind. Das dauert etwa 50 Minuten. Die Languste und den angebratenen Corail dazugeben, wenn nötig, noch etwas Fond aufgießen. Alles zusammen noch etwa 5 bis 10 Minuten ziehen lassen. Vor dem Servieren mit frisch gehacktem Basilikum und Petersilie bestreuen.

KALTE SPEZIALITÄTEN

Hummercocktail und »Languste Bellevue«, das waren die Stars der kalten Krustentierküche von ehedem. Heute werden sie eher in Form von Tellergerichten, oft als Salate gereicht, bei denen mehr Wert auf den erlesenen Geschmack denn auf die Optik gelegt wird.

Diese Klassiker sind zwar nicht von der Speisekarte verschwunden, doch sie haben sich angepaßt, sind etwas »schlanker« geworden. Dennoch sind vor allem die optisch attraktiven Krustentiere wie Languste, Hummer, Seespinne oder Königskrabbe nach wie vor attraktive Dekorationen auf dem kalten Buffet. Anders als die Küche der Mittelmeerländer kann die deutsche Küche in puncto Salate, vor allem mit Krustentieren, auf keine lange Tradition zurückblicken. Nicht zufällig stammt die wichtigste Salatsauce, die Vinaigrette, aus Frankreich, und in der Provence, in Italien und den Balkanländern versteht man sich auf Salate mit Krustentieren – natürlich auch auf Salate mit Schaltieren – ganz besonders gut. Ausnahmsweise hat in diesem kulinarischen Bereich auch die Küche der Vereinigten Staaten in Form von Dressings und Dips ihren Beitrag geleistet. Wen wundert´s, daß sich auch die »neue internationale Küche« der Salatkombinationen mit Krustentieren angenommen hat. Die Gründe liegen auf der Hand. Mit diesen Produkten ist ein kreatives Arbeiten auf hervorragende Weise möglich, sei es im Hinblick auf geschmackliche Kombinationen oder auch in optischer Hinsicht. Darüber hinaus können die Rezepte relativ kalorienarm sein und sind damit ideal für die moderne Ernährung.

ELEGANT UND RUSTIKAL

Salate mit Krustentieren können je nach der verwendeten Art geschmacklich recht unterschiedlich ausfallen. Diese Differenzen werden durch die übrigen Zutaten und die Würzung noch unterstrichen.

Aus dem Bereich der Krustentiere gehören diese kleinen Tiefwasser-Springkrebse zum Feinsten. Man kann sie höchstens durch die Chile-Langostinos ersetzen, die aber nur tiefgefroren zu uns kommen – oder durch Scampi, die den kleinen Krebsen geschmacklich noch am nächsten kommen.

GALATHEE ROUGE MIT FRÜHLINGSGEMÜSE

2 kg Galathée rouge (etwa 250 g reines Schwanzfleisch)
Salzwasser oder Court-Bouillon (siehe Seite 87)
250 g Spargel (je zur Hälfte grün und weiß)
100 g Zucchini, 100 g Zuckerschoten
40 g Schalotten, 1/2 nicht zu scharfe Chilischote
3 EL ÖL, 1/2 Knoblauchzehe
2 EL Himbeeressig, 2 EL helle Sojasauce
1/3 TL Salz, frisch gemahlener weißer Pfeffer
Blätter und Blüten von Kapuzinerkresse

Die Springkrebse in die kochende Flüssigkeit (Salzwasser oder Court-Bouillon) geben und etwa 4 Minuten kochen, herausnehmen und sofort in Eiswasser abschrecken. Das Schwanzfleisch wie bei den Scampi auf Seite 66 auslösen. Die Spargelstangen schälen, in Salzwasser 3 bis 4 Minuten nicht zu weich kochen, in Eiswasser erkalten lassen und in Stücke schneiden. Die Zucchini der Länge nach in breite Streifen, die geputzten Zuckerschoten in Rauten, die Schalotten und die Chilischote in ganz feine Würfel schneiden. Das Öl in einer entsprechend großen Pfanne erhitzen und die Schalotten- und Chiliwürfel sowie den zerdrückten Knoblauch darin hell anschwitzen. Zucchini und Zuckerschoten zugeben und ganz kurz anbraten. Das Ganze erkalten lassen. Mit dem Essig, der Sojasauce, Salz und Pfeffer würzen und den Spargel und die Springkrebsschwänze dazugeben. 1/2 Stunde durchziehen lassen, auf 4 Teller verteilen und mit kleinen Blättern und Blüten von Kapuzinerkresse garnieren.

SALAT VON WEISSEN BOHNEN MIT LAUWARMEN GARNELEN

Schon das Wort »Antipasto« macht deutlich, daß ein solch kleines Gericht der Mahlzeit, »il pasto«, vorausgeht. Die Antipasti können warme oder kalte Speisen sein, wie etwa Salate von Meeresfrüchten. Dieses Rezept ergibt 8 kleine oder 4 größere Vorspeisen.

Für die Bohnen:
150 g weiße Bohnen, je 100 g Zwiebeln und Stangensellerie
3 Knoblauchzehen, 4 Salbeiblätter, 2 TL Salz
Außerdem:
400 g Tomaten, 1/8 l Olivenöl, Salz, Pfeffer
8 Garnelenschwänze (Größe 26-30)
12 gehackte Basilikumblätter

Die Bohnenkerne über Nacht in kaltem Wasser einweichen. Das Einweichwasser abgießen, die Bohnen in einen großen Topf geben und mit frischem Wasser gerade bedecken. Die Zwiebel und den Sellerie in grobe Stücke schneiden und zusammen mit den geschälten Knoblauchzehen und den Salbeiblättern zu den Bohnen geben. Salzen. Die Bohnen bei schwacher Hitze in etwa 1 1/2 Stunden langsam weich kochen. Das Kochwasser abgießen. Die Tomaten in kochendem Wasser kurz blanchieren, häuten, die Samen entfernen und das Fruchtfleisch würfeln. Das Olivenöl salzen und pfeffern und damit die Tomaten und die Bohnen etwa 1 Stunde marinieren. Die Garnelenschwänze schälen und die Därme entfernen. 3 EL Öl der Marinade in einer Pfanne erhitzen und die Garnelen kurz von beiden Seiten braten. Die Bohnen auf Teller verteilen, die Garnelen zugeben und mit dem gehackten Basilikum bestreuen.

Gefühl für Farben und Formen und handwerkliches Können sind nötig, wenn ein Salatteller nicht nur gut schmecken, sondern auch optisch überzeugen soll.

DELIKATE SALATE

Von Languste, Flußkrebsen und Taschenkrebs. Diese Krustentiere lassen sich bestens in der kalten Küche verwenden. Sie schmecken besonders fein, wenn sie lauwarm mit dem kalten Salat serviert werden.

LANGUSTENSALAT

Dies ist zwar ein teures und arbeitstechnisch recht aufwendiges Rezept, doch die Mühe wird durch eine großartige Optik belohnt. Man sollte versuchen, wirklich auch das letzte Stückchen Fleisch aus den Beinen auszulösen, da es sehr schmackhaft ist.

1 gekochte Languste (siehe Seite 90)

gemischte Blattsalate der Saison

etwa 10 Cocktailtomaten

Für die Vinaigrette:

50 ml weißer Weinessig

1/4 TL Salz

1 TL feiner Zucker

1/2 TL Dijon-Senf

50 ml Olivenöl

25 ml Sonnenblumenöl

1/2 TL feingehackte Schalotten

1 EL feingeschnittene Kräuter (Estragon, Petersilie, Kerbel)

Für die Cocktailsauce:

200 g Mayonnaise

2 cl Cognac

2 EL Tomatenketchup

Saft von 1/2 Orange

1 Prise Cayennepfeffer

1/4 TL frisch geriebener Meerrettich

Für dieses Rezept sollten zuerst die Vinaigrette und die Cocktailsauce zubereitet werden. In einer Schüssel den Essig mit dem Salz, dem Zucker und dem Senf verrühren, bis das Salz und der Zucker aufgelöst sind. Dann erst das Öl nach und nach einlaufen lassen und mit dem Schneebesen sorgfältig unterrühren. Erst kurz vor dem Anrichten die Schalotten und die Kräuter untermischen. Für die Cocktailsauce in einer zweiten Schüssel die Mayonnaise, den Cognac, das Ketchup, den Orangensaft und die Gewürze zu einer glatten Sauce verrühren. Das Schwanzfleisch der ausgekühlten Languste auslösen und in etwa 2 cm dicke Tranchen aufschneiden. Auf einem Teller gefällig anrichten. Die gewaschenen, geputzten Salate in mundgerechte Stücke teilen und als Bouquet neben dem Langustenfleisch anrichten. Die Tomaten kurz mit kochendem Wasser überbrühen, in Eiswasser abschrecken, häuten, die Samen entfernen, vierteln und zum Salatbouquet garnieren. Den Salat mit der Vinaigrette beträufeln. Das Langustenfleisch mit der Cocktailsauce nappieren und ganz nach Belieben zusätzlich Cocktailsauce separat servieren.

LAUWARMER SPARGELSALAT MIT FLUSSKREBSEN

Spargel paßt zu allen Krustentieren. Für Spargelfans ist dies ein außergewöhnlich schönes Gericht und eine willkommene Abwechslung zu den Standardzubereitungen während der Spargelsaison.

16 Flußkrebse
8 Wachteleier
je 16 Stangen weißer und grüner Spargel
1 Bund Kerbel
1 Rezept Vinaigrette (siehe linke Seite)
1 bis 2 EL beliebige Krustentier-Bisque (siehe Seite 74)

Die Flußkrebse in kochendes Wasser geben, 6 Minuten kochen, herausnehmen, die Schwänze und die Scheren ausbrechen, wie auf Seite 89 beschrieben. Die Wachteleier pochieren. Den Spargel schälen und kochen. Inzwischen die Kerbelblättchen zupfen und die Vinaigrette zubereiten. Den Spargel kurz in Eiswasser abschrecken und sofort auf Teller verteilen. Die Schwänze und Scheren von je 4 Flußkrebsen sowie je 2 Wachteleier darauf anrichten, mit Kerbelblättchen ausgarnieren und ausreichend Vinaigrette darübergeben. Mit einigen Tropfen Bisque dekorieren.

SALAT VON TASCHENKREBS UND KALMAR

Der Taschenkrebs gewinnt zunehmend das Interesse der Köche. Er ist preiswert und auch relativ leicht zu bekommen. Kalmare werden heute bereits vorbereitet im Handel angeboten.

1 Taschenkrebs (etwa 800 g)
1/2 Rezept Court-Bouillon (siehe Seite 87)
1 Kalmar (600 g), 1 Rezept Vinaigrette (siehe linke Seite)
1/2 Kopf Romanesco, in Röschen zerteilt, 6 bis 8 Minuten in Salzwasser gekocht
1 Chicorée, quer halbiert

Den Taschenkrebs waschen. Die Court-Bouillon aufkochen, den Taschenkrebs einlegen, einmal aufkochen und 20 bis 30 Minuten ziehen lassen. Herausheben und säubern. Das Fleisch aus den Scheren, Gelenken und Beinen lösen. Kopf und Fangarme des fertig vorbereiteten Kalmars in Ringe schneiden, in der kochenden Court-Bouillon 30 bis 40 Minuten garen, auskühlen lassen. Das Krebsfleisch, die Kalmarringe, die Romanescoröschen und die Chicoréeblätter in der Vinaigrette marinieren. Den Salat in die gewaschene Taschenkrebskarkasse füllen und mit der Vinaigrette nappieren.

Edle Optik – bei der Languste Bellevue kommt das Auge nicht zu kurz.

HUMMERCOCKTAIL UND LANGUSTE BELLEVUE

Den edlen Meerestieren von großem Wohlgeschmack hängt eine höchst elegante Vergangenheit an. Mit ihren prachtvollen Scheren beziehungsweise Antennen waren sie oft der Mittelpunkt kalter Buffets.

LANGUSTE BELLEVUE

Wie bei einem Schaustück der klassischen Küche steht bei diesem Langustenrezept die Optik im Vordergrund.

1/2 l geklärter Fischfond (siehe Seite 70)
8 Blatt kalt eingeweichte Gelatine
1 Languste (etwa 2 kg)
1 Rezept Court-Bouillon (siehe Seite 87)
1 Stück Salatgurke
1 große, feste Tomate
1 schwarze Trüffel

In dem gut gewürzten, erhitzten Fond die ausgedrückte Gelatine auflösen, abkühlen lassen. Die Languste in der sprudelnd kochenden Court-Bouillon 30 Minuten kochen. Herausheben und auskühlen lassen. Den Schwanz von unten aufschneiden, das Fleisch herausholen und in Scheiben schneiden. Die Schale der Salatgurke und Tomate dünn und breit abschälen, die Trüffel in feine Scheiben schneiden und aus allen dreien ovale Blättchen ausstechen. Den gelierenden Fond nach Bedarf leicht erwärmen und den Langustenkörper damit glasieren. Auf einer Servierplatte anrichten, mit dem Langustenfleisch belegen und dieses ebenfalls mit dem gelierenden Fond überziehen. Die Blättchen wie Blüten auflegen und glasieren.

HUMMERCOCKTAIL

Er gehört auch zu den kalten Delikatessen von Krustentieren, die völlig aus der Mode kamen und trotzdem in veränderter Form immer wieder auftauchen. Vielleicht mit etwas weniger Mayonnaise, aber die Kombination von gekochtem Krustentierfleisch mit einer säuerlichen Mayonnaise – mit viel oder wenig geschlagener Sahne – ist und bleibt einfach fein.

Die Zutaten für den Hummercocktail sollten alle ganz frisch sein. Dabei kann man die Gewürze auch beliebig variieren, je nachdem, wie scharf man den Cocktail mag.

1 gekochter Hummer (etwa 1 kg)
Herzblätter vom Römischen oder Kopfsalat
Für die Sauce:
100 g Mayonnaise, 2 TL Tomatenmark
2 TL Limettensaft, 2 cl Cognac
1 Messerspitze Ingwerpulver
12 bis 15 Tropfen Tabascosauce, 1 TL Paprika edelsüß
Salz, frisch gemahlener weißer Pfeffer
100 ml geschlagene Sahne
4 Limettenscheiben, 4 Trüffelscheiben

Den Hummer ausbrechen und das Fleisch in Scheiben schneiden, wie auf Seite 88 gezeigt. Die Salatblätter in 4 Gläser verteilen und die Hummerstücke einlegen. Die Mayonnaise mit dem Tomatenmark, Limettensaft und Cognac verrühren und würzen. Die Hälfte der Sahne unterrühren. Die Sauce über das Hummerfleisch gießen und mit der restlichen Schlagsahne, den Limetten- und Trüffelscheiben garnieren.

TELLERSÜLZE MIT MEERESFRÜCHTEN

Eine kalte, erfrischende Delikatesse, bedeckt mit feinstem Gelee aus Hummerfond.

2 Hummer (je 600 g)
300 g Garnelenschwänze (Größe 26-30)
Für das Gelee:
1 Knoblauchzehe, 50 g Lauch
je 40 g Schalotten und Möhren
50 g Zuckerschoten
1 Chilischote
1/4 l Wasser, 1/4 l trockener Weißwein
40 ml Weinessig
1/2 TL Salz, frisch gemahlener weißer Pfeffer
5 Blatt weiße Gelatine

Die Hummer nacheinander in sprudelnd kochendes Salzwasser geben, darauf achten, daß das Wasser vor dem Einlegen des zweiten Hummers erneut kocht. Jeden Hummer in 13 Minuten garen und in Eiswasser abschrecken. Die Hummer ausbrechen und das Schwanzfleisch in Scheiben schneiden, wie auf Seite 88 beschrieben. Die Garnelenschwänze in Salzwasser in 3 bis 4 Minuten garen, schälen, halbieren und den Darm entfernen. Für das Gelee die Knoblauchzehe schälen und klein würfeln. Das Gemüse putzen, den Lauch und die Schalotten in feine Ringe, die Möhren und Zuckerschoten in Streifen schneiden. Die Chilischote längs halbieren, die Samen und Scheidewände entfernen. Das Wasser mit dem Wein und dem Essig in einem Topf aufkochen. Das Gemüse und die Gewürze einlegen, salzen und pfeffern und etwa 15 Minuten bei mittlerer Hitze zugedeckt köcheln lassen. In der Zwischenzeit die Gelatine in kaltem Wasser einweichen, ausdrücken, nach Ablauf der Garzeit zum Gemüsesud geben und unter ständigem Rühren darin auflösen. Vom Herd nehmen und auskühlen lassen. Die Meeresfrüchte in 4 Suppenteller verteilen und das abgekühlte Gelee (es muß kurz vor dem Gelieren sein) darübergeben. Im Kühlschrank einige Stunden gut durchkühlen lassen. Mit Weißbrot oder Bratkartoffeln servieren.

SHRIMPS-KREATIONEN

Die kleinen Kaltwasser-Garnelen (*Pandalus borealis*) aus dem Nordmeer oder die Sägegarnelen (auch Pink-Shrimps genannt) sind besonders aromatisch und deshalb ideal für solche kalten Delikatessen. Als »Crevette rosé« kommen die Sägegarnelen frisch aus Frankreich auf den Markt.

Gleichmäßig einschichten lassen sich die Garnelen und die übrigen Zutaten nur, wenn man nach jeder Schicht das Gelee erst einmal fest werden läßt, dann die nächste Lage einfüllt, um wieder Gelee darüberzugießen. Das ist zwar mühsam, bringt aber optisch ein schönes, sauberes Ergebnis.

GARNELEN UND KAVIAR IN GELEE

Es macht schon etwas Mühe, die Garnelen so exakt geschichtet im Glas zu servieren, aber sie können auch mit den übrigen Zutaten – ausgenommen den Kaviar – vermischt und eingefüllt werden. Der Kaviar trennt die Schichten und sitzt als Krönung obenauf.

Für das Gelee:
1/4 l geklärter Fisch- oder Hummerfond (siehe Seite 70 oder 72)
2 Blatt Gelatine
Für die Füllung:
250 g gekochte Kaltwasser-Garnelen
30 g Möhren, sehr fein gewürfelt
30 g rote Paprika, sehr fein gewürfelt
50 g Zucchini, sehr fein gewürfelt
30 g Stangensellerie, gewürfelt
1/8 l Fischfond
50 g Kaviar (Osietra oder Sevruga)
Crème fraîche und Dill zum Garnieren

Die Gelatine in kaltem Wasser einweichen, ausdrücken und in dem heißen Fond auflösen, abkühlen lassen. Das feingewürfelte Gemüse im gewürzten Fischfond kurz blanchieren und abkühlen lassen. 4 Gläser Schicht für Schicht in der Reihenfolge Garnelen, Gemüse, Kaviar (diese beliebig wiederholen) füllen, dabei jeweils eine Schicht Gelee dazwischenlegen und erstarren lassen. Zum Schluß im Kühlschrank vollständig erstarren lassen und mit Crème fraîche, Kaviar und Dill garnieren.

SHRIMPS-SALAT IM SEEIGEL

Für eine so einfache Kombination wie Shrimps mit Mayonnaise müssen die Garnelen von bester Qualität sein, wie es bei Kaltwasser-Garnelen der Fall ist.

4 Seeigel
200 g gekochte Kaltwasser-Garnelen
4 EL Mayonnaise
Saft von 1/2 Zitrone
einige Tropfen Tabascosauce, 1 Chicorée
Nira (Chinesischer Schnittlauch)

Die Seeigel in die Handfläche legen und an der leicht nach innen gewölbten Unterseite kreisrund ausschneiden. Die ungenießbaren Eßwerkzeuge und Innereien entfernen. Die Eierstöcke, die der Fachmann Zungen nennt, mit dem Löffel herausnehmen. Die leeren Schalen gründlich säubern, unter fließendem Wasser waschen und abtropfen lassen. Die Shrimps waschen. Die Mayonnaise mit dem Zitronensaft verrühren und mit der Tabascosauce abschmecken. Die Shrimps unterheben. Den Chicorée quer halbieren, je 2 bis 3 schöne Blattspitzen in die Seeigel stecken, die Shrimps einfüllen und mit den Seeigelzungen garnieren. Die Seeigel auf Teller anrichten und mit Nira garnieren.

GARNELEN MIT MUSCHELN UND GELEE

Wenn es mal frische Garnelen auf dem Markt gibt, zum Beispiel Sägegarnelen, dann ist dies ein passendes Rezept. Schnell und delikat.

Für das Gelee:
1/2 l geklärter, gewürzter Fisch- oder Krustentierfond
4 Blatt kalt eingeweichte weiße Gelatine
400 g frische Sägegarnelen, 400 g Herzmuscheln
2 EL Öl, 1 EL ganz fein gehackte Schalotten
je 40 g Möhren und Zucchini, in Streifen geschnitten
Salz, weißer Pfeffer, 2 EL gelbe Paprikawürfel, 4 EL Kaviar

Die ausgedrückte Gelatine im heißen Fond auflösen, abkühlen lassen. Die Garnelen 3 Minuten in Salzwasser kochen, in Eiswasser abschrecken. Von der Hälfte nur die Schwanzschale entfernen und kranzförmig auf 4 Tellern arrangieren, die übrigen ausbrechen. Die Muscheln in Salzwasser 5 bis 6 Minuten kochen. Nicht geöffnete Muscheln verwerfen, die geöffneten aus der Schale lösen. Das Öl erhitzen, die Schalotten darin anschwitzen, die Gemüsestreifen kurz darin anbraten, die Garnelen und die Muscheln zugeben. Würzen. Auf Teller verteilen und mit dem noch nicht zu fest gewordenen Gelee bedecken. Mit Paprika und Kaviar garnieren.

MOUSSE VOM HUMMER

Das Wappentier der Gourmets steht bei diesem Rezept eigentlich nur stellvertretend für alle anderen Krustentiere, denn eine solch luftig-leichte Mousse kann auch aus dem Fleisch aller anderen Arten zubereitet werden, angefangen von der preiswerten Garnele bis hin zum teuren Flußkrebs. Von großer Wichtigkeit ist aber, daß stets ein zum Krustentier passender, gehaltvoller Fond gewählt wird.

Für die richtige Konsistenz einer zarten Mousse ist unter anderem die Menge an Gelatine ausschlaggebend. Für das folgende Rezept ist sie so abgestimmt, daß die Mousse sich gut gekühlt gerade noch formen läßt und sich dennoch ein Optimum an Geschmack bewahrt. Für das Gelee wird bei diesem Rezept als geschmacklicher Kontrapunkt ein kräftiger Rinderfond verwendet, was sich als eine höchst delikate Kombination herausstellt.

300 g gekochtes Hummerfleisch (dafür ist ein Hummer von 1 bis 1,1 kg nötig)
1/4 l Hummerfond (siehe Seite 72)
4 Blatt weiße Gelatine
1/2 TL Salz
frisch gemahlener weißer Pfeffer
2 cl Cognac
1/4 l geschlagene Sahne
Für das Gelee:
3/4 l geklärter Rinderfond
5 Blatt weiße Gelatine
Salz, frisch gemahlener weißer Pfeffer
2 cl Sherry, medium
Für den Salat:
Rauke, Frisée und Chicorée
1 EL Sherryessig
Salz, frisch gemahlener weißer Pfeffer
2 EL Sonnenblumenöl
1 kleine rote Chilischote
1 EL gehackte Frühlingszwiebeln

Das Hummerfleisch klein schneiden. Den Hummerfond erhitzen. In der Zwischenzeit die Gelatine in kaltem Wasser einweichen, nach 5 Minuten gründlich ausdrücken und in dem heißen Hummerfond auflösen. Die Mousse weiterarbeiten, wie in der nebenstehenden Bildfolge beschrieben. Besonders beachten muß man den Zeitpunkt, zu dem die Sahne untergerührt wird: Die Mousse muß eben beginnen zu gelieren. Für das Gelee den geklärten Rinderfond auf 1/2 l einkochen. Die Gelatine in kaltem Wasser einweichen. Den Fond würzen, den Sherry zugießen und nochmals bis auf etwa 1/4 l reduzieren. Die gut ausgedrückte Gelatine darin auflösen, auf ein Blech gießen und im Kühlschrank erstarren lassen. Das Blech kurz in heißes Wasser tauchen, das Gelee auf ein Schneidbrett stürzen und in kleine Würfel schneiden. Im Kühlschrank nochmals fest werden lassen. Auf 4 Teller je 2 Nocken der Hummermousse setzen. Den Salat waschen, trockenschleudern und neben

Hummermousse zubereiten:

Die größeren Stücke vom Hummer klein schneiden, um sie im Mixer leichter zerkleinern zu können.

Das Hummerfleisch fein mixen. Den Hummerfond mit der aufgelösten Gelatine nach und nach zugießen.

Ein feinmaschiges Sieb über eine Schüssel legen, die Masse mit einem Teigschaber durchstreichen.

Die Masse nochmals kräftig rühren, bis sie cremig glatt wird. Mit Salz, Pfeffer und Cognac würzen.

Die Sahne vorsichtig unterheben. Die Masse in eine große Schüssel füllen. 3 Stunden kalt stellen.

Aus der gut durchgekühlten Mousse mit einem in warmes Wasser getauchten Löffel Nocken abstechen.

der Mousse anrichten. Für die Salatsauce den Essig mit Salz und Pfeffer gut verrühren, das Öl zugeben und untermischen. Die Chilischote in Ringe schneiden, die Samen entfernen und zusammen mit den Frühlingszwiebeln unter die Vinaigrette rühren. Die Sauce großzügig über dem Salat verteilen und die Geleewürfel darüberstreuen.

Als Variante kann eine Garnelenmousse zubereitet werden. Dafür eignen sich die aromatischen Kaltwasser-Garnelen besonders gut. Die Zubereitung erfolgt analog zur Hummermousse, die Zutaten sind bis auf wenige Ausnahmen die gleichen. Für die Garnelenmousse 300 g gekochte Kaltwasser-Garnelen mit gewürztem Hühnerfond pürieren. Statt Cognac wird trockener Sherry daruntergemischt. Ebenfalls mit Salat und Geleewürfeln anrichten und mit einem zusätzlichen Löffel Crème fraîche servieren.

SACHREGISTER

Dieses Sachregister enthält alle umgangssprachlichen Namen in Deutsch, Englisch, Französisch und weiteren Sprachen sowie (in kursiv) alle wissenschaftlichen Namen, die im warenkundlichen und historischen Teil dieses Buches genannt werden.